TH. DOSTOÏEVSKY

LES FRÈRES KARAMAZOV

TRADUIT ET ADAPTÉ PAR

E. HALPÉRINE-KAMINSKY ET CH. MORICE

Avec un portrait de Th. Dostoïevsky

TOME SECOND

PARIS
LIBRAIRIE PLON
E. PLON, NOURRIT ET Cie, IMPRIMEURS-ÉDITEURS
RUE GARANCIÈRE, 10

Tous droits réservés

LES FRÈRES
KARAMAZOV

> En vérité, en vérité, je vous le dis : si le grain de froment ne meurt après qu'il a été jeté dans la terre, il demeure seul; mais s'il meurt, il porte beaucoup de fruit.
>
> (Saint-Jean, XII, 24.)

L'auteur et les éditeurs déclarent réserver leurs droits de traduction et de reproduction à l'étranger.

Ce volume a été déposé au ministère de l'intérieur (section de la librairie) en mai 1888.

TH. DOSTOÏEVSKY

LES FRÈRES KARAMAZOV

TRADUIT ET ADAPTÉ PAR

E. HALPÉRINE-KAMINSKY ET Ch. MORICE

Avec un portrait de Th. Dostoïevsky

TOME SECOND

PARIS

LIBRAIRIE PLON

E. PLON, NOURRIT ET Cie, IMPRIMEURS-ÉDITEURS

RUE GARANCIÈRE, 10

Tous droits réservés

LES
FRÈRES KARAMAZOV

TROISIÈME PARTIE
(SUITE)

LIVRE VII
MITIA

I

En accompagnant Grouschegnka chez Kouzma Samsonnov, Mitia s'était donné sa parole qu'il viendrait la chercher à minuit. Cet arrangement lui allait assez. « Elle restera chez Kouzma, pensait-il ; elle n'ira donc pas chez Fédor Pavlovitch. Pourvu qu'elle ne mente pas ! ajouta-t-il aussitôt. Mais non, elle dit vrai... »

Il était de cette espèce d'hommes jaloux qui, loin de la bien-aimée, s'imaginent toutes sortes de trahisons possibles et se les représentent en esprit. Mais dès qu'ils la revoient, quoiqu'ils aient eu le temps de se persuader que la trahison a été accomplie, ils perdent, au premier regard, toute méfiance, au premier regard jeté sur le visage souriant et qui appelle si impérieusement la réponse d'un sourire.

Il rentra chez lui en hâte. Il avait encore tant à faire avant la nuit! Du moins son cœur ne lui pesait plus. « Il faut savoir au plus tôt de Smerdiakov ce qui s'est passé hier, si par hasard elle n'est pas allée déjà chez Fédor Pavlovitch. Ah!... »

De sorte qu'avant même d'avoir atteint son domicile, il était déjà en proie aux tortures de la jalousie.

La jalousie! « Othello n'est pas un jaloux », a dit Pouchkine, « c'est un confiant. » Cette observation dénote toute la profondeur d'esprit de notre grand poëte. Othello est seulement troublé parce qu'il a perdu son *idéal*. Mais il ne se cache pas, il n'espionne pas, il n'écoute pas aux portes, il est confiant. Il a fallu bien des insinuations, bien des piqûres d'épingle pour l'amener au soupçon. Un vrai jaloux n'est pas ainsi. On ne peut s'imaginer la honte morale et la bassesse où sombre sans remords un jaloux. Non pas qu'il ait nécessairement l'âme vile et banale, au contraire! Un cœur noble, un amour pur, un dévouement réel peuvent très-bien se cacher sous les tables, acheter des limiers, épier, vivre dans cette boue de l'espionnage. Othello ne pourrait accepter la pensée même d'une trahison : il ne s'agit pas de la pardonner (il ne le pourrait), il s'agit seulement de l'accepter. Pourtant, son âme est aussi naïve qu'une âme d'enfant. Ce n'est donc pas un véritable cas de jalousie : car il y a bien des compromissions possibles avec la jalousie! Ce sont les plus jaloux qui pardonnent le plus vite, et les femmes le savent bien : ils peuvent, après une scène d'ailleurs excessivement tragique, pardonner une trahison presque évidente, presque immédiate; ils pardonnent les baisers, les étreintes qu'ils ont vus eux-mêmes, en se disant pour se consoler que « c'est peut-être pour la dernière fois : le rival s'en ira pour toujours à l'autre bout du monde; ou bien ils emmèneront la bien-aimée quelque part où elle ne sera plus exposée à rencontrer l'*autre* ». Il va sans dire que la réconciliation dure une heure, car, le rival disparût-il, le jaloux en inventerait un second. Or, que vaut donc cet amour qu'il faut épier, espionner? Mais un vrai jaloux ne comprendra jamais cette question...

Chez Mitia, la jalousie disparaissait dès qu'il apercevait Grouschegnka; il reprenait confiance, il méprisait ses soupçons. Cela prouvait seulement que son amour pour cette femme comportait beaucoup plus de noblesse qu'il ne le croyait lui-même, bien autre chose que de la sensualité.

La jalousie le reprit donc aussitôt qu'il eût quitté Grouschegnka.

Mais il n'avait pas de temps à perdre. Le plus pressé, c'était de trouver un peu d'argent. Il alla engager pour dix roubles ses pistolets chez le tchinovnik Perkhotine.

Il apprit chez Maria Kondratievna que Smerdiakov était malade. Cette nouvelle le jeta dans un grand trouble. On lui dit aussi qu'Ivan était parti le matin même pour Moscou. Comment faire? qui espionnerait pour lui? qui l'informerait? Il se mit à réfléchir. Faut-il aller à la porte de Samsonnov ou rester ici? Il faudrait être *ici* et *là!* et en attendant... en attendant... il avait un projet à accomplir avant tout. Cela demanderait bien une heure. « En une heure j'apprendrai tout, et alors... D'abord chez Samsonnov, puis ici jusqu'à onze heures, puis de nouveau chez Samsonnov pour ramener Grouschegnka chez elle. »

Il vola chez lui, se débarbouilla, se peigna, brossa ses habits et se rendit chez madame Khokhlakov. C'était son fameux projet : il s'était décidé à demander à cette dame les trois mille roubles dont il avait besoin. Il était convaincu qu'elle ne les lui refuserait pas. Pourtant, elle le haïssait depuis longtemps, parce qu'il était le fiancé de Katherina Ivanovna, tandis que la brave dame, on ne sait pourquoi, voulait que Katherina Ivanovna épousât le cher, le savant Ivan Fédorovitch qui avait de si belles manières ! « Mais précisément parce qu'elle ne veut pas que j'épouse Katia, elle ne me refusera pas les moyens de m'en aller, de la quitter, de partir d'ici pour l'éternité. »

Toutefois, déjà sur le perron, il sentit un frisson subit et comprit avec une précision mathématique que c'était là son dernier espoir, que, s'il ne réussissait pas, il n'aurait plus qu'à tuer quelqu'un pour le dévaliser...

Il était sept heures et demie quand il sonna.

D'abord tout alla bien. A peine apprit-on son arrivée qu'on l'introduisit, et la maîtresse du logis accourut à sa rencontre en lui déclarant qu'elle l'attendait.

— Cela vous étonne ? C'était un pressentiment. J'étais sûre que vous viendriez aujourd'hui.

— En effet, madame, c'est étonnant, dit Mitia en s'asseyant avec embarras. Mais... je suis venu pour une affaire très-importante, excessivement importante, pour moi du moins, madame, et je m'empresse...

— Je sais que c'est une affaire importante, Dmitri Fédorovitch. Ici, il ne s'agit plus de pressentiment; c'était fatal, vous deviez venir après tout ce qui s'est passé avec Katherina Ivanovna, vous ne pouviez pas ne pas venir, vous ne pouviez pas... c'était fatal.

— C'est le réalisme de la vie réelle, madame, voilà ce que c'est. Mais permettez-moi de vous faire part...

— Précisément, le réalisme, Dmitri Fédorovitch. Je suis tout à fait pour le réalisme, je suis dégoûtée des morales... Vous avez entendu dire que le starets Zossima est mort?

— Non, madame.

— Cette nuit même, et imaginez-vous...

— Madame, interrompit Mitia, je m'imagine seulement que je suis dans une situation désespérée et que, si vous ne me venez pas en aide, tout croulera, moi le premier... Pardonnez-moi la banalité de cette expression, mais j'ai le feu dans l'âme...

— Oui, oui, je sais : comment pourriez-vous être autrement?... Mais peu importe ce que vous venez me dire, je le sais d'avance. Je m'intéresse depuis longtemps à votre destinée, je la suis, je l'étudie... Oh! croyez-moi, je suis un expert médecin des âmes, Dmitri Fédorovitch.

— Madame, si vous êtes un expert médecin des âmes, je suis, moi, un malade expérimenté et j'ai le pressentiment que, puisque vous suivez avec tant de sollicitude ma destinée, vous m'aiderez à conjurer mon malheur. Mais permettez-moi enfin de vous exposer le projet qui m'amène chez vous...

— N'achevez pas; ce sont des détails. Quant à l'aide, vous ne serez pas le premier, Dmitri Fédorovitch, auquel je serai venue en aide. Vous avez dû entendre parler de ma cousine Delmessiva? Son mari était dans le malheur, s'écroulait, selon votre expression si caractéristique. Eh! oui, je lui ai conseillé de se faire éleveur de chevaux : il est florissant à cette heure! Avez-vous pensé à l'élevage de chevaux, Dmitri Fédorovitch?

— Jamais, madame, oh! madame, jamais! s'écria Mitia, et n'y tenant plus, il se leva. Je vous supplie de m'écouter, donnez-moi deux minutes pour que je puisse vous exposer mon projet. Je suis d'ailleurs très-pressé, cria Dmitri dans l'espoir de la faire taire en parlant plus vite et plus haut qu'elle. Je suis venu à vous désespéré, pour vous emprunter trois mille roubles sur un gage sûr, madame, laissez-moi vous dire...

— Après, après, fit madame Khokhlakov en agitant la main. Je sais tout ce que vous voulez me dire. Vous me demandez trois mille roubles? Je vous en donnerai plus, beaucoup plus; je vous sauverai, Dmitri Fédorovitch, mais il faut m'obéir.

Dmitri sursauta sur place.

— Madame, vraiment, vous serez si bonne! Seigneur! Vous sauvez un homme de la mort, du suicide... mon éternelle reconnaissance...

— Je vous donnerai infiniment, infiniment plus de trois mille roubles, répéta madame Khokhlakov en regardant avec un sourire serein la joie de Mitia.

— Infiniment! Je n'ai pas besoin de plus. Il me faut seulement cette fatale somme, trois mille. Merci! écoutez mon projet qui...

— Assez, Dmitri, c'est dit, c'est fait, coupa court madame Khokhlakov avec l'expression suave d'une bienfaitrice. Je vous ai promis de vous sauver et je vous sauverai, comme j'ai sauvé Belmossov. Que pensez-vous des mines d'or, Dmitri Fédorovitch?

— Des mines d'or? Je n'y ai jamais pensé...

— C'est moi qui pense pour vous. Il y a tout un mois que je vous suis avec cette pensée. « Voilà, me disais-je, un homme énergique : sa place est marquée aux mines. » J'ai même étudié votre démarche et je me suis convaincue que vous trouverez des filons...

— Par ma démarche, madame?

— Eh! oui, par votre démarche! Niez-vous qu'on puisse connaître le caractère à la démarche? Les sciences naturelles l'affirment, pourtant. Oh! je suis une réaliste, Dmitri Fédorovitch. Dès aujourd'hui, depuis cette histoire de monastère, je suis devenue tout à fait réaliste et je vais me jeter dans la vie active. Je suis guérie. « Assez de rêveries! » comme dit Tourguenief.

— Mais, madame, ces trois mille roubles que vous venez de me promettre si généreusement...

— Ils ne vous fuiront pas : c'est comme si vous les aviez dans votre poche. Et non pas trois mille, trois millions, à bref délai. Voici mon idée. Vous trouverez des filons, vous aurez des millions, vous reviendrez, vous vous serez transformé en un homme d'action et vous nous guiderez tous vers le bien. Faut-il donc tout laisser aux Juifs? Vous construirez des bâtiments, vous fonderez différentes entreprises, vous viendrez en aide aux pauvres et ils vous béniront. Nous sommes dans le siècle des voies ferrées; vous deviendrez célèbre.

— Madame, madame, interrompit Dmitri avec inquiétude, je suivrai peut-être volontiers votre spirituel conseil et j'irai peut-être là-bas... dans ces mines... mais maintenant, ces trois mille roubles que vous avez si généreusement... Ils me rendront la liberté... Il me les faudrait aujourd'hui. Je n'ai pas de temps à perdre...

— Tenez, Dmitri Fédorovitch, assez ! Une question : Partez-vous pour les mines d'or ou non ? Répondez-moi précisément.

— Oui, madame, mais après... J'irai où vous voudrez... mais maintenant...

— Attendez, alors ! s'écria madame Khokhlakov.

Elle se leva, courut à un magnifique bureau, ouvrit les tiroirs les uns après les autres en cherchant avec précipitation.

« Les trois mille ! » pensait Mitia roidi d'attente, « et tout de suite ! sans papier, sans formalités ! quelle noble conduite ! quelle belle âme ! Si seulement elle parlait moins... »

— Voilà ! s'écria madame Khokhlakov rayonnante de joie, voilà ce que je cherchais.

C'était une petite icone en argent, avec un cordon, de ces amulettes qu'on porte sous le linge.

— Elle vient de Kiev, Dmitri Fédorovitch, dit-elle avec respect, de sainte Varvara, la grande martyre. Permettez-moi de vous mettre moi-même cette icone autour du cou et de vous bénir au seuil d'une nouvelle vie.

Et, en effet, elle se mit en devoir de lui passer l'icone au cou. Mitia, très-confus, s'inclina. L'icone fut bientôt dissimulée sous la cravate.

— Maintenant, vous pouvez partir, dit madame Khokhlakov en s'asseyant avec solennité.

— Madame, je suis si touché... et je ne sais comment vous exprimer ma gratitude... mais si vous saviez comme je suis pressé... cette somme que j'attends de votre générosité... Oh! madame, puisque vous êtes si bonne, si généreuse, s'écria Mitia d'un air inspiré, permettez-moi de vous avouer... ce que peut-être vous savez déjà, que j'aime un être... j'ai trahi Katia... Katherina Ivanovna veux-je dire... Ah! j'ai été inhumain, malhonnête, mais j'en aime une autre... une femme que peut-être vous méprisez, car vous savez mon histoire, mais que je ne puis abandonner, et par conséquent ces trois mille...

— Abandonnez tout, Dmitri Fédorovitch, interrompit d'un ton tranchant madame Khokhlakov. Abandonnez tout, et surtout les femmes. Votre but, ce sont les mines d'or, et il est inutile d'y mener des femmes. Plus tard, quand vous reviendrez, plein de richesse et de gloire, vous trouverez une amie de cœur dans la plus haute société. Ce sera une jeune fille du monde, savante, sans préjugés. Vers ce temps-là, précisément, la question de l'émancipation des femmes aura mûri, et l'on connaîtra une nouvelle espèce de femme...

— Madame! ce n'est pas cela! ce n'est pas cela! dit Dmitri Fédorovitch en joignant les mains d'un air suppliant.

— C'est bien cela, Dmitri Fédorovitch, c'est précisément cela qu'il vous faut, ce dont vous êtes altéré sans le savoir. Je suis partisan de l'émancipation des femmes. J'ai écrit là-dessus à Stchedrine. Il m'a si souvent guidée dans

1.

mes recherches sur la destinée de la femme que je n'ai pu, l'an dernier, résister à l'envie de lui écrire une lettre anonyme : « Je vous presse contre mon cœur et je vous embrasse au nom de la femme moderne. » Et j'ai signé : « Une mère »... Ah! mon Dieu! mais qu'avez-vous?

— Madame, dit Mitia en se levant les mains jointes, vous me forcerez de pleurer si vous retardez encore ce que si généreusement...

— Pleurez! Dmitri Fédorovitch, pleurez! Ce sont de bonnes larmes...

— Mais permettez! hurla tout à coup Mitia, dites-moi, pour la dernière fois, si je recevrai de vous aujourd'hui la somme que vous m'avez promise? Si non, quand faudra-t-il venir pour l'avoir?

— Quelle somme, Dmitri Fédorovitch?

— Mais les trois mille roubles que vous m'avez promis... que vous avez si généreusement...

— Trois mille... trois mille quoi? trois mille roubles? Oh! non, je ne les ai pas, dit-elle avec un étonnement paisible.

— Comment?... tout à l'heure... vous avez dit... vous avez dit que je pouvais faire comme s'ils étaient dans ma poche!

— Oh! non, vous m'avez mal comprise, Dmitri Fédorovitch. Je parlais des mines. Je vous ai promis plus, infiniment plus de trois mille roubles, je m'en souviens très-bien, mais je n'avais en idée que les mines d'or.

— Et l'argent? et les trois mille?...

— Oh! si vous entendez par là de l'argent, je n'en ai pas, pas du tout, Dmitri Fédorovitch. J'ai même des ennuis avec mon gérant, je viens d'emprunter cinq cents roubles à Mioussov. Si j'en avais, d'ailleurs, je ne vous en donnerais pas. D'abord, je ne prête à personne. De plus, mon amitié m'eût empêchée de vous rendre un si mauvais service. Il ne vous faut qu'une seule chose : les mines! les mines! les mines!

— Et que le diable!... s'écria Mitia en frappant de toutes ses forces sur la table.

— Aïe! aïe! s'écria madame Khokhlakov.

Elle courut à l'autre bout du salon. Mitia cracha avec dégoût et sortit vivement dans la rue, dans l'obscurité. Il marchait comme un fou, se frappant la poitrine *juste à l'endroit même* où il s'était frappé, deux jours auparavant, en quittant Alioscha. A cette heure, il pleurait comme un enfant, lui, cet homme si robuste! Et tout en marchant, sans savoir où il allait, il heurta quelqu'un. Un cri aigu de vieille femme retentit : il avait failli renverser la pauvre créature.

— Dieu! il m'a presque tuée! Comment marches-tu donc?

— Ah! c'est vous! s'écria Mitia en reconnaissant dans l'obscurité la vieille domestique de Kouzma Samsonnov, qu'il avait aperçue chez son maître.

— Et vous, qui êtes-vous, mon petit père? Je ne vous reconnais pas.

— Ne servez-vous pas chez Kouzma Samsonnov?

— Oui, mon petit père... Mais vous, je ne puis pas vous reconnaître.

— Dites, la petite mère, est-ce que Agrafeana Alexandrovna est chez vous? Je viens de l'y conduire moi-même.

— Oui, mon petit père, elle est venue, restée un instant et partie.

— Comment? Partie? Quand?

— Elle n'est restée qu'un instant chez nous. Elle a fait un conte à Kouzma Kouzmitch, il a ri et elle est partie aussitôt.

— Tu mens, maudite! cria Mitia.

— Aïe! aïe! fit la vieille.

Mitia avait déjà quitté la place; il courait de toutes ses forces vers la maison où habitait Grouschegnka.

Elle était partie depuis un quart d'heure pour Mokroïe. Fénia et la cuisinière Matrona étaient dans la cuisine quand arriva « le capitaine ». En l'apercevant, Fénia se mit à crier de toutes ses forces.

— Tu cries! fit Mitia. Où est-elle?

Et sans attendre la réponse de Fénia, toute roide de terreur, il tomba aux pieds de la servante.

— Fénia! au nom du Christ, dis-moi où elle est!

— Mon petit père, je n'en sais rien! Mon bon barine, je n'en sais rien! Tuez-moi, je ne sais rien! Mais vous êtes sorti avec elle, vous-même...

— Elle est revenue...

— Non, mon bon barine, elle n'est pas revenue, je vous le jure par Dieu!

— Tu mens! hurla Mitia, je le vois à ta frayeur, je devine où elle est...

Il sortit en courant.

Fénia, épouvantée, se félicitait d'en être quitte pour si peu. Mais elle se rendit fort bien compte que tout n'était peut-être pas fini.

En sortant, il fit une chose qui étonna les deux femmes : il prit dans un mortier, sur la table, un pilon en cuivre et le mit dans sa poche.

— Ah! Seigneur! il va tuer quelqu'un!

I

Où courait-il? Cela va de soi :

« Où peut-elle être, sinon chez Fédor Pavlovitch? Elle y est allée directement de chez Samsonnov, c'est clair! Toute cette intrigue est transparente... Tous sont contre moi. Maria Kondratievna, Smerdiakov, tous achetés! »

Il prit par la ruelle, derrière la maison de Fédor Pavlovitch, parvint à la grande barrière qui entourait le jardin; il chercha une place et choisit précisément celle qu'avait, au dire de la légende, escaladée Smerdiachtchaïa.

« Si elle a pu passer là, songeait-il, j'y passerai bien! »

Il fit un bond, s'accrocha d'une main au haut des planches, s'arc-bouta et se mit à cheval sur la barrière. Tout auprès était la petite salle de bains : à travers les arbres brillait une fenêtre éclairée de la maison.

« C'est cela! c'est éclairé dans la chambre à coucher du vieux... Elle y est! »

Et il sauta dans le jardin.

Quoiqu'il sût que Grigori et Smerdiakov étaient malades, que personne ne pouvait l'entendre, il resta immobile, instinctivement, et se mit à écouter : un silence de mort, un calme complet, pas un souffle.

Pas d'autres bruits que ceux du silence...
pensa-t-il.

« Pourvu que personne ne m'ait entendu! Je crois que non... »

Il attendit encore, puis se mit à marcher doucement à travers le jardin. Il évitait les branches d'arbres, étouffait le bruit de chacun de ses pas et se dirigeait vers la fenêtre éclairée. Il se rappela que, juste au-dessous des fenêtres, il y avait une rangée de sureaux et d'aubiers ; la porte qui donnait accès de la façade gauche de la maison dans le jardin était fermée : il s'en assura en passant. Enfin, il arriva à la rangée d'arbres et se blottit dans leur ombre. Il retenait sa respiration.

« Il faut attendre. S'ils m'ont entendu, ils écoutent maintenant... Pourvu que je n'aille pas tousser ou éternuer... »

Il attendit deux minutes. Son cœur battait ; par instants, la respiration lui manquait.

« Non, ces battements de cœur ne passeront pas... Je ne puis plus attendre. »

Il restait dans l'ombre de l'arbre, dont l'autre partie était éclairée par la fenêtre.

« C'est un aubier... Comme ses fruits sont rouges! » murmura-t-il.

Doucement, d'un pas régulier, il s'approcha de la fenêtre et se hissa sur la pointe des pieds. Il distinguait tout dans la chambre de Fédor Pavlovitch.

C'était une petite pièce, séparée en deux par des rideaux rouges, « des rideaux chinois », avait coutume de dire Fédor Pavlovitch. « En crêpe de Chine, pensa Mitia, et derrière les rideaux, Grouschegnka... »

Il se mit à examiner Fédor Pavlovitch, vêtu d'une robe de chambre en soie à ramages que Mitia ne lui connaissait pas ; elle était serrée à la taille par un cordon en soie terminé par des glands. Les revers abattus de la robe laissaient voir une chemise immaculée, en très-fine batiste, avec des boutons d'or. Sur la tête, il portait le foulard rouge que lui avait vu Alioscha.

« En toilette ! »

Fédor Pavlovitch se tenait près de la fenêtre. Il réfléchissait. Tout à coup, il leva la tête, écouta et, n'entendant rien, s'approcha de la table, se versa un demi-verre de cognac et but. Puis il respira profondément et reprit son immobilité. Un instant après, il se pencha distraitement vers la glace, souleva un peu son foulard et se mit à inspecter ses cicatrices.

« Il est seul, c'est plus que probable. »

Fédor Pavlovitch se détourna de la glace, s'approcha de la fenêtre et regarda. Mitia rentra vivement dans l'ombre.

« Elle est peut-être derrière les rideaux, elle dort peut-être déjà. »

Fédor Pavlovitch se retira de la fenêtre.

« C'est elle qu'il attend. Par conséquent, elle n'est pas loin. Autrement, pourquoi aurait-il regardé à travers la fenêtre ? C'est l'impatience qui le dévore... »

Il revint de nouveau vers la fenêtre. Le vieux était auprès de la table, visiblement triste.

« Seul! seul! Si elle était ici, il aurait un autre visage. »

Chose étrange, son cœur fut tout à coup agité de dépit *parce qu'elle* n'était pas là.

« Non pas parce qu'elle n'est pas ici, se répondait-il à lui-même, mais parce que je ne sais pas sûrement si elle y est ou non. »

Mitia se rappela dans la suite que son esprit était, en cet instant, extraordinairement lucide et qu'il réfléchissait aux plus menus détails.

« Est-elle ici, enfin, oui ou non? »

Il se décida tout à coup à frapper doucement à la fenêtre. C'était le signal convenu entre le vieillard et Smerdiakov : les deux premiers coups lentement, les trois autres plus vite, toc, toc, toc... cela signifiait que Grouschegnka était arrivée. Le vieux tressaillit, leva vivement la tête, bondit vers la fenêtre. Mitia se jeta en arrière. Fédor Pavlovitch ouvrit la fenêtre et avança la tête dans le jardin.

— Grouschegnka! c'est toi! est-ce toi enfin? fit-il très-bas d'une voix tremblante. Où es-tu, ma petite mère? mon cher petit ange, où es-tu?

« Seul! »

— Où es-tu donc? reprit le vieux en élevant la voix et en se penchant au dehors pour regarder de tous côtés. Viens ici, je t'ai préparé un cadeau, viens le voir!

« Le paquet de trois mille roubles... »

— Mais où es-tu donc? où es-tu donc? A la porte, peut-être? Je vais te l'ouvrir tout de suite.

Fédor Pavlovitch se penchait, au risque de tomber, et regardait vers la porte qui menait au jardin.

Il allait évidemment courir ouvrir la porte sans attendre

la réponse de Grouschegnka. Mitia restait immobile. La lampe allumée dans la chambre dessinait nettement le profil détesté du vieillard, son double menton, son nez en bec d'aigle. Une colère irrésistible envahit le cœur de Mitia. « Le voilà donc, mon rival, le bourreau de ma vie ! » C'était cette violence, cet emportement invincible dont il avait parlé à Alioscha, lors de leur conversation dans le kiosque, en répondant à cette question d'Alioscha :

— Comment peux-tu dire que tu tueras ton père ?

— Je ne sais pas, avait dit Mitia. Peut-être tuerai-je, peut-être ne tuerai-je pas. Je crains *de ne pouvoir supporter son visage à ce moment-là.* Je hais son double menton, son nez, ses yeux, son sourire effronté ! Il me dégoûte. Voilà ce que je crains : peut-être ne pourrai-je me retenir...

Ce dégoût augmentait. Mitia, déjà hors de lui, sortit le pilon de sa poche.

. . . .

. . . .

« *Dieu m'a vu,* à ce moment », disait plus tard Mitia.

En effet, c'est alors que Grigori s'éveilla dans son lit de malade. Il avait avalé dans la soirée le remède dont Smerdiakov parlait à Ivan Fédorovitch, et s'était endormi avec sa femme, qui avait aussi suivi le traitement, d'un sommeil de mort. Tout à coup, il s'éveilla, réfléchit un instant et, quoiqu'il ressentît une douleur aiguë dans les reins, il se leva et s'habilla à la hâte. Peut-être était-il aiguillonné par quelque remords de conscience à la pensée qu'il avait dormi en laissant la maison sans gardien « en un temps si dangereux ». Fatigué par sa crise, Smerdiakov demeurait étendu sur son lit, sans mouvement, dans un cabinet voisin. Marfa Ignatievna ne bougeait pas. « Elle est lasse, la baba », pensait Grigori en la regardant. Et il sortit en marchant avec peine. Il voulait seulement jeter un regard dans le jardin, car il n'avait pas la force d'aller loin, éprouvant une douleur insupportable dans les reins et la jambe droite. Tout à coup, il se rappela que la petite porte du jardin n'était pas fermée. C'était un homme ponctuel et méticuleux, l'esclave de l'ordre traditionnel. Tordu par le mal et tout en boitant, il descendit du perron et se dirigea vers la petite porte. Il ne s'était pas trompé, la petite porte était grande ouverte. Il passa dans le jardin. N'avait-il pas entendu là quelque chose? Il regarda vers la gauche, aperçut la fenêtre du barine grande ouverte et personne à la fenêtre.

« Pourquoi est-elle ouverte? Il ne fait pourtant pas chaud. »

Juste à ce moment, un mouvement se fit à quarante pas de lui, un homme passa comme une ombre dans l'obscurité.

— Seigneur! s'écria Grigori, et, oubliant son mal, il courut à la rencontre de l'inconnu.

Pour lui couper la retraite, il prit un sentier, car il connaissait le jardin mieux que le fugitif qui se dirigea vers la salle de bains, la contourna et se jeta vers le mur. Grigori ne le perdait pas de vue et le poursuivait. Il arriva à la barrière précisément au moment où Dmitri l'escaladait. Hors de lui, Grigori se mit à vociférer, bondit et saisit Dmitri par la jambe.

C'était bien cela, ses pressentiments ne l'avaient pas trompé; il le reconnut aussitôt, lui, « le misérable parricide ».

— Parricide! cria le vieux de toutes ses forces.

Il n'en dit pas plus long et tomba comme foudroyé.

Mitia sauta de nouveau dans le jardin et se pencha sur le vieillard. Il avait toujours à la main le pilon en cuivre : il le laissa choir, machinalement. Le pilon roula sur le sentier à la place la plus visible. Mitia examina Grigori pendant quelques secondes. La tête était ensanglantée. Mitia la tâta doucement. Avait-il fracassé le crâne du vieillard, ou s'il l'avait seulement étourdi ? Il tira de sa poche son mouchoir, l'appliqua sur la tête de Grigori pour étancher le sang. Le mouchoir fut bientôt rouge.

« Mais pourquoi tout cela ? Je ne puis me rendre compte dans l'ombre... Et puis, qu'importe maintenant ? S'il est tué, eh bien !... il est tué ! Il est pris au piége, il y reste, bien ! » dit-il tout haut.

Aussitôt il se rejeta vers le mur, l'escalada, sauta dans la ruelle et se mit à courir. Il tenait dans sa main droite son mouchoir ensanglanté, qu'il fourra, tout en courant, dans une poche de sa redingote. Il courait à toutes jambes. Quelques passants se rappelèrent plus tard qu'ils avaient aperçu, cette nuit-là, un homme qui courait de toutes ses forces. Il revint dans la maison de Grouschegnka. La porte était fermée, il frappa. Le dvornik le reconnut, le laissa passer et lui dit avec un sourire qui sentait les bons pourboires passés et espérés :

— Vous savez, barine, que Agrafeana Alexandrovna n'est pas chez elle.

— Où est-elle donc, Prokhov ? demanda Dmitri en s'arrêtant.

— Il y a deux heures qu'elle est partie avec Timothée pour Mokroïe.

— Pourquoi?

— Je ne sais pas. Je crois que c'est un officier qui l'a envoyé chercher en tarentas...

Mitia se précipita comme un fou dans la maison.

III

Fénia et Matrona se préparaient à se coucher. Mitia prit Fénia à la gorge.

— Tout de suite... cria-t-il, avec qui est-elle à Mokroïe?

Les deux femmes jetèrent un cri.

— Aïe! Je vais vous le dire! Aïe! cher Dmitri Fédorovitch, je vous dirai tout! je ne vous cacherai rien!

— Quel est cet officier?

— Son officier d'autrefois, celui qui l'a abandonnée, il y a cinq ans.

Dmitri lâcha Fénia. Il restait muet, pâle comme un mort. Mais son regard disait qu'il avait tout compris, jusqu'au dernier détail. La pauvre Fénia était toujours terrifiée et se tenait sur la défensive : Dmitri avait les mains tachées de sang. En route, quand il courait, il avait sans doute porté son mouchoir à son visage pour essuyer la sueur, de sorte qu'au front et à la joue droite il portait de larges taches rouges. La vieille cuisinière était paralysée d'épouvante.

Il s'assit machinalement auprès de Fénia. Il réfléchissait. Tout se révélait clairement à sa pensée. Grouschegnka elle-même lui avait raconté tout son passé, et il connaissait la lettre qu'elle avait reçue, un mois auparavant. Comment avait-il pu oublier cette affaire? Cette question se dressait devant lui comme un monstre qu'il considérait avec effroi. Tout à coup, doucement et timidement, comme un enfant, il se mit à parler à Fénia. Elle regardait avec méfiance ses mains ensanglantées, mais elle répondit à toutes ses questions, lui raconta tout ce qui s'était passé dans la journée, la visite de Rakitine et d'Alioscha, et comment Grouschegnka leur avait crié par la fenêtre de rappeler à Mitia qu'elle l'avait aimé toute une heure. Mitia sourit et rougit. Fénia, complétement rassurée, s'enhardit à lui dire :

— Vos mains sont ensanglantées, Dmitri Fédorovitch.

— Oui, dit Mitia en regardant distraitement ses mains. Mais il oublia aussitôt la question de Fénia et se leva d'un air soucieux. Puis, regardant de nouveau ses mains :

— C'est du sang, Fénia, dit-il en l'examinant d'un air étrange, c'est du sang humain, et Dieu! pourquoi a-t-il été versé? Mais... Fénia, c'est cette barrière, et il considérait la jeune fille comme s'il lui proposait une énigme, cette haute barrière, qu'on croirait infranchissable, au premier regard, mais... demain au point du jour, quand le soleil se lèvera... Mitegnka franchira une barrière plus haute encore... Tu ne comprends pas, Fénia, de quelle barrière je parle? Ça ne fait rien, n'importe, demain tu sauras et comprendras tout... Et maintenant, adieu. Je ne veux rien empêcher, je m'en irai, je saurai m'en aller... Vis, ma joie!... Tu m'as aimé une petite heure! Toi aussi, souviens-toi toujours! Elle m'appelait Mitegnka, tu te le rappelles?

Il sortit. Le départ de Mitia effraya Fénia plus encore que n'avait fait son arrivée.

Dix minutes après, il entrait chez le même tchinovnik, Petre Iliitch Perkhotine, à qui il avait engagé ses pistolets.

Il était déjà huit heures et demie, et Petre Iliitch, après avoir pris son thé, venait de mettre sa redingote pour aller jouer au billard. En apercevant Mitia et son visage taché de sang, il s'écria :

— Seigneur! qu'avez-vous?

— Eh bien, voici! dit vivement Mitia, je viens chercher mes pistolets, je vous apporte l'argent. Merci. Je suis pressé, Petre Iliitch, vite, je vous prie...

Petre Iliitch aperçut une liasse de billets de banque dans la main de Mitia et s'étonna de la manière insolite dont il tenait son argent, dans sa main droite ouverte, comme s'il voulait le montrer à tout le monde. C'étaient des billets de cent roubles; il pouvait y avoir deux à trois mille roubles.

Dmitri répondait avec impatience aux questions de Petre Iliitch. Ses façons étaient étranges; il plaisantait parfois, puis redevenait sérieux, brusquement.

— Mais qu'avez-vous? Comment avez-vous pu vous tacher comme cela? Êtes-vous tombé? Voyez-donc!

Et il mena Mitia devant une glace.

En apercevant son visage sanglant, Mitia tressaillit et fronça les sourcils.

— Diable! il ne manquait plus que cela!

Il passa les billets de sa main droite dans sa main gauche,

et tira vivement son mouchoir, puis, l'ayant regardé, il le jeta par terre.

— Eh, diable! N'avez-vous pas quelque chiffon... pour s'essuyer?

— Alors vous n'êtes pas tombé? Vous n'êtes pas blessé? Lavez-vous donc! Je vais vous donner de l'eau.

— De l'eau? Oui... Mais où mettrai-je cela? demanda Mitia avec embarras en montrant le paquet de billets.

— Mais dans votre poche, ou sur la table! Personne ne les prendra!

— Dans ma poche?... ah! oui, dans ma poche. C'est très-bien... Non, voyez-vous, tout cela, ce sont des bêtises. D'abord finissons-en avec cette affaire des pistolets. Rendez-les-moi. Voici votre argent. J'en ai besoin, extrêmement besoin... Je n'ai pas une minute à perdre...

Et détachant de la liasse un billet, il le tendit au tchinovnik.

— Mais je n'aurai pas de monnaie. N'avez-vous pas d'autre argent?

— Non... et considérant la liasse comme s'il n'en connaissait pas lui-même le contenu, il la feuilleta. Non, ils sont tous de cent... et il regarda de nouveau Petre Iliitch d'un air interrogateur.

— Mais d'où vous vient cette richesse? Attendez un instant, je vais envoyer mon groom chez les Plotnikov. Ils ferment tard; ils nous donneront la monnaie. Eh, Micha[1]! cria-t-il dans le vestibule.

— Chez les Plotnikov? Très-bien, c'est une excellente

---

[1] Diminutif de Mikhaïl.

idée, dit Mitia... Micha, cours chez les Plotnikov et dis-leur que Dmitri Fédorovitch les salue et va venir tout de suite. Écoute, écoute encore! Dis qu'on me prépare du champagne, trois douzaines de bouteilles..... et qu'on en fasse un paquet comme l'autre jour quand je suis allé à Mokroïe..... J'en ai pris alors quatre douzaines, s'interrompit-il tout à coup en se tournant vers Petre Iliitch. Ils savent comment déjà... ne t'inquiète pas, Micha. Et puis qu'on ajoute du fromage, des pâtés de Strasbourg, du jambon, du caviar, enfin de tout ce qu'ils ont, pour cent ou cent vingt roubles environ. Qu'on n'oublie pas de mettre des bonbons, des poires, deux ou trois arbouses [1], ou quatre... non, ce sera assez d'un. Et du chocolat, du sucre d'orge, enfin comme pour l'autre fois. Avec le champagne, ça fera à peu près trois cents roubles. N'oublie rien, Micha... N'est-ce pas? on l'appelle Micha? demanda-t-il à Petre Iliitch?

— Attendez donc un instant, dit Petre Iliitch qui l'observait avec inquiétude. Vous direz tout cela vous-même, en y allant. Micha s'embrouillerait.

— Oui, il s'embrouillerait, je vois bien. Eh! Micha, je voulais t'embrasser pour la peine! Mais si tu n'oublies rien, il y aura dix roubles pour toi, va vite! Le champagne, surtout le champagne! et du cognac, et du rouge et du blanc, comme l'autre jour....

— Mais écoutez donc! s'écria Petre Iliitch impatienté. Laissez-le aller seulement changer l'argent; il dira qu'on ne ferme pas, et vous irez vous-même faire la commande.

---

[1] Melons d'eau.

Donnez-moi votre billet, et va, Micha : un pied ici, l'autre là-bas[1].

— Soit ! Va donc, Micha, reprit Dmitri, mais dis encore chez les Plotnikov qu'on aille me chercher une troïka...

Petre Iliitch avait hâte de se débarrasser de Micha, car le gamin restait bouche bée devant Mitia, examinant son visage taché de sang et l'argent qu'il tenait entre ses mains tremblantes.

— Et maintenant, débarbouillez-vous, dit sévèrement Petre Iliitch. Mettez l'argent sur la table ou dans votre poche. C'est cela. Allez ! ôtez votre redingote.

En l'aidant à retirer sa redingote, Petre Iliitch jeta un cri.

— Mais attendez donc ! votre redingote aussi est tachée.

— C'est.. Ce n'est pas la redingote... un peu, là, à la manche... et puis ici, où était le mouchoir... ça aura dégoutté de la poche, quand je me suis assis chez Fénia, sur mon mouchoir, dit Mitia d'un air confidentiel.

Petre Iliitch fronça les sourcils.

— Qu'avez-vous donc fait ? Vous êtes-vous battu ?

Mitia s'était déjà lavé, mais, comme il avait mal savonné ses mains, Petre Iliitch lui conseilla de se frotter plus fort.

— Il en est resté sous les ongles. Maintenant, lavez-vous la figure, ici, près de la tempe, à l'oreille. C'est avec cette chemise que vous partez ? Où allez-vous ? Toute la manchette droite est rouge.

— Oui... rouge, dit Mitia en considérant sa chemise.

— Changez-vous donc !

---

[1] Expression russe.

— Je n'ai pas le temps. Savez-vous ce que je ferai? continua-t-il du même air confidentiel, en remettant sa redingote. Je vais relever la manchette comme cela, on ne verra rien.

— Maintenant, dites-moi comment cela vous est arrivé. Vous êtes-vous battu avec quelqu'un comme l'autre jour dans le traktir? Avez-vous encore rossé le capitaine? Qui avez-vous encore battu ou... tué? hein?

— Sottises! dit Mitia.

— Comment, sottises?

— Inutile... dit Mitia, et il sourit. C'est une vieille femme que j'ai écrasée tout à l'heure sur la place.

— Écrasée? une vieille femme?...

— Un vieillard! dit Mitia en regardant Petre Iliitch droit dans les yeux. Un vieillard! répéta-t-il en criant comme un sourd.

Et il éclata de rire.

— Que diable! un vieillard, une vieille femme... vous avez tué quelqu'un?

— Nous nous sommes réconciliés. Nous nous sommes battus, puis réconciliés. Un imbécile... nous nous sommes quittés bons amis... il m'a pardonné... Certainement il m'a déjà pardonné... Mais s'il s'était relevé, il ne m'aurait pas pardonné, dit-il en clignant de l'œil. Seulement, savez-vous? qu'il aille au diable! Entendez-vous, Petre Iliitch? Au diable!... Inutile!... Tout de suite, je ne veux pas... En finir tout de suite, je ne veux pas...

Il s'interrompit brusquement.

— C'est absurde! Se colleter ainsi avec tout le monde... pour des futilités, comme avec ce capitaine! Vous venez

de vous battre, et maintenant vous courez faire la noce?
Quel homme! Trois douzaines de bouteilles de champagne!
Où emportez-vous tout cela?

— Bravo! Donnez-moi maintenant les pistolets, je vous
dis que je n'ai pas le temps d'attendre. Certes, je voudrais
bien causer avec toi, mon petit pigeon, mais je n'ai pas le
temps... D'ailleurs, inutile... C'est trop tard. Ah! et l'argent,
où est-il? où l'ai-je mis?

Mitia cherchait dans ses poches.

— Vous l'avez mis vous-même sur la table... Le voici.
Vous l'aviez oublié? Il me semble que vous traitez l'argent
à la légère, vous? Voici vos pistolets. C'est étrange : à
cinq heures vous les engagez pour dix roubles, et maintenant vous avez les mains pleines de billets de banque!
Deux mille, combien? trois peut-être?

— Trois peut-être, dit Mitia en riant et en fourrant les
billets dans la poche de son pantalon.

— Mais vous allez les perdre! Avez-vous donc des mines
d'or?

— Des mines! Des mines d'or! s'écria de toutes ses
forces Mitia en éclatant de rire. Perkhotine, voulez-vous
aller aux mines d'or? Il y a ici une dame qui vous donnera trois mille roubles pour y aller. Elle me les a donnés
à moi pour que j'y aille. Connaissez-vous madame Khokhlakov?

— Non... Jamais vue... Alors c'est elle qui vous a donné
trois mille roubles, comme ça, à brûle-pourpoint? dit Petre
Iliitch avec méfiance.

— Écoutez, demain, quand le soleil se lèvera, — le
soleil, Phébus, l'éternellement jeune! — vous irez chez elle

en chantant les louanges du Seigneur et vous lui demanderez si oui ou non elle me les a donnés, demandez-le-lui!

— Je ne connais pas vos relations... Puisque vous l'affirmez, je vous crois... et vous, à peine l'argent dans les mains, au lieu d'aller aux mines, vous allez à la noce... Mais où donc? hé? où allez-vous?

— A Mokroïe.

— A Mokroïe? Mais il fait nuit.

— Mastriouk avait tout, Mastriouk n'a plus rien[1], dit tout à coup Mitia.

— Comment, plus rien? Vous avez des milliers de roubles et vous dites *plus rien?*

— Je ne parle pas de tes milliers de roubles; au diable tes milliers! Je parle du caractère des femmes.

Souvent femme varie,
Bien fol est qui s'y fie!

— Je ne vous comprends pas.

— Je suis donc ivre?

— Pis que ça.

— Moralement ivre, Petre Iliitch, moralement ivre... Et en voilà assez!

— Quoi? vous chargez votre pistolet?

— Je charge mon pistolet.

Au moment de mettre la balle dans le canon, il la regarda à la lumière de la bougie.

— Pourquoi regardez-vous cette balle? demanda Petre Iliitch, que les moindres actions de Dmitri intriguaient.

---

[1] Dicton populaire.

— Pour rien, par curiosité. Toi, si tu pensais à te la loger dans la tête, regarderais-tu la balle avant de la mettre dans ton pistolet?

— Pourquoi la regarder?

— Eh bien, je vais lui donner l'hospitalité dans mon crâne, alors j'aime à savoir comment elle est faite... Mais sottises, tout cela! Voilà une affaire bâclée... Mon cher Petre Iliitch, si tu savais comme tout cela est sot! Donne-moi un morceau de papier.

— Voici.

— Non, du propre, où l'on puisse écrire. C'est cela.

Mitia saisit une plume et griffonna vivement deux lignes; puis il plia le papier en quatre et le mit dans la poche de son gilet. Il replaça le pistolet dans la boîte, qu'il ferma à clef et glissa sous son bras. Puis il regarda Petre Iliitch et lui sourit d'un air absorbé.

— Allons, maintenant! dit-il.

— Où? Non, attendez... Vous voulez donc vous loger cette balle dans la cervelle?

— Cette balle? Sottises! Je veux vivre! J'aime la vie, sache-le! J'aime Phébus aux cheveux d'or et ses rayons réchauffants... Cher Petre Iliitch, est-ce que tu saurais, toi, t'écarter du chemin des autres?

— Comment cela?

— Laisser libre le chemin à l'être que tu adores et à celui que tu hais... chérir même celui que tu haïssais... et leur dire : « Que Dieu vous garde! Allez, passez, et moi... »

— Et vous?

— Assez! Partons.

— Je vous jure que je répéterai tout cela, je vous empêcherai de partir... Qu'allez-vous faire à Mokroïe ?

— Une femme est là, une femme... En voilà assez pour toi, Petre Iliitch, *chabach*[1] !

— Écoutez, vous êtes sauvage, étrange, pourtant vous m'avez toujours plu... Eh bien, vous m'inquiétez !

— Merci, frère. Je suis sauvage, dis-tu ? Sauvage, sauvage ! Oui. Je ne cesse de me le répéter : un sauvage, je ne suis qu'un sauvage !... Tiens, voilà Micha ! je l'avais déjà oublié.

Micha entra, tout essoufflé, avec une liasse de menus billets.

— Tout va bien chez les Plotnikov, dit-il.

Mitia prit un billet de dix roubles qu'il donna à Petre Iliitch et en jeta un autre à Micha.

— Je vous le défends ! s'écria Petre Iliitch, pas chez moi ! Cela gâte les domestiques ! Reprenez votre argent ! Pourquoi le gaspiller ainsi ? Demain vous reviendrez me demander dix roubles ! Et pourquoi le mettez-vous toujours dans cette poche ? Vous allez le perdre.

— Écoute, mon ami : viens avec moi à Mokroïe.

— Moi ? Qu'y ferais-je ?

— Viens-tu d'abord boire avec moi une bouteille ? Buvons à la vie ! J'ai soif. Je voudrais boire avec toi : nous n'avons jamais bu ensemble, n'est-ce pas ?

— Soit. Allons au traktir.

— Pas le temps... dans la boutique des Plotnikov... Tiens, voici une énigme.

---

[1] Motus.

Mitia tira de son gilet le petit papier plié en quatre et le montra à Petre Iliitch. En caractères très-lisibles étaient écrits ces mots :

« Je me châtie moi-même pour toute ma vie : c'est pour toute ma vie que je me châtie. »

— Parole ! je vais aller le dire tout de suite à quelqu'un, dit Petre Iliitch.

— Tu n'auras pas le temps, mon cher. Allons boire. Marche !

La troïka les attendait déjà à la porte de Plotnikov ; sur le siége était assis le yamstchik Andrey. Tout était prêt comme Mitia l'avait ordonné.

— Nous n'avons pas de temps à perdre, murmura Dmitri. L'autre fois, c'est Timothée qui m'a conduit. Mais aujourd'hui, il est parti avec la magicienne, avant moi... Andrey, serons-nous bien en retard ?

— D'une heure au plus, dit Andrey. Timothée ne va pas aussi vite que moi.

— Je te donne cinquante roubles si nous n'avons pas plus d'une heure de retard.

— J'en réponds, Dmitri Fédorovitch.

Mitia s'agitait, donnant des ordres, oubliant d'achever ses phrases, allant de çà, de là.

Petre Iliitch s'était chargé des préparatifs. Il essaya d'abord d'empêcher Dmitri de dépenser trop, de se faire trop voler ; puis, voyant que rien n'y faisait, il l'abandonna à son sort.

— Que le diable l'emporte ! Qu'est-ce que cela me fait ? Jette l'argent, s'il ne te coûte rien...

— Viens ici, avance ! ne te fâche pas ! dit Mitia en le

conduisant dans un cabinet particulier. Buvons une bouteille. Sais-tu, mon ami, que je n'ai jamais aimé le désordre?

— Et qui l'aime, alors? A-t-on jamais vu! Jeter trois douzaines de bouteilles de champagne aux moujiks!

— Je parle d'un autre désordre. Mais... tout est fini. Ne nous chagrinons plus, il se fait tard... Au diable! Toute ma vie n'a été que désordre, mais je vais y mettre bon ordre. Je fais des calembours, tu vois?

— Tu délires, tu ne fais pas de calembours, tu extravagues!

> Gloire au Très-Haut dans le monde!
> Gloire au Très-Haut en moi!

— Ce vers a crié dans mon cœur, un jour. Ce n'est pas un vers, c'est une larme... Ce n'est pas en tirant la barbe du capitaine que j'ai trouvé cela.

— Pourquoi parles-tu du capitaine?

— Pourquoi je parle du capitaine? Tout finit, tout s'égalise : on tire un trait et l'on fait le total.

— Tes pistolets sont toujours devant mes yeux.

— Sottises! Bois et laisse là tes sottes imaginations. J'aime trop la vie! C'en est même dégoûtant. N'importe, je suis content de moi. Sans doute je souffre d'avoir l'âme si basse, et pourtant je suis content de moi. Je bénis Dieu et son œuvre, mais... il faut faire disparaître un insecte puant, un certain insecte qui gâte la vie des autres. Buvons à la vie, frère! Qu'y a-t-il de plus précieux que la vie? Rire, boire! Buvons donc à la vie! Buvons aussi à une royale beauté, oh! royale entre toutes!

— Soit! buvons à la vie et à ta reine!

Ils vidèrent un verre. Mitia, tout exalté qu'il fût, était triste. Un lourd souci l'accablait.

— Micha! C'est Micha? Eh! mon petit pigeon, viens ici! Bois-moi ceci en l'honneur du Phébus aux cheveux d'or qui se lèvera demain matin.

— Que fais-tu là? s'écria Petre Iliitch irrité.

— Mais laisse donc! Je le veux.

— Heu!

Micha but, salua et partit.

— Il se souviendra plus longtemps de moi..... Une femme! j'aime une femme! Qu'est-ce qu'une femme? La reine de la terre. Je me sens triste... Je suis triste, Petre Iliitch. Te rappelles-tu Hamlet? « Je me sens triste, oh! triste, Horatio... Hélas! pauvre Yorick! » C'est peut-être moi, ce Yorick. Oui, oui! Je suis Yorick maintenant, et tout à l'heure un crâne.

Petre Iliitch écoutait en silence.

— Qu'est-ce que ce chien? demanda Mitia au garçon en indiquant un petit chien aux yeux étincelants.

— Il appartient à la patronne.

— J'en ai vu un semblable quand j'étais au régiment... fit Mitia d'un ton rêveur. Mais l'autre avait une jambe de derrière cassée... Petre Iliitch, je voulais te demander: As-tu jamais volé?

— Quelle question!

— Comme cela... vois-tu... quelque chose qui ne vous appartient pas, qu'on prend dans la poche d'autrui? Je ne te parle pas du Trésor : le Trésor, tout le monde le vole, et toi comme les autres, bien sûr...

— Va-t'en au diable!

— Je parle du bien d'un autre, de ce qui est dans sa poche ou dans sa bourse.

— J'ai volé, un jour, vingt kopeks à ma mère. J'avais neuf ans.

— Et puis ?

— Et puis rien. J'ai gardé trois jours mes vingt kopeks, puis j'ai eu honte, j'ai avoué et je les ai rendus.

— Et puis ?

— Et puis, naturellement, on ma fouetté. Mais, et toi ? As-tu donc volé ?

— Volé ? dit Mitia en clignant de l'œil malicieusement.

— Qu'as-tu volé ? dit Petre Iliitch curieux.

— A ma mère, vingt kopeks, j'avais neuf ans ; trois jours après, je les ai rendus.

Et il se leva.

— Dmitri Fédorovitch, il faut se dépêcher, cria Andrey de la porte.

— C'est prêt ? Partons ! Encore un dernier mot, et... Un verre de vodka à Andrey, tout de suite, et de cognac ! Portez mes pistolets à ma place. Adieu, Petre Iliitch, ne garde pas mauvais souvenir de moi.

— Tu reviens demain, j'espère ?

— Absolument, absolument !

— Faut-il faire l'addition ? demanda le garçon.

— Absolument.

Il tira de nouveau de sa poche toute la liasse de billets, en prit trois, les jeta sur le comptoir et sortit. Tous le suivirent en le saluant et en faisant des vœux pour son voyage. Andrey toussota en achevant de vider son verre et monta sur le siége. Mais au moment où Dmitri entrait dans la voiture, Fénia apparut et se précipita à ses pieds en criant :

— Mon petit père Dmitri Fédorovitch, ne perdez pas ma barinia ! Et moi qui vous ai tout dit ! Ne lui faites pas de mal à lui. Il est revenu de Sibérie pour épouser Agrafeana Alexandrovna... Mon petit père Dmitri Fédorovitch, ne le tuez pas !

— Hé, hé ! voilà ce que c'est, se dit Petre Iliitch, il va encore faire des histoires là-bas ! Je comprends tout... Dmitri Fédorovitch, donne-moi tout de suite tes pistolets si tu veux être un homme, entends-tu ?

— Les pistolets ? Attends, mon petit pigeon ! Je les jetterai en route dans une mare... Lève-toi, Fénia, ne reste pas là, par terre... Mitia ne tuera plus personne, le sot ! Et puis, Fénia (il était déjà assis dans la voiture), pardonne-moi, je t'ai offensée tout à l'heure, pardonne-moi ! D'ailleurs, à ta guise ! maintenant tout m'est égal ! En route, Andrey, vivement !

Andrey fit claquer son knout, la sonnette se mit à tinter.

— Adieu, Petre Iliitch ! A toi ma dernière larme !

« Il n'est pas ivre, et pourtant quelles balivernes il dit ! » pensa Petre Iliitch.

Petre Iliitch se dirigea vers le traktir *la Capitale* pour faire sa partie de billard. Mais en route il changea de projet, hésita à se rendre chez Fédor Pavlovitch, et finalement alla sonner à la porte de Grouschegnka. Il sonna longtemps, longtemps...

IV

Et Dmitri Fédorovitch volait vers Mokroïe. La distance etait de vingt verstes environ. La troïka d'Andrey allait assez vite pour les franchir en un peu plus d'une heure.

La course rafraîchit Mitia. Il n'éprouvait aucun sentiment de jalousie contre son nouveau rival. De tout autre il aurait aussitôt voulu la mort. Mais il ne haïssait pas celui-ci, *le premier*. « Ici, je n'ai rien à dire, c'est leur droit. C'est le premier amour, c'est le seul. Elle n'a pas cessé de l'aimer depuis cinq ans. Que ferais-je là? Je dois laisser le chemin libre. D'ailleurs tout est fini, indépendamment même de cette affaire... »

Un moment, il pensa arrêter Andrey, sortir de la voiture, prendre un pistolet et en finir sans attendre le matin. Mais la troïka « dévorait l'espace », et, plus il approchait du but, plus la pensée d'elle, d'elle seule, le dominait. « Oh! la voir, au moins un instant! Elle est maintenant avec lui. Eh bien! je vais la voir heureuse, c'est tout ce qu'il me faut! »

Jamais encore il n'avait tant aimé cette femme qui lui était si fatale. C'était un sentiment inconnu encore, une tendresse religieuse, une adoration mystique. « Oui, il faut que je disparaisse. »

Une heure s'écoula. Tout à coup Mitia s'écria avec inquiétude :

— Andrey, et s'ils dorment?

— C'est bien possible, Dmitri Fédorovitch.

Mitia fronça les sourcils. Que faire? Il arrivait — et elle dormait! — Peut-être, *avec lui!*

La colère l'envahit.

— Fouette, Andrey, fouette vite!

— J'ai quelque chose à vous demander, barine. Au moins ne vous fâchez pas...

— Quoi?

— Tout à l'heure, Fénia est tombée à vos genoux en vous suppliant de ne pas faire de mal à sa barinia et à... un autre. Alors, barine, moi qui vous y conduis, pardon... C'est peut-être une bêtise que je dis.

Mitia le prit brusquement par les épaules.

— Es-tu yamstschik? yamstschik? criait-il hors de lui.

— Oui...

— Sais-tu que je dois laisser libre le chemin? Mais toi, yamstschik, tu écrases le monde : il faut que ta troïka passe! Non, yamstschik, n'écrase pas le monde, il ne faut tuer personne, il ne faut pas gâter la vie des autres, et si, par malheur, tu es de trop, châtie-toi toi-même, disparais!

Andrey, quoique étonné, ne laissa pas tomber la conversation.

— Vous avez raison, petit père Dmitri Fédorovitch, vous avez raison, il ne faut tuer personne. Faire souffrir quelqu'un, cela ne se doit pas. Toute créature a droit à la vie. Voilà, par exemple, ce cheval : eh bien! il y a des yamstschiks qui fouettent à mort leur bête et vont toujours, rien ne les arrête...

— Andrey, simple cœur! dit Mitia en saisissant de nouveau le moujik par les épaules, dis-moi : Dmitri Fédorovitch Karamazov ira-t-il en enfer?

— Je ne sais pas, cher barine, ça dépend de vous. Mais vous êtes pour nous tous comme un petit enfant; nous vous aimons, quoique vous soyez violent, barine. Dieu vous pardonnera.

Et Alexey fouetta le cheval gauche.

— Et toi aussi, tu me pardonnes, Andrey?

— Mais que vous pardonnerais-je? Vous ne m'avez rien fait.

— Non, pour tous, pour les autres, toi seul, tout de suite, sur la route, veux-tu me pardonner pour tous les autres, simple cœur?

— Oh! barine, j'ai peur de vous mener là-bas! Vous parlez étrangement...

Mitia n'entendit pas, il priait avec exaltation.

« Dieu! Seigneur! Contemple-moi dans toute mon ignominie, mais ne me juge pas... Ne me juge pas, car je me suis jugé moi-même! Ne me juge pas, car je t'aime, mon Dieu! Je suis vil, mais je t'aime. Tu peux m'envoyer dans ton enfer, là même je t'aimerai et je crierai que je t'aime pour l'éternité... Mais laisse-moi en finir avec mon amour d'ici-bas, encore seulement cinq heures de ton soleil! car je ne puis ne pas l'aimer, la reine de mon âme, je l'aime, ô Dieu! et je ne peux pas ne pas l'aimer! Tu me vois tel que je suis : je tomberai devant elle à genoux, et je lui dirai : « Tu as raison de me rejeter de ton chemin... Adieu! oublie ta victime, ne t'inquiète jamais de moi... »

— Mokroïe! cria Andrey en montrant de son knout le village.

A travers les grises ténèbres de la nuit se dressait une masse compacte et noire de maisons.

Le village de Mokroïe avait deux mille âmes. A cette heure tout dormait, de rares lumières perçaient l'ombre.

— Fouette, fouette, fouette! Andrey. C'est moi qui arrive! criait Mitia dans le délire.

— On ne dort pas, dit Andrey en désignant à l'entrée du village l'auberge de Plastonnok dont les six fenêtres étaient éclairées.

— On ne dort pas? Fais du bruit, Andrey! Va au galop, fait tinter la sonnette, que tout le monde sache que c'est moi qui arrive, moi! moi!

Andrey mit au galop sa troïka fatiguée et s'arrêta bruyamment au pied du perron. Mitia sauta de la voiture. Juste à cet instant, le patron de l'auberge parut sur le perron.

— C'est toi, Trifon Borrissitch? demanda Mitia.

Le patron se pencha, regarda un instant, puis descendit vivement et parlant avec obséquiosité :

— Mon petit père Dmitri Fédorovitch, dit-il, est-ce vous?

Ce Trifon Borrissitch, quoique déjà riche, ne perdait jamais une occasion de profit : il n'avait pas oublié qu'un mois auparavant il avait en un jour gagné avec Dmitri Fédorovitch plus de deux mille roubles. Il salua donc son hôte joyeusement, flairant, aux allures de Mitia, un nouveau butin.

— Halte, Trifon Borrissitch! D'abord, où est-elle?

— Agrafeana Alexandrovna? Mais elle est ici...

— Avec qui? avec qui?

— Des voyageurs... L'un, un tchenovnik polonais, à en juger par son accent; l'autre, son compagnon...

— On a fait la noce? on a de l'argent?

— Quelle noce? Pas grand'chose, Dmitri Fédorovitch...

— Pas grand'chose? Il n'y a personne avec eux?

— Deux messieurs de la ville, qui sont entrés en passant : l'un, jeune, un parent de M. Mioussov, j'ai oublié son nom... et l'autre, je crois que vous le connaissez, le pomiestchik Maximov.

— C'est tout?

— C'est tout.

— Alors, Trifon Borrissitch, dis-moi, elle, que fait-elle?

— Elle vient d'arriver, elle est avec eux.

— Gaie? Elle rit?

— Non, pas trop... Elle paraît plutôt triste. Elle passait ses mains dans les cheveux du plus jeune.

— Le Polonais? l'officier?

— Est-il donc si jeune? Et puis, quel officier? Non, ce n'est pas à lui, c'est au neveu de Mioussov, le jeune... j'ai oublié son nom...

— Kalganov?

— C'est cela, Kalganov.

— Très-bien. On joue aux cartes?

— Ils ont joué, puis ils ont bu du thé, le tchenovnik a demandé des liqueurs.

— Attends, Trifon Borrissitch, attends, mon cher, je vais penser à ce que je dois faire. Y a-t-il des Tziganes?

— Plus un seul, Dmitri Fédorovitch, les autorités les ont chassés. Mais il y a des Juifs qui jouent de la cithare et du violon. On peut les envoyer chercher, ils viendront.

— Envoie, absolument, envoie-les chercher! Et les babas? peut-on les faire lever, Maria, Stépanide et Arina? Deux cents roubles pour les chœurs!

— Mais pour tant d'argent vous aurez tout le village! et puis, est-ce la peine? Nos moujiks et nos babas méritent-ils cette magnificence? Tu leur donnais des cigarettes, l'autre jour... Nos babas ont des poux! Je vais plutôt t'envoyer mes filles, mais pour rien. Elles sont couchées, je les réveillerai à coups de pied et elles chanteront en ton honneur. Vous n'allez pas recommencer à donner du champagne aux moujiks, hein?

— Trifon Borrissitch, j'ai dépensé près de mille roubles ici l'autre jour.

— Certes, mon petit père, vous les avez dépensés, et bien plus, près de trois mille peut-être.

— Eh bien! j'arrive avec autant cette fois. Vois-tu?

Et il fit passer sous le nez du patron sa liasse de billets de banque.

— Écoute donc et tâche de comprendre. Dans une heure, on apportera des provisions et du vin, il faudra porter le tout en haut; ouvre, et prends tout de suite le panier qui est dans la voiture. Surtout, amène-moi des babas! D'abord Maria!...

Il se retourna vers la voiture et y prit sa boîte de pistolets.

— Ton compte, Andrey! Voilà quinze roubles pour ta course et cinquante pour boire, pour te payer de ta complaisance... Rappelle-toi le barine Karamazov.

— J'ai peur, barine... dit Andrey avec hésitation, cinq

roubles pour boire suffiraient, je n'en veux pas plus; Trifon Borrissitch en sera témoin. Pardonnez-moi ma bêtise.

— De quoi as-tu peur? Va-t'en au diable, alors!

Et il lui jeta cinq roubles.

— Maintenant, Trifon Borrissitch, conduis-moi tout doucement dans un endroit d'où je puisse voir sans être vu.

Trifon Borrissitch hésita, puis, lui montrant le chemin, l'introduisit dans un vestibule et le conduisit dans une chambre contiguë à la salle où se trouvaient Agrafeana Alexandrovna et ses amis. L'hôtelier éteignit sa lumière et posta Dmitri dans un coin obscur d'où il pouvait aisément voir ce qui se passait dans la salle voisine. Mais Mitia ne regarda pas longtemps. Aussitôt qu'il eût aperçu Grouschegnka, son cœur se mit à battre, sa vue se troubla. Elle était dans un fauteuil, près de la table. A côté d'elle, sur un divan, le jeune et joli Kalganov : elle lui tenait la main et riait, tandis que lui, sans la regarder, parlait avec dépit à Maximov, qui était assis en face de Grouschegnka et qui riait aussi. Sur le divan, *lui!* Auprès de *lui*, sur une chaise, un inconnu. Celui qui se trouvait sur le divan fumait la pipe; c'était un homme obèse, au visage large, de petite taille, l'air bourru. En revanche, son compagnon était d'une taille exagérée...

Mitia ne pouvait plus rien distinguer, la respiration lui manquait. Il ne resta pas plus d'une minute, déposa ses pistolets sur la commode et, le cœur serré, il entra dans la salle.

— Aïe! fit Grouschegnka, pâle de peur.

V

Il s'approcha précipitamment de la table.

— Messieurs, fit-il d'une voix très-haute et entrecoupée, c'est moi... c'est moi !... Ce n'est rien, ne craignez rien... Ce n'est rien, répéta-t-il en s'adressant à Grouschegnka qui se penchait vers Kalganov et lui serrait vivement les mains. Moi... je voyage aussi. Je ne resterai ici que jusqu'à demain. Messieurs, entre voyageurs, ne peut-on passer la nuit ensemble, jusqu'au matin, dans cette salle ?

Maintenant, il s'adressait à l'individu obèse. Celui-ci, d'un air important, retira sa pipe de ses lèvres et dit d'un ton sévère :

— Pane[1], nous sommes ici en petit comité... Il y a d'autres chambres.

— C'est vous, Dmitri Fédorovitch ! s'écria Kalganov, restez donc ! Comment allez-vous ?

— Bonjour, cher ami... je vous ai toujours estimé... dit joyeusement Mitia en se hâtant de lui tendre la main.

— Aïe ! comme vous serrez ! Vous avez failli me briser les doigts, dit Kalganov en riant.

— Il est toujours ainsi, il serre toujours comme cela ! dit Grouschegnka avec gaieté.

Sans être pleinement rassurée, elle devinait qu'il n'avait

---

[1] En polonais, barine en russe.

pas d'intentions violentes : elle démêlait en lui quelque chose d'étrange qui l'intriguait fort, et puis elle n'avait pas prévu qu'il pût entrer et parler ainsi en un tel moment.

— Bonjour, dit d'une voix mielleuse le pomiestchik Maximov.

Mitia se retourna vers lui.

— Ah, bonjour! Vous êtes donc ici? J'en suis bien aise. Messieurs, messieurs, je...

Et il s'adressa de nouveau au pane à la pipe, le considérant comme le personnage principal.

— Je voudrais passer cette dernière heure dans cette chambre même... où j'ai adoré... une reine. Pardonne-moi, pane! je voyage... j'ai juré... Oh! ne craignez rien, c'est la dernière nuit. Buvons, pane, à la paix! On va nous servir du vin. J'ai apporté avec moi cela, dit-il en montrant sa liasse de billets. Je veux de la musique, du bruit, comme l'autre fois... Mais le ver inutile disparaîtra bientôt de la surface de la terre. Je veux passer ici ma dernière nuit de joie...

Il étouffait. Il aurait voulu dire beaucoup de choses, mais il ne pouvait proférer que des exclamations. Le pane était perplexe : il regardait tantôt Mitia, tantôt sa liasse de billets, tantôt Grouschegnka, et ne savait que dire.

— Si ma reine y consent... commença-t-il.

— Assieds-toi, Mitia, dit Grouschegnka. Mais que dis-tu donc? Tu ne vas pas me faire peur, n'est-ce pas?

— Moi, te faire peur! s'écria Mitia en levant les bras au ciel. Oh! passez, passez! je ne me mettrai plus sur votre chemin!...

Tout à coup, chose inattendue pour tous et surtout pour

lui-même, il se laissa tomber sur une chaise et fondit en larmes.

— Eh bien! voilà comme tu es? dit d'un ton de reproche Grouschegnka. C'est comme cela qu'il faisait chez moi, en me disant des choses que je ne comprenais pas. Un jour, il s'est mis à pleurer comme aujourd'hui. C'est honteux! Et pourquoi pleures-tu, voyons? *Y a-t-il de quoi?* ajouta-t-elle d'un air mystérieux, en appuyant sur les derniers mots.

— Je... ne pleure plus.... Allons, bonjour! dit-il, et il éclata de rire, nerveusement.

— Voilà encore! Mais reviens à toi! Je suis très-contente que tu sois venu, entends-tu, Mitia? très-contente. Je veux qu'il reste ici avec nous, dit-elle d'un ton impérieux.

Elle s'adressait à tout le monde, mais chacun comprit très-bien que cet ordre concernait particulièrement le pane à la pipe.

— Je le veux, et s'il s'en va, je m'en irai aussi! ajouta-t-elle avec un éclair dans les yeux.

— La volonté de ma reine est une loi pour moi, dit le pane en baisant galamment la main de Grouschegnka. Je prie le pane de se joindre à nous, dit-il avec affabilité à Mitia.

Mitia fit un mouvement pour se lever, dans l'intention de lancer une nouvelle tirade, fit un grand geste et dit :

— Buvons, pane!

Tous se mirent à rire.

— Seigneur! et moi qui pensais qu'il allait encore nous déclamer quelque chose! dit Grouschegnka. Entends-tu, Mitia, tiens-toi tranquille. Tu as bien fait d'apporter du champagne, je n'aime pas les liqueurs. Ce qui est mieux encore, c'est d'être venu toi-même, je m'ennuyais terriblement... Tu es venu faire la noce? Cache donc ton argent dans ta poche. Et où as-tu pris tout cela?

Mitia, qui tenait toujours les billets froissés dans ses mains, ce dont les deux panes semblaient fort intrigués, fourra précipitamment la liasse dans sa poche et rougit. En ce moment, le patron parut, portant une bouteille de champagne débouchée et des verres sur un plateau. Mitia saisit la bouteille, mais il ne sut qu'en faire. Kalganov la lui prit des mains et emplit les verres.

— Encore une bouteille! cria Mitia au patron.

Et oubliant de trinquer avec le pane qu'il venait si solennellement d'inviter à boire, il vida d'un trait son verre. Son visage se transforma aussitôt. Au lieu de l'expression tragique et solennelle qu'il avait eue jusqu'alors, c'était maintenant une physionomie enfantine. Il regardait ses voisins avec une sorte de joie timide, avec de petits rires nerveux, avec l'air soumis et reconnaissant d'un petit chien coupable qu'on a laissé entrer et qu'on veut bien caresser. Il approcha sa chaise de Grouschegnka et la regarda en souriant. Puis il examina aussi les deux panes. Le pane assis sur le divan lui parut trop Polonais, et surtout sa pipe l'étonna. « Mais qu'est-ce que j'ai? C'est très-bien de fumer la pipe! » pensa-t-il. La taille obèse, le petit nez souligné de petites moustaches cirées, l'air insolent de cet homme qui pouvait avoir une quarantaine d'années, parurent *très-bien* à Mitia, jusqu'à la sotte perruque que le personnage ramenait sur son front en pattes de lapin. « Eh bien, pensa Mitia, cela est nécessaire. » Le second pane, assis près du mur, plus jeune que son compatriote, regardait toute la compagnie d'un air provoquant et écoutait avec un silence dédaigneux la conversation générale. Il n'étonna Mitia que par sa taille exagérée. « Debout, il doit avoir onze verschoks... » Il songea aussi que ce pane demesuré devait être l'ami ou le « gardé du corps » du pane à la pipe. Mais tout cela lui paraissait *très-bien*, incontestablement *très-bien*. Ah! le petit chien n'avait aucune velléité de jalousie... Il n'avait rien compris au ton mystérieux de Grouschegnka; il savait seulement qu'elle lui avait pardonné, qu'il était auprès d'elle.

Pourtant, il finit par s'inquiéter du silence qui s'était fait et se mit à regarder tous les assistants l'un après l'autre, comme s'il eût voulu dire : « Pourquoi ne dites-vous rien, messieurs? »

— En voilà un qui s'entend aux racontages, dit Kalganov en désignant Maximov, comme s'il eût compris la pensée de Mitia.

Mitia considéra un instant Kalganov, puis se retourna aussitôt vers Maximov.

— Des racontages? ah! ah! ah!

— Oui, imaginez-vous... il affirme que tous nos cavaliers, en 1821, ont épousé des Polonaises! Est-ce assez bête?

— Des Polonaises! s'écria Mitia délirant de joie.

Kalganov était entré dans l'auberge avec Maximov, par hasard. Grouschegnka les avait présentés aux panes.

— Imaginez-vous... reprit Kalganov, voilà quatre jours que je le traîne avec moi. Vous vous rappelez? Depuis le jour où votre frère l'a rejeté du haut de la voiture. Je me suis intéressé à lui et je l'ai emmené chez moi. Mais voilà qu'il nous monte des scies stupides ! Je le reconduis chez lui...

— Le pane ne connaît pas les panies polonaises! dit Maximov.

— Avez-vous servi dans la cavalerie ? C'est de la cavalerie que vous parliez ? Êtes-vous cavalier ? demanda Kalganov.

— Ah! oui, est-il cavalier ? cria Mitia... Ah! ah! ah!

— Il ne s'agit pas de cela, répondit Maximov; je dis que toutes ces jolies petites panies, à peine ont-elles dansé la mazurka avec nos uhlans, leur sautent sur les genoux comme des chattes blanches, et le pane et la panie, les père et mère, voient cela et le permettent... et le permettent... Le lendemain, les uhlans vont faire leur demande en mariage, et voilà... hi! hi! hi!... et voilà!...

— Le pane est un misérable!... grommela le pane aux longues jambes en les croisant.

Mitia remarqua que le pane aux longues jambes avait des bottes sales en cuir grossier; d'ailleurs, les deux Polonais étaient également mal mis.

— Quoi? un misérable! Pourquoi des injures? dit Grouschegnka furieuse.

— Panie Agrippina, le pane n'a connu en Pologne que des babas de la lie du peuple, dit le pane à la pipe.

— Taisez-vous donc! réprit Grouschegnka. En voilà un empêcheur de danser!

— Mais je n'empêche personne, panie, dit le pane à la pipe.

Il jeta un regard significatif à Grouschegnka, et il se remit à fumer silencieusement.

— Non, non! la pane a dit vrai, remarqua Kalganov. Maximov n'est pas allé en Pologne, comment peut-il parler des Polonais? Ce n'est pas en Pologne que vous vous êtes marié?

— Non, c'est dans le gouvernement de Smolensk. Ma future avait été enlevée par un uhlan. Elle était partie avec la panie sa mère, sa tante et encore une autre parente accompagnée d'un grand fils. C'est de la vraie Pologne, ça! Ensuite, le uhlan me la passa. C'était un jeune lieutenant, un charmant garçon. Il voulait d'abord l'épouser, puis il y renonça, s'étant aperçu qu'elle était boiteuse.

— Alors vous avez épousé une boiteuse? demanda Kalganov.

— Eh! oui. Ils s'étaient entendus pour me cacher cela. Je croyais qu'elle s'amusait à sautiller... car elle sautillait à chaque pas, et je pensais que c'était pour rire...

— Pour la joie de vous épouser, n'est-ce pas? s'écria Kalganov.

— Oui! et voilà que c'était pour une tout autre cause. Après notre mariage, elle m'avoua tout et demanda pardon. « C'est en voulant sauter une mare, dans mon enfance, me conta-t-elle, que je me suis estropiée. » Hi! hi! hi!

— Savez-vous? Il dit la vérité, maintenant, dit Kalganov à Mitia, il ne ment plus. Il a été deux fois marié; c'est l'histoire de sa première femme qu'il vient de nous conter. L'autre s'est enfuie, et voyez, il est resté bon vivant.

— Vraiment? dit Mitia en se tournant vers Maximov d'un air très-étonné.

— Oui, j'eus ce désagrément : elle s'est enfuie avec un *Moussié*[1]. Elle avait au préalable fait faire à son bénéfice un transfert de mes biens. « Tu n'en auras pas besoin, me disait-elle : tu as de l'instruction, tu trouveras toujours de quoi vivre... » Puis elle me planta là. Un très-honorable archevêque me dit un jour, à ce propos : « De tes deux femmes, si l'une boitait, l'autre ne marchait que trop bien ! » Hi ! hi ! hi !

— Il ment peut-être, dit Kalganov gaiement, mais c'est pour égayer les autres. Il n'y a pas là de malhonnêteté. Moi, je l'aime parfois. Il est cynique, mais très nature, n'est-ce pas ? Un autre s'avilit par calcul ; lui, c'est pour suivre sa pente. Imaginez-vous ! Il prétend que c'est lui, Maximov, que Gogol a voulu dépeindre dans ses *Ames mortes*. Vous vous rappelez : il y a dans les *Ames mortes* un pomiestchik Maximov que Nozdrev fouette, action pour laquelle ledit Nozdrev passe en jugement. « Pour avoir fait une offense personnelle au pomiestchik Maximov avec des verges en état d'ivresse[2]. » Il prétend que c'est lui qu'on a fouetté. Pourtant c'est impossible. Tchitchikov[3] vivait aux environs de 1820, au plus tard ; les années ne concordant pas, on n'a donc pas pu fouetter notre Maximov à cette époque, n'est-ce pas ?

Il était difficile de comprendre pourquoi Kalganov s'échauffait si vivement au sujet de tels enfantillages. Mitia sympathisait avec lui.

[1] Le peuple russe appelle les Français des Moussiès.
[2] Traduction littérale d'un passage des *Ames mortes;* l'amphibologie est du fait de Gogol, qui donne là un échantillon du style officiel de son temps.
[3] Le héros des *Ames mortes*.

— Eh bien, pourquoi pas? Mettons qu'on l'ait fouetté! dit-il en riant.

— Je ne dis pas qu'on m'ait fouetté, dit tout à coup Maximov, mais... comme ça...

— Comment? on t'a fouetté, ou l'on ne t'a pas fouetté!

— Quelle heure est-il, pane? demanda d'un air d'ennui le pane à la pipe au pane aux grandes jambes.

Celui-ci haussa les épaules : ni l'un ni l'autre n'avaient de montre.

— Mais laissez donc parler! Est-ce une raison, parce que vous vous ennuyez, pour que tout le monde se taise? s'écria de nouveau Grouschegnka.

Le pane répondit cette fois avec une visible irritation :

— Panie, je ne contredis personne.

— C'est bien! continue, Maximov!

— Mais il n'y a rien à dire, ce sont des bêtises, dit Maximov. D'ailleurs, chez Gogol, tout cela est allégorique, ses noms sont tous inventés...

— Mais pourquoi t'a-t-on fouetté? criait Kalganov.

— A cause de Piron, répondit Maximov.

— Quoi? Piron! dit Mitia.

— Mais oui, le célèbre écrivain français, Piron. Nous avions bu, en bonne compagnie, dans un traktir, lors de cette foire, vous savez... On m'avait invité, et moi je débutai par des épigrammes. On s'offensa. Je me mis à leur conter comment Piron, ayant été refusé par l'Académie française, inscrivit cette épitaphe sur sa tombe :

    Cy gît Piron qui ne fut rien,
    Pas même académicien.

Alors ils me prirent et me fouettèrent.

— Mais pourquoi? pourquoi donc?

— Parce que j'étais trop savant. Il y a bien des motifs pour fouetter un homme! dit d'un ton sentencieux Maximov.

— En voilà assez, c'est idiot! Moi qui croyais que ce serait amusant! dit Grouschegnka.

Mitia cessa de rire. Le pane aux grandes jambes se leva et se mit à marcher de long en large, de l'air hautain d'un homme qui s'ennuie dans une compagnie indigne de lui.

— Quel marcheur! dit Grouschegnka d'un ton de mépris.

Mitia, s'apercevant tout à coup que le pane à la pipe le regardait avec des yeux pleins de colère, lui cria :

— Buvons, pane!

Puis s'adressant à celui qui se promenait :

— Buvons, pane! répéta-t-il. A la Pologne, panove[1]! Je bois à votre Pologne!

— Soit, pane, buvons! dit le pane à la pipe d'un air important, mais courtois.

Il prit son verre.

— Et l'autre pane aussi! comment s'appelle-t-il?..... prenez un verre, pane!

— Pane Vroublevsky, dit le pane à la pipe.

— Hourra pour la Pologne, panove! cria Mitia en levant son verre.

Ils trinquèrent. Mitia reprit la bouteille et remplit de nouveau trois verres.

[1] Pluriel de pane.

— Maintenant, à la Russie, panove, et soyons frères!

— Verse-moi aussi, dit Grouschegnka, je veux aussi boire à la Russie.

— Et moi aussi! dit Kalganov.

— Moi je ne refuserai pas non plus de boire pour la vieille petite babouschegnka [1], insinua Maximov, hi! hi!

— Tous! tous! cria Mitia. Patron, une bouteille! Pour la Russie! Hourra!

Tous, sauf les panove, burent. Grouschegnka vida son verre d'un trait.

— Eh bien! panove, est-ce ainsi que vous êtes?

Le pane Vroublevsky prit son verre, l'éleva et dit d'une voix forte :

— A la Russie dans ses limites d'avant 1772 [2]!

— Soit! approuva l'autre pane.

Tous deux vidèrent leurs verres.

— Vous êtes des imbéciles, panove, dit brusquement Mitia.

— Pa-a-ane! s'exclamèrent-ils tous deux en se levant comme deux coqs contre Mitia.

— Est-il défendu d'aimer son pays? dit le pane Vroublevsky.

— Silence! pas de querelle! cria impétueusement Grouschegnka en frappant du pied.

Mitia s'effraya.

— Panove, pardonnez! C'est moi qui ai tort. Pane Vroublevsky, je ne le ferai plus.

— Mais tais-toi donc! Assieds-toi! O l'imbécile! dit

[1] Diminutif affectueux de babouschka, grand'mère.
[2] Année de l'annexion de la Pologne.

avec dépit Grouschegnka. Pourquoi donc restons-nous assis? Il faut nous égayer, faire quelque chose!

— En effet, ce n'est pas drôle du tout ici! dit Kalganov en bâillant.

— Si l'on jouait aux cartes comme tout à l'heure, hi! hi!

— Aux cartes! Quelle bonne idée! Les panove sont-ils de cet avis?

— Il est tard, pane, dit d'un air las le pane à la pipe.

— En effet, appuya le pane Vroublevsky.

— Il faut toujours qu'ils empêchent les autres de s'amuser! s'exclama Grouschegnka. Ils s'ennuient et veulent que les autres s'ennuient aussi.

— Ma déesse, soupira le pane à la pipe, on fera ce que tu voudras. Ce sont tes mauvaises dispositions à mon égard qui m'attristent. Je suis à vos ordres, pane, conclut-il en s'adressant à Mitia.

— Commence, pane! dit Mitia en tirant de sa poche sa liasse dont il détacha deux billets qu'il posa sur la table. Je veux te faire gagner beaucoup d'argent. Prends les cartes.

— Je ne jouerai qu'avec les cartes du patron, dit gravement le pane à la pipe.

— Cela vaut mieux, appuya de nouveau le pane Vroublevsky.

— Les cartes du patron, soit! celles du patron, très-bien, panove! Des cartes! cria Mitia.

Le patron apporta un jeu de cartes cacheté et déclara à Mitia que les babas étaient déjà réunies, que les Juifs allaient bientôt venir et que la troïka des provisions venait d'arriver. Mitia courut aussitôt dans la chambre voisine pour donner des ordres. A ce moment, Maximov le toucha à l'épaule et lui dit tout bas :

— Donnez-moi cinq roubles, je voudrais jouer aussi, hi! hi!

— Magnifique! En voici dix. Si tu perds, tu n'auras qu'à m'en redemander.

— Très-bien, fit joyeusement Maximov, et il rentra dans le salon.

Mitia le suivit, s'excusa de s'être fait attendre. Les panove avaient déjà pris place et décacheté le paquet de cartes. Ils semblaient s'être beaucoup radoucis. Le pane à la pipe avait quelque chose de solennel.

— A vos places, panove! s'écria Vroublevsky.

— Non, je ne veux plus jouer, moi, dit Kalganov, j'ai déjà perdu cinquante roubles tout à l'heure.

— Le pane a été malheureux, fit le pane à la pipe en se tournant vers Kalganov; mais il pourrait avoir plus de chance cette fois.

— Combien possède la banque? demanda Mitia.

— Peut-être cent, peut-être deux cents roubles, autant que le pane voudra ponter.

— Un million! s'écria en riant Mitia. Non? Eh bien, voici dix roubles sur le valet.

— Et moi, un rouble sur la petite dame de cœur, la jolie petite panie, hi! hi! dit Maximov en couvrant la carte d'une main, et, se rapprochant de la table, il fit un signe de croix sur ses genoux.

Mitia gagna; le rouble aussi.

— Je double, cria Mitia.

— Et moi, encore un petit rouble.

— Perdu ! cria Mitia.

Mitia ponta et perdit de nouveau. Le rouble gagna.

— Arrêtez-vous, dit tout à coup Kalganov.

— Non pas ! je double, dit Mitia.

Il perdait chaque fois, et le rouble gagnait toujours.

— Je double encore, cria joyeusement Mitia.

— Le pane a perdu deux cents roubles : il ponte encore deux cents ? demanda le pane à la pipe.

— Comment ! déjà deux cents ? Soit ! encore deux cents. Et il posa deux billets sur la dame. Tout à coup, Kalganov couvrit la mise de sa main :

— Assez !

— Qu'avez-vous ? lui demanda Mitia.

— Assez ! je ne veux pas ! vous ne jouerez plus !

— Pourquoi ?

— Parce que ! Laissez ! allez-vous-en ! Je ne vous laisserai plus jouer.

Mitia le regardait avec étonnement.

— Laisse, Mitia ; il a peut-être raison, tu as assez perdu, dit Grouschegnka d'une voix étrange.

Les deux panove se levèrent ensemble d'un air très-offensé.

— Tu plaisantes, pane ? dit le pane à la pipe, en jetant un regard sévère sur Kalganov.

— Comment, vous osez, pane ? hurla à son tour Vroublevsky.

— Pas de cris ! pas de cris ! Ah ! les coqs d'Inde que voilà ! s'écria Grouschegnka.

Mitia les regardait tous à tour de rôle ; le visage de Grouschegnka l'intriguait.

— Pane Agrippinov... commença le pane à la pipe, rouge de colère.

Tout à coup Mitia s'approcha de lui et lui frappa l'épaule.

— Très-honoré pane, deux mots.

— Que désire le pane ?

— Dans la chambre voisine, deux mots ; viens, tu seras content.

Le pane à la pipe regarda Mitia avec méfiance, mais il accéda aussitôt, à condition que le pane Vroublevsky l'accompagnerait.

— C'est ton garde du corps ? Soit, qu'il vienne aussi. Il est d'ailleurs nécessaire, absolument nécessaire... Allons, panove.

— Où allez-vous ? demanda Grouschegnka inquiète.

— Dans un instant nous serons revenus, répondit Mitia, et, le visage très-changé, il conduisit les panove dans une pièce voisine, remplie de malles, de grands lits et d'une montagne d'oreillers. Une bougie brûlait sur une petite table. Le pane à la pipe et Mitia s'assirent près d'une table vis-à-vis l'un de l'autre ; le pane Vroublevsky resta debout. Tous deux regardaient Mitia sévèrement, mais avec anxiété.

— Que veux-tu de nous, pane ?

— Ce sera bientôt fait... Voici mon argent : veux-tu trois mille roubles ? Prends-les et va-t'en.

Le pane le regardait attentivement.

— Trois mille, pane ?

Il jeta un coup d'œil à Vroublevsky.

— Trois mille, pane, trois mille ! Écoute, je vois que tu es un homme intelligent. Prends ces trois mille roubles, et va-t'en au diable avec Vroublevsky, entends-tu? Mais tout de suite, à l'instant même, entends-tu? Pour l'éternité! Tu sortiras par cette porte-ci. Je te porterai ton paletot et ta schouba[1]. On attellera pour toi la troïka, et bonsoir, hé?

Mitia attendait la réponse avec assurance. Mais une expression très-décidée se fit jour sur le visage du pane.

— Et les roubles?

— Les roubles? Cinq cents tout de suite, et deux mille cinq cents, demain, à la ville. Je te le jure sur l'honneur, tu les auras; dussé-je les prendre sous terre.

Les Polonais se consultèrent du regard. Le visage du plus petit des deux s'altérait.

— Sept cents! sept cents! tout de suite, reprit Mitia sentant que cela se gâtait. Qu'as-tu, pane? Tu ne me crois pas? Je ne puis te donner les trois mille à la fois. Tu reviendrais demain chez elle... D'ailleurs, je ne les ai pas sur moi. Je les ai chez moi, à la ville... fit-il en hésitant, chez moi... dans une cachette.

Une soudaine expression d'amour-propre blessé contracta les traits du petit pane.

— C'est tout ce qu'il te faut? demanda-t-il ironiquement. Fi! quelle honte!

Et il cracha.

Le pane Vroublevsky cracha aussi.

— Crache, pane! Tu penses tirer de Grouschegnka plus de profit? Vous êtes des imbéciles tous deux, voilà!

---

[1] Pelisse.

— Vous m'offensez extrêmement! dit le petit pane, rouge comme une écrevisse.

Et il sortit de la chambre avec Vroublevsky. Mitia les suivit, tout confus. Il craignait Grouschegnka, pressentant que le pane allait tout lui raconter. C'est ce qui arriva. Le pane prit une attitude théâtrale et dit en polonais :

— Panie Agrippina, nous sommes extrêmement offensés!

Mais Grouschegnka était à bout de patience.

— Parle russe! pas un mot de plus en polonais! Tu savais parler russe, autrefois! Tu l'as oublié?

— Panie Agrippina...

— Je m'appelle Agrafeana! Je suis Grouschegnka! Parle russe, si tu veux que je t'écoute.

Le pane se mit à parler russe, avec un très-mauvais accent et dans un style boursouflé.

— Panie Agrafeana, je suis venu pour jeter un voile sur le passé et le pardonner, oublier tout jusqu'à ce jour...

— Comment pardonner? C'est à moi que tu parles de pardon? interrompit Grouschegnka.

Et elle se leva.

— Parfaitement, panie. J'ai de l'amour-propre, mais je suis généreux. Seulement, tes amants m'étonnent. Le pane Mitia vient de m'offrir trois mille roubles pour que je m'en aille. Je lui ai craché au visage.

— Comment! il t'offrait de l'argent pour moi? Est-ce vrai, Mitia? Suis-je donc à vendre?

— Pane! pane! fit Mitia. Elle est pure, je n'ai jamais été son amant! Tu en as menti!

— Comment oses-tu prendre ma défense devant lui? Ce n'est pas par vertu que je suis restée pure, ni par crainte de Kouzma. C'est parce que je voulais pouvoir un jour dire, la tête haute, à celui-ci, qu'il est un misérable. Est-ce vrai, qu'il n'a pas voulu de ton argent?

— Mais si! mais si! Seulement il voulait les trois mille tout de suite, et je ne pouvais lui en donner d'avance que sept cents.

— Ça se comprend. Il a entendu dire que j'ai de l'argent, et c'est pourquoi il veut m'épouser.

— Panie Agrippina! s'écria le pane, je suis un chevalier, un noble Polonais, et non pas un coureur de dots! Je suis venu pour t'épouser, mais je ne reconnais pas ma panie : celle que je vois aujourd'hui est une vaniteuse, une effrontée.

— Retourne d'où tu viens! Je vais ordonner qu'on te chasse d'ici!... Sotte que j'étais! Avoir souffert cinq ans pour lui! Mais ce n'était pas pour lui que je souffrais, non, *c'était pour l'amour de ma rancune!* Est-ce lui, d'ailleurs? C'est le père de l'homme que j'ai connu! Où as-tu acheté cette perruque? L'autre riait, chantait... Cinq ans de larmes! Maudite, sotte, vile, stupide femme!

Elle s'affaissa sur son fauteuil et cacha sa figure dans ses mains.

En ce moment, un chœur de babas, dans la chambre voisine, entonna un très-joyeux air de danse.

— Sommes-nous à Sodome? s'écria le pane Vroublevsky. Eh! patron, chasse-moi ces éhontées!

Le patron, qui regardait depuis longtemps à travers la porte et voyait que ses hôtes se querellaient, profita de l'occasion pour entrer.

— Qu'est-ce qu'il te faut? dit-il à Vroublevsky avec une extraordinaire insolenc

— Animal! fit Vroublevsky.

— Animal? Avec quelles cartes jouais-tu tout à l'heure? Je t'ai donné un paquet cacheté, où l'as-tu mis? Tu jouais avec des cartes à toi. Je pourrais te faire aller pour cela en Sibérie, le sais-tu? car cela vaut la fausse monnaie!

Et s'approchant du divan, il retira des coussins un paquet de cartes encore cacheté.

— Voilà mon jeu de cartes!

Il l'éleva en l'air et le montra à tout le monde.

— J'ai vu de chez moi comment il a fourré le paquet dans les coussins, le vaurien! C'est un pick-pocket, et non pas un pane!

— Et moi, j'ai vu tricher l'autre pane! dit Kalganov.

— Ah! quelle honte! quelle honte! s'écria Grous-chegnka. Seigneur! quel homme est-il devenu! quel homme!

— J'y pensais, dit Mitia d'un ton bizarre.

Tout à coup le pane Vroublevsky s'approcha de Grous-chegnka et, la menaçant du poing :

— Putain! hurla-t-il.

Mitia s'était déjà jeté sur lui ; il le saisit des deux mains, l'enleva et en un clin d'œil l'emporta dans la chambre où ils étaient entrés tout à l'heure.

— Je l'ai posé par terre, dit-il en rentrant, un peu essoufflé. Il se débat, le misérable! mais il ne reviendra pas.

Il ferma un battant de la porte et, tenant l'autre ouvert, il dit au pane à la pipe :

— Très-honoré pane, veuillez... je vous en prie...

— Petit père Mitia Fédorovitch, dit Trifon Borissitch, reprenez-leur donc votre argent! Ils vous ont volé!

— Moi, je leur laisse mes cinquante roubles, dit Kalganov.

— Moi, je leur laisse mes deux cents. Que ce soit leur consolation!

— Bravo, Mitia! Bon garçon! cria Grouschegnka.

Le petit pane, tout rouge de colère, mais sans perdre son air important, se dirigea vers la porte, puis s'arrêta sur le seuil :

— Panie, si tu veux me suivre, viens, sinon, adieu.

Et il passa dans la chambre voisine. Mitia ferma la porte.

— Fermez à clef! dit Kalganov.

Mais en ce moment la serrure grinça à l'intérieur : ils s'étaient enfermés eux-mêmes.

— Très-bien! très-bien! cria Grouschegnka.

VI

— A boire! demanda Grouschegnka. Je veux m'enivrer comme l'autre jour, tu te rappelles, Mitia, quand nous sommes venus ici pour la première fois.

Mitia était comme fou de joie, il pressentait « son bonheur », quoique Grouschegnka l'éloignât d'elle.

— Va! lui disait-elle, dis-leur de danser, de se réjouir!

Le chœur de babas était au complet. Les Juifs avec leurs violons et leurs cithares étaient arrivés aussi. Mitia s'agitait au milieu de tout ce monde. Des moujiks, des étrangers, déjà couchés, s'étaient réveillés et levés. Mitia les embrassait et leur faisait servir à boire et à manger. Cette kermesse lui allait; il y était comme dans son élément. Grouschegnka, de la porte, le regardait; tout à coup, elle vint à lui, le saisit par la main!

— Comment es-tu entré tout à l'heure? J'avais si peur! Tu voulais me laisser à lui, hein? tu le voulais vraiment?

— Je ne voulais pas troubler ton bonheur...

Mais elle n'écoutait déjà plus.

— Va, réjouis-toi, ne pleure pas, je te rappellerai tout à l'heure!...

Il s'en allait, elle écoutait les chansons, regardait les danses et suivait Mitia du regard, puis le rappelait.

— Assieds-toi près de moi. Raconte-moi comment tu as appris que j'étais ici.

Mitia entama son récit, mais parfois il fronçait le sourcil et s'interrompait.

— Qu'as-tu? lui demandait-elle.

— Rien!... j'ai laissé là-bas un malade. Ah! s'il pouvait guérir! ah! pour savoir seulement qu'il guérira je donnerais dix ans de ma vie.

— Laisse-le en paix, ton malade. Alors, vraiment, tu voulais te tuer demain matin? Fou! Et pourquoi? Mais les fous comme toi me plaisent. Alors, tu ferais tout pour moi, eh? Va, au lieu de te tuer, tu entendras peut-être de moi... un petit mot... pas aujourd'hui, demain... Tu voudrais aujourd'hui? Mais je ne veux pas... Va-t'en.

Une fois encore, elle le rappela et lui demanda avec inquiétude :

— Mais qu'as-tu donc? Tu es triste? Car tu es triste, je le vois. Tu embrasses les moujiks, tu chantes, mais au fond, tu es triste. Sois gai, pour que je rie... Qui est-ce que j'aime? Devine, qui?...

Mitia avait la tête en feu. Il alla sur le balcon. L'air frais le calma. Seul dans l'obscurité, il saisit sa tête entre ses mains. Les pensées éparses se groupèrent tout à coup et la lumière jaillit dans son esprit. Quelle terrible lumière!

— Si je me tuais? pensa-t-il. Quand me tuerai-je, si ce n'est maintenant.

Il restait indécis. Tout à l'heure, en venant à Mokroïe, il laissait derrière lui la honte, le vol, le sang, — et ce sang! Mais il se sentait mieux que maintenant, beaucoup mieux. Tout était fini, Grouschegnka à un autre, perdue pour lui. Il lui avait été facile de prendre un parti, car que lui restait-il désormais? Mais maintenant ce fantôme terrible, cet homme fatal, l'ancien amant de Grouschegnka était loin; il s'était transformé en un être ridicule, grotesque, enfermé comme un enfant dans le cabinet noir. Et pourtant... « quel est celui qu'elle aime »? Ah! ce serait le moment de vivre, et c'est impossible! O malédiction! « Seigneur, ressuscite celui qui gît là-bas, près de la haie; épargne-moi cette coupe amère! Tu peux accomplir des miracles, Seigneur! et c'est pour des pécheurs comme moi que tu daignes en accomplir. Si le vieillard vit encore, oh! alors, je me laverai moi-même de mes autres hontes, je rendrai l'argent volé, je le trouverai dessous terre! Cet opprobre n'aura laissé de traces qu'au fond de mon cœur! Mais non, mais non, c'est un rêve impossible! O malédiction!

Une espérance brillait pourtant parmi tant de ténèbres. Il se rejeta dans la chambre, vers *elle*, vers sa *reine pour l'éternité.* « Est-ce qu'une heure, un instant de son amour ne vaut pas tout le reste de la vie, même les tortures de la honte? Seul avec elle! La voir, l'entendre, ne plus penser, oublier tout! Au moins cette nuit, une heure, un instant! »

Grouschegnka n'était plus dans la salle. Il regarda dans la chambre voisine : elle était assise sur une malle et, penchée sur le lit, elle pleurait à chaudes larmes en s'efforçant d'assourdir ses gémissements. En apercevant Mitia elle lui fit signe de venir. Il s'approcha, elle lui prit la main.

— Mitia! Mitia! je l'aimais! je n'avais pas cessé de l'aimer durant ces cinq ans! Était-ce lui ou ma rancune? C'était lui, oh! c'était lui! J'ai menti en disant que c'était ma rancune... Mitia, je n'avais que dix-sept ans alors. Il était si tendre avec moi, si gai, il me chantait des chansons... ou peut-être me semblait-il ainsi, à moi, sotte fillette que j'étais! Mais maintenant!... Mais ce n'est pas lui! Il ne lui ressemble même pas! ce n'est pas son visage! En venant ici, je me demandais ce que j'allais lui dire, comment nous nous aborderions, quel serait notre premier regard, toute mon âme se tendait vers lui : maintenant on dirait qu'il a jeté sur moi un baquet d'eau sale. On dirait un outchitel[1] pédant, tranchant de l'important. J'étais comme ahurie. Je pensais d'abord qu'il était gêné par la présence de son camarade aux longues jambes, et je me demandais : Pourquoi ne puis-je lui parler comme jadis?... Sais-tu, c'est sa femme qui l'a gâté, celle pour

---

[1] Maître d'école.

laquelle il m'a abandonnée... Mitia, quelle honte! Oh! que j'ai honte, Mitia, que j'ai honte! honte pour toute la vie! Maudits soient ces cinq ans!

Elle fondit de nouveau en larmes, tout en pressant dans les siennes la main de Mitia.

— Mitia, mon ami, attends, ne t'en va pas, je veux te dire un mot, murmura-t-elle en le regardant. Dis-moi : qui est-ce que j'aime? J'aime ici un certain homme, dis-moi lequel.

Et sur son visage gonflé de larmes brilla un sourire.

— Il entre, mon cœur se serre. « Sotte! voilà celui que tu aimes! » me dit mon cœur. O Mitia, et la joie te suivait. « Mais de quoi a-t-il peur? » pensais-je. Car tu avais peur, tu ne pouvais pas parler. Ce n'est pas d'eux que tu avais peur! Est-ce que tu peux avoir peur d'un homme? « C'est de moi qu'il a peur, de moi seule. » Mais Fénia ne t'a donc pas dit, sot, que je t'avais aimé pendant toute une heure? Dire que je voulais en aimer un autre! Mitia! Mitia! comment ai-je pu penser que j'en aimerais un autre après toi? Me pardonnes-tu, Mitia? M'aimes-tu? m'aimes-tu?

Elle se leva, lui mit ses deux mains sur les épaules. Lui, muet de bonheur, la regardait au fond des yeux, la contemplait. Tout à coup, il la prit dans ses bras.

— Me pardonnes-tu toutes tes souffrances? C'est par méchanceté que je vous torturais tous! C'est par méchanceté que j'ai rendu fou le vieux!... Te rappelles-tu, quand tu as cassé un verre chez moi? J'ai fait de même aujourd'hui en buvant à « mon vil cœur »! Mitia, mon cher, pourquoi m'embrasses-tu?... Il m'embrasse, puis il me regarde et m'écoute... Pourquoi m'écouter? Embrasse-moi!

plus fort! plus fort! c'est cela! Quand on aime!... Je serai maintenant ton esclave, ton esclave pour toute la vie. C'est doux d'être une esclave!... Embrasse-moi! Fais-moi souffrir! Fais de moi tout ce que tu voudras... Oh! il faut me faire souffrir... Mais non, arrête!... Après... je le veux... dit-elle tout à coup en le repoussant. Va-t'en, je veux boire, je veux être ivre, je veux danser, je veux! je veux! »

Elle s'arracha de lui et sortit. Mitia la suivit en chancelant.

« Quoi qu'il arrive, soit! Je donnerais le monde entier pour un tel instant! » pensait-il.

Grouschegnka but un verre de champagne qui l'étourdit. Elle s'assit dans un fauteuil et un sourire de bonheur lui vint aux lèvres. Ses joues se coloraient, son regard alangui appelait Mitia.

— Pourquoi ne bois-tu pas, Mitia? J'ai bu, moi!

— Je suis ivre déjà, ma chère... Je ne veux plus de vin.

Néanmoins, il vida un verre et la tête lui tourna tout à coup. Rien encore n'avait pu l'ébranler, et ce dernier verre le grisait complétement.

— Sais-tu? Mitia, je veux aller au monastère. Vraiment, j'irai dès le jour. Aliocha m'a dit aujourd'hui une parole que je n'oublierai jamais... Oui... Pour aujourd'hui, dansons! Demain au monastère, aujourd'hui au bal! Rions, bonnes gens, Dieu nous le pardonnera. Si j'étais Dieu, je pardonnerais à tout le monde. « Mes chers petits, pauvres pécheurs, je vous fais grâce! » Je veux même demander pardon aux autres : « Pardonnez, bonnes gens, à la sotte baba! Je suis une *bête fauve*, voilà ce que je suis! Mais je sais prier, prier!... Oui, une misérable telle que moi osera prier

Dieu!... Mitia, qu'on danse! ne les empêche pas de danser. Tout le monde est bon, vois-tu, tout le monde! On est si bien dans la vie! Si méchant qu'on soit, il fait si bon vivre!...

Ainsi divaguait Grouschegnka, sous l'influence d'une ivresse croissante. Elle finit par déclarer qu'elle voulait danser elle-même. Elle se leva, mais elle se soutenait à peine.

— Mitia, ne me donne plus de vin : même si je t'en demande, ne m'en donne plus. Le vin me fait mal, tout tourne... Mais je veux danser! On va voir si je sais danser!

C'était un projet très-arrêté chez elle. Elle tira de sa poche un mouchoir en fine batiste, le prit par un bout et se mit à l'agiter en pirouettant. Les moujiks se turent, se préparant à entonner en chœur, au premier signe, la pliassovaïa[1]. Maximov, apprenant que Grouschegnka voulait danser, poussa un cri de joie et se mit à sauter autour d'elle en chantant. Mais Grouschegnka l'écarta.

— Chut! Mitia, que tout le monde vienne me regarder! Appelle aussi ceux qui sont enfermés... Pourquoi les as-tu enfermés? Dis-leur que je danse, qu'ils viennent me voir!...

Mitia frappa de toutes ses forces à la porte des Polonais.

— Eh! vous autres, les panove! Sortez! Elle danse et vous appelle.

— *Laïdak*[2]! grogna l'un des deux Polonais.

— *Podlaïdak* toi-même! Petit *podletchonotchek!*

---

[1] Danse nationale.

[2] En polonais : *laïdak*, misérable; *podlaïdak*, mot créé par Dmitri, quelque chose comme : sous-misérable; *podletchonotchek*, autre invention de Dmitri, en russe : ignoble petit Polonais; *podle*, ignoble; *poliatchek*, Polonais.

— Vous feriez bien de ne plus vous moquer de la Pologne, observa gravement Kalganov.

— C'est bon, mon fils! En le traitant ainsi, je n'ai pas voulu exprimer mon opinion sur tous les Polonais. Un seul laïdak ne constitue pas toute la Pologne! Tais-toi, joli gamin, et mange des bonbons, va!

Pendant ce temps, Grouschegnka essayait vainement de danser.

— Elle a bu, la barinia! disaient les babas.

— Hi! hi! Elle a bu! Hi! hi!

— Mitia, emmène-moi d'ici... Prends-moi, Mitia!

Mitia la saisit dans ses bras et le porta sur le lit, dans la chambre voisine.

La fête continuait et, au bruit des cris de joie et des chants, Mitia caressait Grouschegnka.

— Laisse-moi... dit-elle d'une voix suppliante. Ne me touche pas avant que je sois à toi... Je te dis que je serai tienne, épargne-moi encore! Tant que *les autres* seront là. Il est ici, cela me fait horreur!...

— J'obéis. Pas même la pensée... Je te respecte, murmurait Mitia. Oui, c'est dégoûtant ici, oh, oui!

Et sans cesser de l'étreindre doucement, il s'agenouilla près du lit.

— Mitia, certes, tu es un tigre... mais que tu es noble! Oui, il faut que ce soit *honnêtement*... toujours *honnêtement* désormais... Soyons honnêtes, bons, ne vivons pas comme des bêtes, soyons bons... Emmène-moi loin, entends-tu? Je ne veux pas ici, mais loin, loin...

— Absolument! dit Mitia en l'étreignant plus fort. Je t'emmènerai au bout du monde!... Oh! je donnerais toute ma vie pour une seule année de toi... pourvu que je sache... sur ce sang!

— Quel sang?

— Rien, fit Mitia en grinçant des dents. Grouschka, tu veux que ce soit *honnêtement?* Mais sais-tu que je suis un voleur! J'ai volé Katka... O honte! ô honte!

— Katka? cette barichnia? Non, tu ne lui as rien volé, tu lui rendras, tu prendras de l'argent chez moi... Qu'as-tu? Tout ce qui est à moi est à toi! Que me fait l'argent! Nous le dépenserons sans compter... C'est notre caractère, n'est-ce pas, prodigue? Et puis, nous irons ensuite labourer la terre. Oui, je fouillerai la terre avec ces mains-là. Il faudra travailler, entends-tu? Alioscha me l'a ordonné. Je ne serai pas ta maîtresse, mais ta femme, ton esclave, je travaillerai pour toi. Nous irons tous deux chez la barichnia, nous la saluerons, nous la prierons de nous pardonner et nous partirons... Si elle refuse de nous pardonner, d'ailleurs, nous nous passerons de son pardon! Rends-lui son argent, à elle : à moi, donne-moi ton amour... Ah! ne va pas l'aimer! Ne l'aime plus! Si tu l'aimais, je l'étranglerais... Je lui crèverais les yeux avec une aiguille...

— Je t'aime! Je n'aime que toi! Je t'aimerais en Sibérie...

— Pourquoi en Sibérie? Soit, en Sibérie si tu veux, nous y travaillerons... Il y a de la neige... J'aime voyager à travers la neige... J'aime les tintements de la sonnette... Entends-tu? en voici une qui tinte! Où est-elle donc?... Des voyageurs qui passent sur la route. Elle s'est tue...

Grouschegnka ferma les yeux et parut s'endormir.

Une sonnette, en effet, avait tinté dans l'éloignement.

Mitia appuya la tête sur la poitrine de Grouschegnka. Il ne s'apercevait pas que la sonnette avait cessé de tinter, que les chansons s'étaient interrompues et qu'aux joyeux cris d'ivresse succédait un silence de mort.

— Qu'est-ce donc? J'ai dormi? Ah! oui... la sonnette... J'ai rêvé que je voyageais à travers la neige : la sonnette tintait, j'étais assoupie... Nous étions ensemble, nous allions loin, loin... Je t'embrassais, je te pressais contre moi, je me serrais dans tes bras, j'avais froid... et la neige étincelait. Tu sais, par les nuits de lune, comme la neige étincelle? Il me semblait n'être plus sur la terre... Je me réveille et je retrouve mon bien-aimé près de moi! Comme c'est bon!...

— Près de toi, murmura Mitia en couvrant de baisers la poitrine et les mains de la jeune femme.

Tout à coup, il lui sembla qu'elle regardait au delà de lui, au-dessus de sa tête, et que son regard devenait étrangement fixe. L'étonnement et presque la frayeur se peignait sur son visage.

— Mitia, qui est-ce qui nous regarde? dit-elle tout bas.

Mitia se retourna et aperçut un homme qui avait soulevé les rideaux et regardait dans la chambre. Mitia se leva vivement et s'avança vers la porte.

— Venez ici, je vous prie, fit une voix basse mais ferme.

Mitia sortit de la chambre et s'arrêta, interdit. Toute la grande salle était pleine de gens inconnus. Un frisson courut le dos de Mitia, il tressaillit : il avait compris à qui il avait affaire. Ce vieillard de haute taille, en paletot, en képi d'uniforme, c'est l'ispravnik [1] Mikhaël Makarovitch, et celui-ci, « le patrinani »; le dandy toujours chaussé de bottes bien cirées, c'est le substitut du procureur. « Il possède un chronomètre de quatre cents roubles, il me l'a montré, dans le temps... » et celui-là, petit, jeune, avec des lunettes? Mitia ne se rappelait pas le nom, mais reconnaissait la figure, une figure qu'il avait vue, naguère, chez le juge d'instruction : « c'est une récente recrue de l'école de droit. » Et cet autre, c'est le stanovoï [2] Mavriky Mavrikitch. Mitia le connaît très-bien. Et ceux-là, avec leurs plaques en cuivre, que font-ils ici? Et des moujiks! Et au fond, près de la porte, Kalganov et Trifon Borissitch...

— Messieurs... Qu'y a-t-il donc, messieurs? dit d'abord Mitia. Mais tout à coup, il s'écria à pleine voix :

— Je-com-prends!

Le jeune homme aux lunettes s'approcha de Mitia et commença, d'un air important, mais avec précipitation :

— Nous avons à vous... En un mot, je vous prie de vous asseoir ici, sur le divan... Il faut nous expliquer avec vous.

— Le vieillard! s'écria Mitia hors de lui, le vieillard sanglant! Je-com-prends!

Il tomba sur le siége qu'on lui indiquait.

— Tu comprends? tu as compris? Parricide! misérable! Le sang de ton vieux père crie contre toi! hurla tout à coup le vieil ispravnik en s'approchant de Mitia.

Il était tout rouge et tremblait de colère.

— Mais c'est intolérable! s'écria le petit jeune homme. Mikhaël Makarovitch! Mikhaël Makarovitch! Mais ce n'est pas

---

[1] Chef de police rurale.
[2] Commissaire de la police rurale.

comme cela! ce n'est pas cela!... Je vous prie de me laisser parler. Je n'aurais jamais attendu cela de vous...

— Mais c'est du délire, messieurs, c'est du délire! reprit l'ispravnik. Regardez-le donc : de nuit, ivre, avec une fille publique, tout taché encore du sang de son père! C'est du délire!...

— Je vous prie instamment, mon cher Mikhaël Makarovitch, de contenir vos sentiments, dit le substitut, autrement, je serais forcé de prendre...

Le petit juge d'instruction l'interrompit et, s'adressant à Mitia, lui dit d'un ton ferme :

— Monsieur le lieutenant en retraite Karamazov, je dois vous déclarer que vous êtes accusé d'avoir tué votre père, Fédor Pavlovitch Karamazov, qui a été assassiné cette nuit...

Mitia écoutait sans comprendre, les regardant tous d'un air effaré.

LIVRE VIII

L'INSTRUCTION.

I

Cependant, Marfa Ignatievna, la femme de Grigori, malgré le profond sommeil qui la paralysait, se réveilla tout à coup, sans doute gênée par les cris de Smerdiakov qui souffrait dans la chambre voisine. Ces cris de l'épileptique avaient toujours épouvanté Marfa Ignatievna. Encore engourdie de sommeil, elle se leva et entra dans le cabinet de Smerdiakov.

Il faisait sombre; on entendait les secousses, les hoquets et les cris du malade, mais on ne distinguait rien. Elle se mit à crier elle-même, à appeler son mari. Mais il lui sembla tout à coup que Grigori n'était pas auprès d'elle quand elle s'était levée. Elle rentra dans sa chambre, tâta le lit : vide!

Elle courut au perron et appela :

— Grigori!

Pour toute réponse elle entendit, dans le silence nocturne, une sorte de gémissement lointain. Elle prêta l'oreille. Les gémissements se répétèrent, elle comprit qu'ils venaient du jardin.

« Seigneur! on dirait les cris de Lizaveta Smerdiachtchaïa! »

Elle descendit du perron et aperçut la petite porte du jardin ouverte. « Il est peut-être là... » Elle se dirigeait vers cette porte quand elle entendit Grigori l'appeler d'une voix faible et douloureuse :

— Marfa! Marfa!...

« Seigneur! protégez-nous! » murmura Marfa, et elle s'élança dans la direction de Grigori.

Il n'était plus près du mur où il était tombé. Il avait fait une vingtaine de pas en se traînant. Elle vit aussitôt qu'il était tout en sang et se mit à crier. Grigori murmura faiblement et d'une voix entrecoupée :

— Tué... tué son père... Qu'as-tu à crier, sotte? Cours, appelle!...

Marfa Ignatievna continuait à crier. Soudain, apercevant la fenêtre du barine ouverte et éclairée, elle y courut et se mit à appeler Fédor Pavlovitch. Mais ayant regardé dans la chambre, elle vit le barine étendu sur le dos, par terre, sans mouvement. Sa robe de chambre de couleur claire et sa chemise blanche étaient inondées de sang. La bougie qui brûlait sur la table éclairait le visage du mort. Marfa Ignatievna sortit en courant du jardin, ouvrit la porte cochère et alla frapper chez Maria Kondratievna. Les deux voisines, la mère et la fille, dormaient; les coups de poing que Marfa Ignatievna frappait sur les volets éveillèrent les deux femmes. Marfa Ignatievna leur dit la chose en paroles incohérentes et les appela au secours. Elles firent lever le gardien, et tous se rendirent sur le lieu du crime. Chemin faisant, Maria

Kondratievna se rappela que, vers neuf heures, elle avait entendu un cri aigu. C'était précisément le « Parricide! » de Grigori. Arrivés sur la place où était étendu Grigori, ils le transportèrent dans sa chambre. On alluma une bougie et l'on s'aperçut que Smerdiakov était toujours en proie à sa crise, les paupières révulsées et l'écume aux lèvres. Après avoir lavé la tête de Grigori avec de l'eau et du vinaigre, les deux femmes et le soldat se rendirent chez le barine et virent en passant que la porte de la maison était grande ouverte. Or, on savait que le barine s'enfermait toujours pour la nuit. Les deux femmes n'osèrent entrer et revinrent chez Grigori, qui leur ordonna d'aller prévenir l'ispravnik.

L'ispravnik prévint aussitôt les autres autorités judiciaires et tous se rendirent dans la maison du mort, où l'instruction commença sur place. Fédor Pavlovitch avait la tête fracassée : mais avec quel instrument? Sans doute avec la même arme qui avait servi à assommer Grigori et qu'on retrouva dans une allée. Le médecin judiciaire donna les soins nécessaires à Grigori, qui raconta tout ce qui lui était arrivé. Dans la chambre de Fédor Pavlovitch on ne trouva aucun désordre; sauf que derrière les rideaux de son lit, par terre, on ramassa une grande enveloppe avec l'inscription : « Trois mille roubles pour mon ange Grouschegnka, si elle veut venir. » Plus bas : « A mon petit poulet. » L'enveloppe était déchirée et vide. On trouva aussi par terre la faveur rose qui avait entouré l'enveloppe.

De son côté, Petre Iliitch, à qui Fénia n'avait pu rien apprendre, se rendit chez l'ispravnik. Là, il apprit l'événement et déclara tout ce qu'il savait lui-même. La supposition que Dmitri Fédorovitch se tuerait le lendemain matin attira l'attention du procureur. Il fallait donc aller sans retard à Mokroïe pour saisir le coupable avant qu'il ne se fût fait justice lui-même.

Toutes les formalités de l'instruction terminées, les autorités judiciaires partirent pour Mokroïe. Seul, le médecin resta dans la maison de Fédor Pavlovitch, ayant à faire l'autopsie du cadavre et d'ailleurs très-intéressé par l'état de Smerdiakov.

« Des crises d'épilepsie aussi violentes et aussi longues, de deux jours, sans interruption, sont très-rares, dit-il, et appartiennent à la science. »

Il avait même affirmé au procureur et au juge d'instruction que Smerdiakov n'atteindrait pas le matin.

II

Mitia regardait donc d'un air hagard autour de lui, sans comprendre ce qu'on disait. Tout à coup il se leva, tendit ses mains vers le ciel et s'écria :

— Je ne suis pas coupable ! De ce sang-là, je ne suis pas coupable ! Je n'ai pas versé le sang de mon père... Je voulais le tuer, mais je ne l'ai pas fait... Ce n'est pas moi !

A peine eut-il fini de parler que Grouschegnka parut et tomba aux pieds de l'ispravnik.

— C'est moi ! c'est moi, la maudite, qui suis coupable !

sanglota-t-elle en se tordant les mains. C'est à cause de moi qu'il a tué. C'est moi qui l'ai poussé à bout!... J'ai torturé aussi le vieillard, celui qui n'est plus! C'est moi qui suis coupable de tout!...

— Oui, c'est toi, toi! cria l'ispravnik, toi, fille débauchée!

Il la menaça du geste, mais on le maîtrisa aussitôt; le procureur le saisit même par les mains.

— C'est du désordre! Mikhaël Makarovitch! dit-il. Vous gênez l'instruction... Vous gâtez l'affaire...

— Il faut prendre des mesures... Il faut prendre des mesures! dit à son tour le juge d'instruction. Cela ne se peut tolérer.

— Jugez-nous ensemble! continuait Grouschegnka toujours à genoux. Condamnez-nous ensemble! Je le suivrai jusqu'à l'échafaud!...

— Grouscha! ma vie, mon sang, ma sainte! dit Mitia s'agenouillant devant elle et la serrant dans ses bras. Ne la croyez pas! Elle est innocente, absolument innocente!

On l'arracha vivement d'auprès elle, on l'emmena; il se laissa faire sans s'apercevoir de rien et ne revint à lui qu'assis à table, entouré de gens à plaques de cuivre. En face, sur le divan, siégeait le juge d'instruction, Nicolay Parfenovitch, qui l'invitait constamment, avec beaucoup de courtoisie, à boire un peu d'eau. Mais Mitia s'intéressait surtout aux bagues énormes qui ornaient les mains du juge. Un peu plus loin était un jeune homme en train d'écrire.

— Prenez donc de l'eau, dit doucement, pour la dixième fois, le juge d'instruction.

— J'ai bu, messieurs, j'ai bu... Eh bien ! écrasez-moi ! condamnez-moi ! décidez de mon sort....

— Donc, vous affirmez que vous êtes innocent de la mort de Fédor Pavlovitch, votre père ?

— Innocent ! Je suis coupable pour avoir versé le sang d'un autre, mais non pas celui de mon père. J'ai tué... Mais il est horrible qu'on m'accuse du sang que je n'ai pas versé ! horrible, messieurs ! Mais qui donc a tué mon père ? Qui donc a pu le tuer, si ce n'est moi ? C'est prodigieux ! c'est absurde ! c'est une impossibilité !

— Précisément, qui a pu le tuer ? dit le juge.

Mais le procureur, Hippolyte Kirillovitch, jeta un coup d'œil significatif au juge d'instruction, puis il dit à Mitia :

— Vos inquiétudes au sujet du vieux domestique Grigori Vassilievitch sont vaines. Sachez qu'il est vivant, malgré le coup terrible que vous lui avez asséné comme il vous en accuse et comme vous l'avouez. L'avis du médecin est que Grigori guérira certainement.

— Vivant ! Il est vivant !

Le visage de Mitia se rasséréna.

— Je te remercie, Seigneur, pour la grâce insigne que tu daignes faire au pécheur, au misérable que je suis ! C'est à ma prière que tu accordes ce miracle, car j'ai prié toute la nuit...

Il se signa trois fois.

— Ce même Grigori a fait contre vous une déposition d'une extrême gravité...

Mitia ne laissa pas achever le procureur et se leva vivement.

— Un instant, messieurs! Par Dieu, un petit instant! je veux seulement la voir...

— Permettez! c'est impossible maintenant! s'exclama Nicolay Parfenovitch.

Les gens aux plaques de cuivre se rapprochèrent de Mitia, qui du reste s'assit sans résistance.

— Tant pis! Je voulais seulement lui apprendre que le sang qui m'a tant tourmenté est lavé et que je ne suis pas un assassin. Messieurs, vous le savez, c'est ma fiancée! dit-il solennellement en regardant tous les assistants. Oh! merci! vous m'avez ressuscité!... Ce vieillard! mais il m'a porté dans ses bras! Il me lavait dans une petite baignoire, quand j'avais trois ans, quand tout le monde m'avait abandonné. Il m'a servi de père!...

— Donc, vous... reprit le juge.

— Permettez, messieurs, encore un instant! interrompit Mitia, et s'accoudant sur la table, il cacha son visage dans ses mains. Laissez-moi réfléchir! Laissez-moi respirer, messieurs! Tout cela est terrible... Vous frappez sur moi... Je ne suis pas un tambour, pourtant! Je suis un homme, messieurs!

— Vous feriez bien de boire un peu d'eau...

Mitia releva la tête et sourit. Son regard était clair, sa physionomie calme, il regardait les juges sans crainte et comme s'il eût été dans une réunion d'amis.

— Je vois, Nikolay Parfenovitch, que vous êtes un juge d'instruction très-habile, dit-il avec gaieté. D'ailleurs, je vais vous aider. Oh! messieurs, je suis ressuscité! Ne vous offensez pas si je vous parle avec franchise, d'autant plus que je suis un peu ivre, je dois en convenir. Il me semble avoir eu l'honneur... l'honneur et le plaisir de vous rencontrer, Nikolay Parfenovitch, chez mon parent Mioussov... Messieurs, messieurs, je ne prétends pas à l'égalité entre nous, je comprends très-bien la situation; il pèse sur moi, — puisque Grigori m'accuse, — il pèse sur moi une terrible inculpation, je le comprends très-bien. Mais au fait, messieurs, je suis prêt, finissons-en tout de suite, car je ne suis pas coupable et ce ne sera pas long à démontrer, n'est-ce pas ?

— Ainsi, nous noterons en attendant que vous niez radicalement votre culpabilité, dit le juge. Prenez note, dit-il au scribe.

— Prendre note ! prendre note de cela ? Soit, j'y consens, je donne mon plein consentement, messieurs... Seulement, voyez-vous ?... Attendez, écrivez ceci : il est coupable d'avoir fait du désordre, d'avoir donné à un pauvre vieillard des coups violents; de cela, il est coupable... et aussi, en moi-même, dans ma pensée, je me sens coupable... mais cela il ne faut pas l'écrire, c'est particulier, cela ne vous regarde pas, c'est du for intime... Quant à l'assassinat de mon vieux père, je ne suis pas coupable de ce crime hideux ! Je vous le prouverai, je vous en convaincrai tout de suite. Vous rirez vous-même de votre méprise.

— Tranquillisez-vous, Dmitri Fédorovitch, dit le juge; avant de continuer l'interrogatoire, je voudrais, si vous consentez à répondre, savoir de vous-même s'il est vrai que vous étiez, le défunt et vous, en mauvais termes, que vous ne l'aimiez pas et que vous aviez des querelles ensemble... Ici même, il y a un quart d'heure, vous avez

5.

dit que vous aviez voulu le tuer : « Je ne l'ai pas tué, avez-vous dit, mais j'ai voulu le tuer. »

— L'ai-je dit ? Peut-être bien. Oui, plusieurs fois, j'ai eu l'intention de le tuer... Malheureusement !

— Vous en aviez l'intention ? Voulez-vous consentir à nous expliquer d'où provenait cette haine contre votre père ?

— Mais quelles explications voulez-vous, messieurs ? dit Mitia en haussant les épaules. Je n'ai pas caché mes sentiments, toute la ville les connaît. Il n'y a pas bien longtemps que je les ai encore déclarés dans la cellule du starets Zossima... Le soir du même jour, j'ai frappé et presque assommé mon père et j'ai juré devant témoins que je reviendrais le tuer... Oh ! oui, mille témoins ! J'ai crié cela pendant tout un mois ! Toute la ville en témoignera !... Les faits hurlent ; mais les sentiments, c'est une autre affaire ! Voyez-vous, messieurs, je ne crois pas que vous ayez le droit de me questionner là-dessus. Quoique vous soyez les représentants de l'autorité, mes sentiments intérieurs n'ont rien à démêler avec vous. Mais... puisque je ne les ai pas cachés, puisque je les ai dits à tout le monde, alors... alors je ne vous en ferai pas un mystère. Voyez-vous, messieurs, je comprends à merveille que les charges contre moi sont accablantes : j'ai juré de le tuer, et voilà qu'il est tué ! Qui peut, sinon moi, avoir fait le coup ? Ah ! ah ! Je vous excuse, messieurs, je vous excuse absolument, car je suis moi-même très-étonné : qui peut avoir fait le coup, n'est-ce pas ? Si ce n'est pas moi, qui est-ce donc ? Qui ? Messieurs, je veux le savoir ! J'exige de vous que vous me disiez où il a été tué, comment et avec quelle arme.

Il regarda successivement le procureur et le juge avec lenteur.

— Nous l'avons trouvé gisant à terre, dans son cabinet, la tête fracassée, dit le procureur.

— C'est terrible, messieurs!

Mitia frémit et, s'accoudant de nouveau sur la table, il se cacha les yeux avec sa main droite.

— Continuons, dit Nicolay Parfenovitch. Donc, d'où provenait votre haine? Vous avez, je crois, déclaré publiquement que cette haine était née de la jalousie.

— Eh! oui, la jalousie et encore autre chose.

— Des questions d'argent?

— Eh! oui, l'argent y était aussi pour quelque chose.

— Il me semble qu'il s'agissait de trois mille roubles que votre père vous redevait sur votre héritage maternel et qu'il avait refusé de vous donner.

— Comment! trois mille? Plus de six mille, plus de dix mille peut-être! Je l'ai crié partout, je l'ai dit à tout le monde. Mais j'étais résolu à faire la paix pour trois mille roubles. Il me les fallait, coûte que coûte... De sorte que ce paquet caché sous un coussin, je le savais, et qu'il destinait à Grouschegnka, je le considérais comme ma propriété; oui, messieurs, comme mon indiscutable propriété...

Le procureur échangea avec le juge un regard significatif.

— Nous reviendrons là-dessus, dit aussitôt le juge. En attendant, vous nous permettrez de noter ce point : que vous considériez cet argent, lequel était enfermé dans une enveloppe cachetée, comme votre propriété indiscutable.

— Écrivez, messieurs! Je me rends très-bien compte que c'est encore une charge contre moi, mais cela m'est égal. Je m'accuse moi-même, entendez-vous? moi-même... Voyez-vous, messieurs, je crois que vous vous méprenez à mon égard; vous me croyez un tout autre homme que je ne suis. Je vous parle loyalement, noblement, en homme qui a fait une foule de bassesses, mais qui resta toujours un être noble, intérieurement, au fond de lui-même... en un mot... je ne sais comment m'exprimer... J'ai souffert toute ma vie de cette soif de noblesse. J'étais le martyr de cet idéal; je le recherchais avec une lanterne de Diogène, et pourtant je n'ai fait que des bassesses, comme nous tous, messieurs... C'est-à-dire, non, je me trompe... il n'y a que moi de tel!... Messieurs, j'ai mal à la tête... Son physique me faisait horreur... quelque chose de malhonnête, d'effronté... Il souillait toutes choses... bouffonnerie perpétuelle, cynisme... dégoûtant! Mais maintenant qu'il est mort, je pense autrement.

— Comment cela, autrement?

— C'est-à-dire pas autrement, mais je regrette de l'avoir tant détesté.

— Vous avez des remords?

— Non, je ne dirai pas des remords, n'insinuez pas cela... Je ne suis pas bon moi-même, messieurs, ni bien joli, et je n'avais donc pas le droit de lui en vouloir pour sa laideur et sa méchanceté... Cela, inscrivez-le si vous voulez.

A mesure qu'il parlait, Mitia devenait de plus en plus morne. Mais tout à coup Grouschegnka, qu'on avait éloignée et que gardait un moujik à plaque de cuivre, bousculant Maximov qui était assis auprès d'elle, se précipita sur Mitia d'une manière si inattendue qu'on ne put l'arrêter. Mitia se jeta au-devant d'elle. Mais on la saisit aussitôt et il fallut quatre hommes pour les séparer.

— Que vous a-t-elle fait? s'écria Mitia. Elle est innocente!

Le procureur et le juge s'efforcèrent de le tranquilliser.

Dix minutes se passèrent ainsi. Puis Mikhaël Makarovitch entra :

— Elle est en bas, dit-il au procureur. Me permettez-vous maintenant, messieurs, de dire à ce malheureux un mot devant vous, messieurs, devant vous?

— Faites, Mikhaël Makarovitch, nous n'avons rien à dire à cela.

— Dmitri Fédorovitch, écoute, mon petit père.

Sa physionomie exprimait une pitié profonde et quasi paternelle.

— J'ai emmené Agrafeana Alexandrovna en bas et je l'ai confiée aux filles du patron. Le petit Maximov est aussi auprès d'elle. Je l'ai rassurée, je lui ai fait comprendre qu'il faut que tu te justifies, qu'elle ne doit pas se troubler, autrement tu pourrais augmenter les charges contre toi, comprends-tu? Elle est intelligente et bonne, elle m'a baisé les mains et puis elle a prié pour toi. Elle m'a envoyé te dire d'être calme. Il faut, mon ami, que j'aille lui dire qu'en effet tu es plus calme, n'est-ce pas? Je suis coupable envers elle, oui, messieurs, c'est une âme chrétienne et bonne, elle est innocente! Puis-je lui dire que tu es plus calme, Dmitri Fédorovitch?

Le bonhomme était ému par le spectacle de cette double

douleur. Des larmes coulaient sur ses joues ridées. Mitia s'avança vivement vers lui.

— Permettez-moi, messieurs, oh! permettez! Vous êtes un ange, Mikhaël Makarovitch, un ange! Merci pour elle! Je suis calme, je suis même heureux. Ayez la bonté de le lui dire. Je vais même rire si vous voulez! Nous allons en finir tout de suite et, aussitôt libre, j'irai chez elle. Qu'elle m'attende. Maintenant, messieurs, je vais vous ouvrir mon cœur afin que nous terminions tout cela joyeusement. Nous finirons par rire ensemble. Mais, messieurs, cette femme, c'est la reine de mon âme, souffrez que je vous le dise... Je vois que j'ai affaire à de nobles cœurs. Elle est la lumière, la pureté de ma vie. Oh! si vous saviez!... Avez-vous entendu ces cris : « Je te suivrai jusqu'à l'échafaud! » Que lui ai-je donné, moi qui n'ai rien? Pourquoi m'aime-t-elle? Est-ce que je mérite qu'elle m'aime? Je suis un être ignoble, éhonté... Un tel amour!... Pardonnez-moi tout ce que je vous dis là... Maintenant je suis consolé!...

Des larmes de joie jaillirent de ses yeux. Le vieil ispravnik souriait. Les juges mêmes sentaient que l'instruction entrait dans une phase nouvelle.

Quand l'ispravnik fut parti, Mitia s'écria :

— Eh bien, messieurs, je suis à vous maintenant.

L'interrogatoire recommença.

III

— Nous ne pouvons vous dire assez combien vos bonnes dispositions facilitent notre besogne, dit Nicolay Parfenovitch visiblement satisfait. Cette sorte de confiance mutuelle est indispensable dans les affaires de cette importance, et c'est le meilleur mode de justification que puisse employer l'inculpé. Nous ferons donc tout ce qui dépendra de nous, comme vous faites vous-même... N'est-ce pas votre sentiment, Hippolyte Kirillovitch? demanda-t-il au procureur.

— Certes, répondit le procureur, toutefois avec une sécheresse accentuée.

— Messieurs, laissez-moi vous faire un récit rapide de tous ces événements. Veuillez ne pas m'interrompre inutilement.

— Très-bien, mais avant de vous entendre, permettez-moi de constater ce petit fait, que vous avez emprunté hier soir dix roubles à votre ami Petre Iliitch, en lui laissant en gage vos pistolets.

— Oui, messieurs, j'ai fait cet emprunt, et puis?

— Racontez-nous donc avec ordre l'emploi de votre journée d'hier, depuis le matin.

— Il fallait me le demander tout de suite! dit en riant Mitia. Voulez-vous que je vous dise aussi ce que j'ai fait avant-hier? Ainsi... Il y a trois jours, je suis allé, dès le matin, chez le marchand Samsonnov pour lui emprunter trois mille roubles, sur gages certains. J'avais un très-pressant besoin de cette somme.

— Permettez... dit avec politesse le procureur. Pourquoi aviez-vous un si pressant besoin de cette somme?

— Eh! messieurs, que de détails! *Où? comment? pourquoi?* Billevesées!... Il y aura bientôt de quoi remplir trois volumes avec un épilogue, si nous allons de ce train!

Mitia parlait du ton de bonhomie d'un homme déterminé à dire la vérité.

— Messieurs, se reprit-il, ne m'en veuillez pas pour cette brusquerie, croyez que je vous rends tous les respects qui vous sont dus. Je ne suis pas ivre. Je sais que je suis à vos yeux un criminel, il n'y a pas d'égalité entre nous; votre devoir est de m'étudier, mais convenez que vous embarrasseriez Dieu lui-même avec ces questions : Qu'as-tu fait? qu'as-tu dit? où es-tu allé? comment? quand? Je puis dire... je ne sais quoi, vous en prendrez note, et qu'est-ce que cela prouvera? Rien. Je vous prie donc de ne pas vous en tenir trop étroitement à la procédure classique qui déduit d'un petit fait comme : *Qu'a-t-il mangé? Quand a-t-il craché?* une grosse conclusion, et à l'accusé étourdi de détails pose tout à coup la question terrible : *As-tu tué?* Ah! ah! voilà toute votre ruse! Employez ce procédé avec des moujiks : avec moi, non! J'ai servi, je connais les choses... Ah! ah! ah! Ne vous fâchez pas contre Mitia Karamazov : on peut lui pardonner un peu d'insolence, c'est dans son caractère... Ah! ah! ah!

Le juge riait. Le procureur restait grave et suivait

attentivement tous les changements de physionomie de Mitia.

— Mais, dit le juge en continuant de rire, vous ne pouvez nous reprocher d'avoir voulu vous entortiller de questions telles que : Comment vous êtes-vous levé ce matin ? Nous avons procédé avec une franchise que je qualifierais d'exagérée.

— Je comprends, j'apprécie toute votre bonté. Vous êtes de nobles âmes, tous trois. Il règne entre nous la confiance réciproque de gens du monde liés par des sentiments communs de noblesse et d'honnêteté. En tout cas, laissez-moi vous considérer comme mes meilleurs amis dans cette pénible occurrence. Je ne vous offense pas en vous parlant ainsi ?

— Au contraire, vous dites très-bien, Dmitri Fédorovitch, répondit sérieusement le juge.

— Donc, pas de futilités, messieurs, allons au fait.

— Rien de plus raisonnable, dit à son tour le procureur. Mais je voudrais que vous eussiez déjà répondu à cette question, pour nous de la dernière importance : Que vouliez-vous faire de ces trois mille roubles ?

— Une chose ou une autre... qu'importe ?... Payer une dette !

— A qui ?

— Cela, je refuse absolument de le dire, messieurs. Non pas que je ne le puisse ou que je ne l'ose, mais c'est pour moi un principe : cela concerne ma vie privée, et je ne permets à personne d'y toucher. Votre question n'a pas trait à l'affaire. Il s'agissait d'une dette d'honneur, je ne dois pas dire envers qui.

— Vous jugerez bon que nous en prenions note, dit le procureur.

— Je vous en prie, écrivez que je refuse de le dire et que je ne le dirai pas, car je considère qu'il serait indélicat de ma part de le dire... Oh! qu'il faut que vous ayez du temps à perdre, messieurs, pour tant écrire!

— Permettez-moi, monsieur, de vous prévenir, de vous rappeler encore une fois, dit d'un ton sévère le procureur, que vous avez tous les droits de ne pas répondre à nos questions, que nous n'avons, nous, nullement le droit d'exiger de vous des réponses qu'il ne vous plaît pas de nous faire pour tel ou tel motif. Mais il est de notre devoir de vous avertir de tout le tort que vous vous causez en refusant d'éclairer la justice. Maintenant, veuillez continuer.

— Messieurs, croyez que je ne me considère pas comme offensé par... murmura Mitia un peu confus de cette observation, et, s'interrompant au milieu de sa phrase, il entama le récit des événements que nous connaissons déjà. Quand il en vint à sa visite chez Fénia, il s'écria malgré lui :

— Si je n'ai pas tué cette femme, messieurs, c'est uniquement que je n'en avais pas le temps alors!

Le scribe consigna soigneusement cette exclamation.

Mitia se tut un instant, puis expliqua comment il était entré dans le jardin de son père. Tout à coup, le juge l'interrompit, et dépliant une grande serviette qui était auprès de lui sur le divan, il en sortit le pilon.

— Connaissez-vous cet objet?

— Ah! oui. Donnez donc que je voie... Au diable! non! je n'en veux pas.

— Vous avez oublié d'en parler.

— Que diable! croyez-vous que je voulais le cacher? Je n'y pensais pas, voilà tout.

— Daignez donc nous expliquer comment vous vous êtes procuré cette arme.

— Je daigne, messieurs...

Et Mitia conta comment il avait pris le pilon chez Fénia et s'était enfui.

— Mais quelle intention aviez-vous en prenant cet objet?

— Quelle intention? Aucune. J'ai pris et je me suis sauvé, voilà!

— Mais comment l'auriez-vous pris sans intention?

La colère commençait à naître en Mitia. Il regarda attentivement le tout jeune juge, « le gamin! » pensait-il, et il sourit d'un mauvais sourire, se repentant d'avoir parlé avec tant de franchise « à de telles gens ».

— Je me moque de votre pilon! s'écria-t-il tout à coup.

— Cependant...

— Eh bien! c'est pour les chiens... il faisait sombre... pour n'importe quoi.

— Auparavant, vous armiez-vous aussi quand vous sortiez la nuit, puisque vous craignez tant l'obscurité?

— Eh! que diable! messieurs, il est impossible, littéralement impossible de parler avec vous! s'écria Mitia exaspéré. Écris, dit-il au scribe, écris immédiatement, tout de suite : « Il a pris ce pilon pour aller tuer son père... Fédor Pavlovitch... pour lui fracasser la tête. » Êtes-vous contents, messieurs? dit-il d'un air provocant.

— Il est évident que nous ne pouvons prendre en considération une telle déposition, faite dans la colère qu'excitent en vous nos questions, que vous considérez comme insignifiantes, quoiqu'elles soient très-graves.

— Mais, voyons, messieurs! J'ai pris ce pilon, pourquoi? Je ne le sais pas. J'ai pris et je me suis enfui, vous dis-je! Voilà tout. Soyez donc raisonnables, messieurs, passons! Autrement, je vous jure que je n'ajouterai pas un mot.

Il était au moment de déclarer que : « Eh bien! il ne dirait plus rien, dût-on l'envoyer à l'échafaud! » Mais il se maîtrisa et reprit :

— Voyez-vous, messieurs, en vous écoutant, il me semble faire un certain rêve qui m'est familier : je suis poursuivi par je ne sais qui, un inconnu dont j'ai grand'peur; c'est la nuit, mon inconnu me cherche, je me cache derrière une porte, derrière une armoire, je suis lâche; il sait très-bien où je me suis caché, mais il feint de l'ignorer, pour me torturer davantage, pour jouir de mon épouvante... C'est ce que vous faites maintenant, c'est tout à fait cela.

— Vous avez de tels rêves? observa le procureur.

— Oui, j'ai de tels rêves. Voulez-vous le noter?

— Non, mais ils sont curieux, vos rêves.

— Maintenant, ce n'est plus un rêve, c'est la réalité, messieurs, c'est le réalisme de la vie réelle. Je suis un loup, vous êtes des chasseurs.

— La comparaison est outrée, dit doucement le juge.

— Non pas, messieurs! dit Mitia avec une colère soudaine. Vous pouvez refuser de croire à la franchise d'un accusé quelconque que vous torturez avec vos questions, non à celle d'un homme noble, messieurs, qui vous parle dans toute la noblesse de son âme. Messieurs, non, vous n'en avez pas le droit! Mais

> Silence, mon âme!
> Patiente, humilie-toi, rentre en toi-même.

Faut-il continuer? demanda-t-il brusquement.

— Comment donc? je vous en prie, fit Nikolay Parfenovitch.

IV

Mitia reprit son récit, avec un peu d'irritation, mais il était évidemment résolu à n'omettre aucun détail. Il expliqua comment il avait escaladé la clôture, comment il s'était approché de la fenêtre et tout ce qui alors s'était passé en lui-même. Avec précision, avec lucidité, il analysa les sentiments qui l'avaient envahi en cet instant où il désirait si violemment savoir si Grouchegnka était ou n'était pas chez Fédor Pavlovitch. Chose remarquable, le procureur et le juge l'écoutaient maintenant avec une extrême et presque hostile contention; ils le regardaient sévèrement et lui posaient le moins de questions possible. Mitia ne pouvait rien lire sur leurs visages. « Sont-ils offensés? » se demandait-il. « Eh bien, au diable! » Quand il en vint à dire qu'il avait fait à son père le *signal* convenu pour l'arrivée de Grouschegnka, le juge et le procureur semblèrent ne point prendre garde au mot *signal*, comme s'ils ne le comprenaient pas, comme s'ils en ignoraient le sens. Mitia remarqua ce détail.

Après avoir décrit la rage soudaine qui s'était élevée en lui au moment où, apercevant la figure de son père penchée hors de la fenêtre, il avait saisi le pilon, il s'arrêta inopinément, comme exprès. Il regardait la muraille, sentant très-bien, braqués sur lui, les regards perçants de ses juges.

— Eh bien! dit Nikolay Parfenovitch, vous avez saisi votre arme et... et qu'avez-vous fait?

— Et... et j'ai tué... J'ai asséné à mon père un coup de pilon et je lui ai fracassé le crâne... N'est-ce pas? c'est ainsi, d'après vous?

Ses yeux étincelaient. Toute sa colère, naguère apaisée, se réveillait en lui, se révoltait avec une violence irrésistible.

— D'après nous, approuva Nikolay Parfenovitch. Mais, d'après vous?

Mitia baissa les yeux et resta assez longtemps sans parler.

— D'après moi, messieurs, d'après moi, voici comment la chose s'est passée, reprit-il doucement. Est-ce ma mère qui en ce moment priait Dieu pour moi? Est-ce un bon esprit qui me baisa au front en passant? Je ne sais, mais le diable a été vaincu. Je m'enfuis de la fenêtre et courus vers la barrière... C'est alors que mon père m'aperçut et, prenant peur, se retira vivement de la fenêtre, je l'ai vu au moment de m'enfuir... J'enjambais déjà la clôture quand Grigori me saisit...

Mitia leva enfin les yeux sur ses juges : ils l'écoutaient

avec calme. Un frémissement de colère agita de nouveau son âme.

— Messieurs, vous vous riez de moi!

— D'où concluez-vous cela? demanda Nicolay Parfenovitch.

— Vous ne croyez pas un mot de ce que je vous dis! Je sens très-bien que je suis arrivé au point capital : le vieillard est là, gisant, la tête fracassée; je raconte tragiquement que j'ai voulu le tuer, que j'ai même saisi le pilon — et voilà, je me sauve! Une tragédie à mettre en vers! Allez croire à la bonne foi d'un tel gaillard! Ha! ha!... Eh! vous autres, messieurs, vous êtes des plaisantins!

Il s'agita sur sa chaise si violemment qu'elle craqua.

— Avez-vous remarqué, dit le procureur, comme s'il ne s'apercevait pas de l'animation de Mitia, en vous enfuyant, si la porte du jardin était ouverte!

— Non, elle n'était pas ouverte!

— Ah?

— Elle était fermée. Qui aurait pu l'ouvrir? Bah? la porte?... Attendez... continua Mitia en frissonnant, vous avez vu la porte ouverte?

— Oui.

— Mais qui a pu l'ouvrir, si ce n'est vous-même?

— La porte était ouverte, et l'assassin de votre père a certainement passé par là pour entrer et pour sortir, dit le procureur d'un ton posé en détachant nettement chaque mot. Cela me paraît très-clair. L'assassinat a été, c'est incontestable, commis dans la chambre, et non pas *à travers la fenêtre*. Cela résulte évidemment de l'examen que nous avons fait du lieu du crime et de la position du corps. Il n'y a pas de doute à cet égard.

Mitia demeurait abasourdi.

— Mais c'est impossible, messieurs! Je..... ne suis pas entré... Je vous dis que la porte est restée fermée durant tout le temps que j'ai passé dans le jardin, je me suis tenu sous la fenêtre, et ce n'est qu'à travers la fenêtre que j'ai vu mon père... Je me rappelle tous les détails. D'ailleurs le signal n'était connu que de lui, de moi et de Smerdiakov, et sans signal mon père n'aurait pas ouvert.

— Quel signal? demanda le procureur avec une curiosité fiévreuse.

Il perdait tout son sang-froid, il insinuait sa question comme on rampe, pressentant un fait important et encore inconnu et craignant que Mitia refusât de dévoiler ce secret.

— Ah! vous ne le saviez pas, dit Mitia en clignant de l'œil avec un sourire ironique. Et qu'arriverait-il si je refusais de répondre? Qui vous dirait la chose à ma place? Le défunt, moi, Smerdiakov et le bon Dieu sommes seuls à connaître ce mystère. Pour le bon Dieu, il ne vous répondra pas. C'est un point très-intéressant, le diable sait tout ce qu'on en pourra déduire! Consolez-vous, messieurs, je vais vous le dévoiler, vos craintes sont chimériques. Vous ne me connaissez pas : l'accusé déposera contre lui-même, oui, car il est un chevalier d'honneur; quant à vous...

Le procureur avala sans faire la grimace ces amères pilules. Il frémissait seulement d'impatience.

Mitia expliqua tous les signaux concertés entre Fédor Pavlovitch et Smerdiakov.

— Maintenant échafaudez là-dessus un nouveau système, conclut-il en se détournant avec mépris.

— Alors votre défunt père, vous et le domestique Smerdiakov, connaissiez seuls ces signaux? insista le juge.

— Oui, et le bon Dieu. Notez donc le bon Dieu, ça pourra vous servir.

— Donc, puisque vous affirmez que vous êtes innocent, ne serait-ce pas Smerdiakov qui aurait donné le signal pour que votre père ouvrît la fenêtre et qui... aurait fait le coup?

Mitia jeta sur le procureur un regard ironique, si ironique et si outrageant que Hippolyte Kirillovitch battit involontairement des paupières.

— Vous tendez au renard un nouveau piége, vous lui avez pris la queue dans la porte, hi! hi! Je lis dans votre jeu, procureur, vous pensez que je ne manquerais pas de me lever et de crier à pleins poumons : Eh! oui, c'est Smerdiakov! Avouez que vous l'avez pensé, avouez-le si vous voulez que je continue!

Le procureur n'avoua rien, il attendit en silence.

— Vous vous êtes trompé, je ne crierai pas que c'est Smerdiakov.

— Et vous ne le soupçonnez même pas?

— Et vous, le soupçonnez-vous?

— Nous le soupçonnions, lui aussi.

Mitia baissa les yeux.

— Parlons sérieusement. Écoutez. Dès le commencement, dès que je suis entré avec vous dans cette chambre, la pensée m'en est venue : c'est Smerdiakov. Je pensais à lui en vous répétant que j'étais innocent de ce crime.

Tout à l'heure encore, j'y pensais, j'y ai pensé pendant une seconde, puis aussitôt je me suis dit : « Non, ce n'est pas lui, il en est incapable. »

— Ne soupçonnez-vous pas, alors, quelque autre personne? dit cauteleusement Nicolay Parfenovitch.

— Je ne sais qui, Dieu, le diable peut-être, je ne sais... Mais Smerdiakov, non! dit d'un air décidé Mitia.

— Pourquoi affirmez-vous avec tant d'insistance que ce n'est pas lui?

— Par conviction. C'est mon sentiment. Smerdiakov est d'une nature basse et lâche... et lâche, c'est trop peu dire, c'est un tas de lâchetés, toutes les lâchetés du monde mises debout sur deux pieds. Il est né d'une poule. Chaque fois qu'il avait à me parler, il tremblait de frayeur, s'imaginant que j'allais le tuer, alors que je ne pensais même pas à lever la main. Il tombait à mes genoux en pleurant, il baisait mes bottes en me suppliant de ne pas lui faire peur. Entendez-vous? de-ne-pas-lui-faire peur! et je lui ai même offert des cadeaux. C'est une poule épileptique, d'une intelligence très-médiocre; un gamin de huit ans pourrait le battre. Non, ce n'est pas Smerdiakov! il n'aime même pas l'argent, il a toujours refusé mes cadeaux..... D'ailleurs, pourquoi aurait-il tué le vieillard? Il est peut-être le fils naturel de Fédor Pavlovitch, savez-vous cela?

— Nous connaissons cette légende. Mais n'êtes-vous pas aussi le fils de Fédor Pavlovitch? Pourtant vous avez dit vous-même que vous vouliez le tuer.

— Encore une pierre dans mon jardin! Quel ignoble procédé! Vous ne réussirez pas à m'effrayer. O messieurs, n'est-ce pas indigne à vous de me dire cela, quand c'est

moi-même qui vous ai confié cette secrète pensée? Non-
seulement j'ai voulu, mais j'ai pu le tuer et j'ai même
déclaré tout à l'heure que j'ai failli, un jour, le tuer. Mais
je ne l'ai pas tué! mon ange gardien m'a sauvé! Pourquoi ne pouvez-vous pas comprendre? C'est ignoble,
ignoble! Je n'ai pas tué! je n'ai pas tué! je n'ai pas tué!
Entendez-vous, procureur, pas tué!

Il étouffait.

— Et que vous a dit Smerdiakov? reprit-il après un
silence. Puis-je vous le demander?

— Vous pouvez nous demander tout ce qu'il vous
plaira, dit le procureur sévèrement et froidement, tout ce
qui concerne l'affaire, et je vous répète qu'il est de notre
devoir de répondre à toutes vos questions. Nous avons
trouvé le domestique Smerdiakov sans connaissance, dans
son lit, en proie à une forte crise d'épilepsie, la dixième
peut-être qu'il avait eue depuis la veille. Le médecin
qui nous accompagnait pense que le malade ne passera
pas la nuit.

— Alors c'est le diable qui a tué mon père!

— Nous reviendrons là-dessus, dit Nicolay Parfenovitch;
voulez-vous continuer votre déposition?

Mitia demanda quelques minutes de répit, qui lui furent
accordées avec courtoisie.

Après un long silence il reprit son récit, mais on voyait
que cela lui était pénible; il était las, blessé, troublé jusqu'au fond de l'âme. Le procureur, comme exprès, se mit
à l'irriter avec des « futilités ». A peine Mitia eut-il fini
d'expliquer comment, étant à cheval sur le mur, il avait
asséné un coup de pilon sur la tête de Grigori, puis était

redescendu dans le jardin pour examiner le blessé, le procureur l'arrêta et le pria d'expliquer avec plus de détail comment il était assis sur le mur. Mitia fit un mouvement de surprise.

— Mais... à cheval! une jambe d'un côté, l'autre de l'autre...

— Et le pilon?

— Je l'avais à la main.

— Il n'était pas dans votre poche? Vous en êtes sûr? et avez-vous dû faire un très-grand geste?

— C'est probable. Pourquoi?

— Si vous vous placiez sur votre chaise comme vous étiez sur le mur, pour nous bien faire comprendre comment et de quel côté vous avez frappé?

— Est-ce que vous vous moquez de moi? demanda Mitia en regardant avec hauteur Hippolyte Kirillovitch qui resta impassible.

Puis il se mit à cheval sur sa chaise, fit un geste convulsif et dit :

— Voilà comment j'ai frappé! Voilà comment j'ai tué! cela vous suffit-il?

— Je vous remercie. Seriez-vous assez aimable pour nous expliquer pourquoi vous êtes redescendu dans le jardin, dans quel but?

— Eh! diable!... C'est pour voir le blessé que je suis redescendu... je ne sais pas pourquoi!...

— Malgré votre trouble? en pleine fuite?

— Oui, malgré mon trouble et en pleine fuite!

— Vous vouliez lui venir en aide?

— Quoi? Oui, peut-être... en aide... je ne me rappelle plus.

— Vous ne saviez plus ce que vous faisiez.

— Pardon, je le savais très-bien. Maintenant encore je me rappelle les plus minces détails. Je suis redescendu pour voir... j'ai essuyé son sang avec mon mouchoir.

— Nous avons vu votre mouchoir. Vous espériez ramener le blessé à la vie?

— Je ne sais pas... Je voulais tout simplement savoir s'il vivait encore.

— Ah! vous vouliez savoir? Eh bien?

— Je ne suis pas médecin, je n'ai pu me faire aucune conviction et je suis parti en craignant de l'avoir tué.

— Très-bien, je vous remercie, c'est tout ce qu'il me fallait. Veuillez continuer.

Le procureur était satisfait de lui-même. « J'ai poussé à bout cet homme irritable, pensait-il, je l'ai houspillé avec des « futilités » et il a donné dans le panneau. »

Mitia se disposait à continuer, quand Nikolay Parfenovitch l'interrompit :

— Comment avez-vous pu aller chez Petre Iliitch avec votre visage et vos mains souillés de sang.

— Mais je n'en savais rien !

— C'est vraisemblable.

Mitia allait s'étendre sur son dessein de « laisser le chemin libre », mais il ne pouvait se résoudre à parler devant ces hommes de la « reine de son cœur ». Aux questions qu'on lui faisait, il répondait maintenant avec une netteté et une sécheresse imprévues.

— Eh bien, j'étais résolu à me tuer. Que faire désormais? L'ancien amant de Grouschegnka venait réparer le tort qu'il lui avait fait, derrière moi la honte et puis ce sang, ce sang de Grigori : pourquoi vivre? Je suis allé dégager mes pistolets pour pouvoir, dès le matin, me loger une balle dans la tête.

— Et, cette nuit, une fête à tout casser?

— Et cette nuit une fête à tout casser... Que diable! messieurs, finissons-en plus vite... J'étais décidé à me tuer à cinq heures du matin. J'avais même écrit un petit billet... Il est encore dans ma poche... Je l'ai écrit chez Perkhotine. Le voici, lisez.

Il jeta sur la table le billet plié en quatre. Les juges le lurent avec curiosité, et, comme il va sans dire, l'ajoutèrent au dossier.

— Et vous n'aviez même pas pensé à laver vos mains avant d'entrer chez Perkotine? vous ne craigniez aucun soupçon?

— Oh! quel soupçon? Qu'on me soupçonnât ou non, ça m'était bien égal. Comme je devais me tuer demain matin à cinq heures, on n'aurait eu le temps de rien faire contre moi. Sans la mort de mon père, vous n'auriez rien su et vous ne seriez pas venus ici! C'est le diable qui s'est mêlé de tout cela; c'est lui qui a tué mon père, et c'est lui qui vous a si vite amenés ici! Car, comment avez-vous pu venir si vite? C'est un prodige!

— M. Perkhotine nous a informés qu'en entrant chez lui vous teniez dans vos mains... dans vos mains ensanglantées, votre argent... une grosse somme... une liasse de billets de mille roubles. Son groom aussi vous a vu.

— En effet, messieurs, c'est vrai.

— Une petite question, dit très-doucement Nicolay Parfenovitch : Où aviez-vous pris tant d'argent, alors qu'il ressort de l'instruction que vous n'êtes même pas entré chez vous?

Le procureur fronça les sourcils. Ce système d'interrogatoire direct lui déplaisait.

— Non, je ne suis pas entré chez moi, dit Mitia tranquillement.

— Permettez-moi dans ce cas de vous répéter ma question, insinua le juge : Où avez-vous trouvé une pareille somme, puisque, d'après vos propres aveux, à cinq heures du soir de la même journée...?

— ...J'avais besoin de dix roubles, et que j'avais engagé mes pistolets chez Perkhotine pour avoir ces dix roubles? Eh bien... je me suis rendu chez madame Khokhlakov pour lui demander trois mille roubles que, d'ailleurs, elle ne m'a pas donnés... Eh! oui, messieurs, j'étais dans le dénûment le plus complet, et tout à coup... des milliers! Eh, eh! messieurs, savez-vous? je suis sûr que vous avez peur tous les deux maintenant : « Qu'arrivera-t-il, s'il refuse de dire où il a pris cet argent? » Eh bien, je ne vous le dirai pas, messieurs, vous avez deviné juste : « vous-ne-le-sau-rez-pas », dit Mitia en marquant nettement chaque syllabe.

Un silence.

— Comprenez, Dmitri Fédorovitch Karamazov, qu'il nous est très-nécessaire de savoir... dit doucement Nikolay Parfenovitch.

— Je le comprends, mais je ne le dirai pas.

Le procureur, à son tour, répéta à l'accusé qu'il avait le droit de ne pas répondre, s'il le jugeait utile, mais que, vu le tort qu'il se faisait à lui-même, vu surtout l'importance de cette question...

— Et ainsi de suite, messieurs, et ainsi de suite ! Assez ! j'en ai assez! s'écria Mitia. Je comprends très-bien l'importance de cette question : c'est le point capital. Pourtant je ne répondrai pas.

— Mais quel intérêt pouvons-nous avoir ici? dit avec irritation Nikolay Parfenovitch. C'est à vous-même que vous nuisez.

— Voyez-vous, messieurs, j'ai pressenti dès les premiers mots que nous devions nous heurter sur ce point. Mais au commencement de cet interrogatoire tout était devant moi comme dans un brouillard, tout allait de soi-même, au point que j'ai eu la simplicité de vous proposer une confiance mutuelle. Maintenant, je vois que cette confiance était impossible, puisque nous devions arriver à ce mur : et nous y voici, à ce mur maudit! Du reste, je ne vous reproche rien, vous ne pouvez, et je m'en rends très-bien compte, me croire sur parole.

Mitia se tut. Il était accablé.

— Mais vous serait-il impossible, — sans renoncer à votre décision de ne pas toucher à ce point capital, — de nous parler des circonstances adjacentes, de nous dire, par exemple, les motifs qui vous obligent au silence en un tel moment?

Mitia sourit tristement.

— Je suis meilleur que vous ne pensez, messieurs. Je vous dirai ces motifs, quoique vous ne valiez guère un si grand sacrifice. Je me tais là-dessus, parce qu'il serait honteux pour moi d'en parler. Cette question, cette question : *Où a-t-il pris cet argent?* implique pour moi une honte pire que l'assassinat, pire que le parricide compliqué de vol. Voilà pourquoi je me tais. Quoi! vous notez cela?

— Oui, nous en prendrons note, répondit d'un air confus Nicolay Parfenovitch.

— Vous ferez pourtant bien de ne pas mentionner ce que j'ai dit à propos de la « honte »... Je n'ai parlé de cela que par complaisance..... Pourtant... écrivez si bon vous semble, ajouta Dmitri d'un air dégoûté, je ne vous crains pas et... je n'abdique pas ma fierté devant vous.

— Ne nous expliquerez-vous pas de quel ordre est cette honte? demanda Nicolay Parfenovitch avec une sorte de timidité.

Le procureur fronça les sourcils, laissant voir une extrême irritation.

— N-i ni, c'est fini, ne prenez pas la peine d'insister. Je ne me suis que trop avili déjà, c'est assez. J'ai fini.

Mitia prononça ces paroles d'un ton décidé. Nicolay Parfenovitch n'insista plus, mais il comprit aux regards d'Hippolyte Kirillovitch qu'il n'avait pas encore tout à fait renoncé.

— Ne pourriez-vous pas au moins nous dire la somme que vous aviez entre les mains quand vous êtes entré chez Perkotine, c'est-à-dire combien de roubles?

— Je ne puis pas le dire non plus.

— Je crois que vous avez parlé à M. Perkhotine de trois mille roubles que vous aviez reçus de madame Khokhlakov.

— Peut-être ai-je dit cela, mais n'insistez pas, vous ne saurez pas la somme.

— Soit, passons... Ayez donc l'obligeance de nous dire

comment vous êtes venu ici et tout ce que vous y avez fait.

Mitia hésita, puis consentit et raconta rapidement comment il avait renoncé à se brûler la cervelle « à cause d'événements imprévus ». Ce point intéressait médiocrement les juges.

— Nous reviendrons là-dessus quand se feront les dépositions des témoins, lesquels parleront en votre présence. Pour l'instant, veuillez mettre sur la table tout ce que vous avez sur vous, et surtout votre argent.

— L'argent? Très-bien, je comprends; je m'étonne même que vous ne me l'ayez pas encore demandé. Le voici, mon argent, comptez, prenez : tout y est, je crois.

Il retira de sa poche même la menue monnaie, jusqu'à deux dvougrivennik qu'il prit dans le gousset de son gilet. Il y avait en tout huit cent trente-six roubles et quarante kopeks.

— C'est tout? demanda le juge.

— Tout.

— Vous avez dit, tout à l'heure, que vous aviez donné trois cents roubles aux Plotnikov, dix à M. Perkhotine, au yamstchik vingt, — puis?...

Nicolay Parfenovitch refit le compte, Mitia l'aida, ou se rappela jusqu'aux kopeks dépensés.

— Avec ces deux cents, cela fait près de quinze cents roubles, par conséquent.

— Par conséquent.

— Tout le monde affirme que vous aviez beaucoup plus.

— Soit, qu'on l'affirme!

— Mais vous-même l'avez affirmé.

— Moi-même aussi.

— Nous contrôlerons votre déclaration par les dépositions des témoins. Soyez sans inquiétude quant à votre argent ; il est sous la sauvegarde de la justice et vous sera rendu quand tout... sera fini... s'il est démontré qu'il vous appartient. Maintenant...

Nikolay Parfenovitch se leva et déclara à Mitia qu'il était « forcé et obligé de faire un examen détaillé de vos habits, dit-il, et du reste »...

— Soit, messieurs, je vais retourner mes poches.

— Il faudra aussi que vous ôtiez vos habits.

— Comment? me déshabiller? Que diable! n'est-il pas possible de faire autrement?

— Impossible, Dmitri Fédorovitch, il faut ôter vos habits.

— Comme vous voudrez, dit Mitia d'un air las; seulement, pas ici, je vous en prie,... derrière le rideau... Et qui procédera à l'examen?

— Certainement, derrière le rideau, dit le juge avec solennité.

V

Quelque chose d'inattendu se passa. Mitia n'aurait jamais cru qu'on osât le traiter de la sorte, lui, Dmitri Karamazov : on lui ordonna de se déshabiller complétement. Il obéit *par orgueil*, avec dégoût.

Outre le juge et le procureur, quelques moujiks avaient suivi Mitia derrière les rideaux.

— Faudra-t-il ôter même ma chemise? demanda-t-il sèchement à Nicolay Parfenovitch.

Le juge ne répondit pas, tant il était intéressé par l'examen des habits.

— Je vous demande pour la seconde fois s'il faut ôter ma chemise, oui ou non? répéta Mitia.

— Ne vous inquiétez pas, nous vous informerons à temps, dit Nicolay Parfenovitch d'un ton qui parut impérieux à Mitia.

Les juges causaient entre eux tout en palpant les habits, y cherchant de l'argent. « Comme s'ils avaient affaire à un voleur, et non à un officier! » grommela Mitia.

On prit note des taches de sang de la redingote.

— Permettez, s'écria tout à coup Nicolay Parfenovitch en apercevant la manche de la chemise de Mitia tachée de sang et retroussée, permettez! c'est du sang?

— Du sang.

— Quel sang? Pourquoi votre manche est-elle retroussée?

Mitia expliqua que Perkhotine lui avait conseillé de retrousser la manche de sa chemise.

— Il faut ôter aussi votre chemise, elle constitue une importante pièce à conviction.

Mitia rougit de rage.

— Alors je vais rester tout nu?

— Ne vous inquiétez pas, nous arrangerons cela. Ayez aussi l'obligeance d'ôter vos chaussettes.

— Vous ne plaisantez pas? Est-ce donc nécessaire?

— Nous ne sommes pas ici pour plaisanter, dit sévèrement Nikolay Parfenovitch.

— Eh bien... si c'est nécessaire... je... murmura Mitia.

Il s'assit sur le lit et se mit à retirer ses chaussettes. Il se sentait affreusement humilié : « nu devant ces gens vêtus! » Chose étrange : nu, il se sentit comme coupable devant ces gens vêtus; il se semblait à lui-même dégradé par le fait de sa nudité, dégradé, méprisable.

« Il me semble que c'est un rêve, songeait-il; j'ai vu de telles choses dans mes cauchemars. »

Il lui était particulièrement pénible d'ôter ses chaussettes : elles n'étaient pas très-propres, son linge non plus n'était pas très-propre, et tout le monde l'avait vu! Surtout, surtout, il n'aimait pas lui-même la forme de ses pieds; les orteils, on ne sait pourquoi, lui avaient toujours paru monstrueux; l'un particulièrement lui semblait mal fait, plat, l'ongle recourbé. Et tous le voyaient! Le sentiment de sa honte le rendit plus grossier : il enleva violemment sa chemise.

— Ne voudrez-vous pas chercher ailleurs encore? vous n'êtes pas gens à vous effrayer pour si peu!

— Non, c'est inutile pour le moment.

— Alors je vais rester comme cela, nu?

— Oui, c'est nécessaire... Veuillez, en attendant, vous asseoir ici, enveloppez-vous avec une couverture du lit, et moi... je vais m'occuper tout de suite de cela...

Les juges sortirent, emportant les vêtements de Mitia qui, sous la garde des moujiks, resta là, grelottant sous sa couverture. Il n'avait pu couvrir ses pieds. « Comme ils restent longtemps »! pensait-il en grinçant des dents. « Ils me traitent comme un chien ! » Sa colère redoubla quand il vit revenir Nikolay Parfenovitch avec un moujik portant, non pas les habits de Mitia comme il l'avait espéré, mais d'autres habits.

— Voici des vêtements, dit Nicolay Parfenovitch. C'est M. Kalganov qui vous les offre, la chemise est propre. Il avait par bonheur tout cela dans sa malle. Quant à vos chaussettes, vous pouvez les reprendre.

— Je ne veux pas des habits des autres, dit-il avec rage. Rendez-moi les miens!

— Cela ne se peut.

— Donnez-moi les miens, vous dis-je! Au diable Kalganov et ses habits!

On eut de la peine à lui faire entendre raison.

Enfin, tant bien que mal, on réussit à lui faire comprendre que ses habits tachés de sang devaient être consignés parmi les pièces à conviction. Mitia, morne, se vêtit en silence. Il fit seulement remarquer que l'habit qu'on lui donnait était plus riche que le sien et ridiculement étroit :

— Me voilà mis comme un bouffon : êtes-vous contents?

On le pria de rentrer dans la salle. Il était sombre et évitait tous les regards, se sentant humilié par ces vêtements étrangers.

Il reprit sa place en face des juges.

— Maintenant, allez-vous me fouetter avec des verges? Il ne vous reste plus que cela à faire, dit-il au procureur.

Il ne daignait plus adresser la parole à Nicolay Parfenovitch. « Il a trop minutieusement examiné mes chaussettes! Il les a même fait retourner, le vaurien! Pour que tout le monde voie qu'elles sont sales! »

— Maintenant nous allons passer à l'interrogatoire des témoins, dit Nikolay Parfenovitch pour toute réponse à la question de Mitia.

— Oui, dit le procureur d'un air absorbé.

— Nous avons fait, Dmitri Fedorovitch, tout ce que nous avons pu dans votre intérêt, reprit le juge; mais votre refus si net de nous expliquer l'origine de la somme dont vous étiez porteur nous a obligés...

— En quoi est votre bague? interrompit tout à coup Mitia, désignant une des bagues qui ornaient la main de Nicolay Parfenovitch.

— Ma bague?

— Oui, celle-ci, qui porte une pierre veinée, insista Mitia comme un enfant entêté.

— C'est une topaze fumée, dit Nikolay Parfenovitch en souriant... Voulez-vous? je vais l'ôter...

— Non, gardez-la, dit Mitia furieux, ne l'ôtez pas, c'est inutile... Au diable!... Messieurs, vous avez déchiré mon âme, mais croyez-vous vraiment que j'oserais mentir si j'avais tué mon père? Mentir, non! Dmitri Fédorovitch n'est pas de cette trempe. Si j'étais coupable, je vous jure que je n'aurais pas attendu votre arrivée, je n'aurais pas attendu le lever du soleil pour me tuer, je le sens bien maintenant! Vingt années me donneraient moins d'expérience que n'a fait cette seule nuit, cette nuit maudite! Aurais-je pu parler comme j'ai parlé? aurais-je pu vous regarder en face, si j'étais un parricide? Mais cette mort de Grigori, car je le croyais mort, a suffi pour me troubler! Pourtant je ne craignais rien. Ce n'est pas de votre châtiment que j'ai peur, messieurs! Je n'avais pas peur, j'avais honte! honte! et vous voudriez que, pour vous, aveugles railleurs qui fouillez les faits comme les taupes fouillent la terre, je me couvrisse d'une honte nouvelle en vous révélant encore une de mes vilenies? Je ne l'aurais pas fait, quand bien même cet aveu eût dû me dérober à vos soupçons! Non! mieux vaut le bagne!... C'est celui qui a ouvert la porte de la maison de mon père, c'est celui-là qui a tué et qui a volé. Qui est-ce? Je me perds dans les conjectures : ce n'est pas Dmitri Karamazov, voilà tout ce que je puis vous dire, et maintenant laissez-moi... Envoyez-moi au bagne ou à l'échafaud, mais cessez de me torturer avec vos questions! Je me tais, appelez vos témoins.

Le procureur examinait de son regard froid le visage de Mitia. Tout à coup il lui dit, du ton le plus calme, comme s'il s'agissait de choses toutes naturelles :

— Nous avons reçu, précisément à ce sujet, une déposition très-intéressante du vieux Grigori, qui affirme que cette porte était déjà ouverte avant qu'il vous eût vu courir dans le jardin.

Mitia se leva vivement.

— Mensonge! mensonge! Il n'a pas pu voir cette porte ouverte, car elle était fermée! il ment!

— Je dois vous répéter que sa déposition est très-catégorique.

— C'est faux! c'est faux! C'est une calomnie ou l'hallucination d'un fou. Sa blessure lui aura donné le délire et il se sera imaginé cela.

— Mais il l'avait remarqué avant d'être blessé, au moment où il était descendu dans le jardin.

— Ce n'est pas vrai, cela ne se peut! C'est par méchanceté qu'il invente cela... Il n'a pas pu le voir... Je n'ai pas passé par cette porte, dit Mitia haletant.

Le procureur se tourna vers Nikolay Parfenovitch.

— Montrez donc...

— Connaissez-vous cet objet? dit Nikolay Parfenovitch en montrant à Mitia une grande enveloppe vide et déchirée qui portait encore les trois cachets.

Mitia la considéra avec stupéfaction.

— C'est... c'est l'enveloppe de mon père, murmura-t-il, celle qui contenait les trois mille... Permettez, il doit y avoir une inscription : « A mon petit poulet », c'est cela « trois mille », voyez-vous? « trois mille... »

— Certainement, nous le voyons, mais nous n'avons pas trouvé l'argent. L'enveloppe était à terre auprès du lit.

Pendant quelques secondes Mitia resta comme abasourdi.

— Messieurs, c'est Smerdiakov! cria-t-il tout à coup de toutes ses forces. C'est lui qui a tué! C'est lui qui a volé. Lui seul savait où était cachée cette enveloppe... C'est lui, il n'y a pas de doute.

— Mais vous saviez aussi que cette enveloppe était cachée sous l'oreiller?

— Je ne l'ai jamais su. Je n'avais même jamais vu cette enveloppe. Je la vois aujourd'hui pour la première fois. Je ne la connaissais jusqu'ici que par Smerdiakov... Lui seul savait où le vieillard la tenait cachée, moi, je l'ignorais...

— Et pourtant, vous-même avez déposé tout à l'heure que l'enveloppe était cachée sous l'oreille du défunt : « sous l'oreiller ». Vous saviez donc où elle était.

— Et nous l'avons noté, confirma Nikolay Parfenovitch.

— C'est une absurdité. Je ne le savais pas du tout.

Peut-être d'ailleurs n'était-ce pas sous son oreiller... Je l'ai dit sans y prendre garde... Mais que dit Smerdiakov? Vous l'avez interrogé? Que dit-il? C'est là l'important... J'ai dit cela exprès... j'ai menti sans y songer, et maintenant... Vous savez bien qu'on laisse échapper des mots comme cela, sans intention... Je vous dis que Smerdiakov seul savait cela, lui seul! C'est lui qui m'en a parlé. Mais c'est lui, c'est lui, c'est incontestablement lui qui a tué! C'est clair comme le jour! Arrêtez-le le plus vite possible!... C'est lui qui a tué pendant que Grigori était sans connaissance, c'est clair... Il a fait le signal et mon père lui a ouvert... car il connaissait le signal et sans le signal mon père n'aurait pas ouvert...

— Vous oubliez encore, dit le procureur avec une visible satisfaction, qu'il était inutile de faire le signal, puisque la porte était déjà ouverte quand vous étiez encore dans le jardin.

— La porte, la porte... murmurait Mitia.

Il considéra le procureur silencieusement durant quelques secondes, puis il s'affaissa sur sa chaise. Tous se turent.

— Oui, la porte... C'est fantastique, Dieu est contre moi! reprit-il les yeux hagards.

— Vous voyez! dit le procureur. Jugez vous-même, Dmitri Fédorovitch. D'un côté, cette porte ouverte par laquelle vous seriez sorti, — déposition écrasante pour vous; — de l'autre côté, votre silence incompréhensible, obstiné, relativement à la provenance de votre argent, alors que trois heures auparavant vous aviez engagé vos pistolets pour dix roubles : tous ces éléments de preuve réunis vous permettent de comprendre vous-même à quelle conviction nous devions nous arrêter? Ne dites pas que nous sommes de cyniques et froids railleurs incapables de comprendre les nobles élans de votre âme... Entrez dans notre rôle...

Mitia éprouvait une émotion indescriptible. Il pâlit.

— C'est bien! s'écria-t-il tout à coup. Je vais vous dire où j'ai pris cet argent... Je vous dévoilerai ma honte, afin que nous ne soyons, ni vous, ni moi, coupables d'un mal pire.

— Et croyez, Dmitri Fédorovitch, s'empressa de dire Nikolay Parfenovitch, que votre sincérité en cet instant peut diminuer de beaucoup le poids des charges qui pèsent sur vous. Et même...

A ce moment, le procureur toucha légèrement le juge sous la table. Nikolay Parfenovitch s'arrêta.

D'ailleurs Mitia ne l'écoutait pas.

VI

— Messieurs, commença-t-il avec émotion, cet argent... je le déclare, cet argent est à *moi*.

Le procureur et le juge restaient bouches bées, ils ne s'attendaient pas à cela.

— Comment, à vous? fit Nikolay Parfenovitch. Mais jusqu'à cinq heures du même jour, d'après votre propre aveu...

— Au diable ces cinq heures du même jour et mon

propre aveu ! Il ne s'agit plus de cela : cet argent était à moi, à moi, c'est-à-dire... que je l'avais volé... Pas à moi, en effet, mais volé par moi. Il y avait quinze cents roubles. Je les portais sur moi depuis longtemps...

— Mais d'où vous venaient-ils ?

— Je les portais sur ma poitrine, ici, suspendus, cousus dans un chiffon. Je les portais depuis tout un mois, comme un palpable témoignage de mon ignominie.

— Mais à qui était cet argent que vous avez... que vous vous êtes approprié ?

— Vous alliez dire : volé. Parlez donc franchement ! D'ailleurs je l'ai volé, en effet, — ce que vous traduisez élégamment par « approprié ». Je l'ai volé, mais c'est hier soir seulement que le vol est devenu définitif.

— Hier soir ? Mais vous venez de dire qu'il y a déjà un mois que vous... vous l'êtes procuré ?

— Oui, mais il ne venait pas de mon père. Il venait d'*elle*. Laissez-moi vous raconter... ne m'interrompez pas... Il m'est pénible... Voyez-vous, il y a un mois, Katherina Ivanovna Verkhovtseva, mon ancienne fiancée, m'appela... Vous la connaissez ?

— Comment donc !

— Je sais que vous la connaissez, une âme noble entre toutes, mais elle me hait depuis très-longtemps, et non sans raison.

— Katherina Ivanovna ? demanda Nikolay Parfenovitch.

Les juges s'étonnèrent.

— Oh ! ne jetez pas son nom dans le flot des noms vulgaires. Je suis un misérable d'oser vous parler d'elle... Oui, je voyais bien qu'elle me haïssait... il y a longtemps...

dès le premier jour, dès ce jour... chez moi, dans ma chambre... Mais assez! assez! vous n'êtes pas dignes d'entendre cela, c'est inutile. Ce qu'il faut que vous sachiez, c'est qu'il y a un mois elle m'a remis trois mille roubles en me priant de les envoyer à sa mère qui vit à Moscou. Et moi... C'était précisément à cette heure fatale de ma vie, quand je... En un mot, quand je me suis épris d'une autre, d'*elle*, de Grouschegnka. Je l'emmenai ici, à Mokroïe, je dépensai avec elle la moitié de ces terribles roubles, c'est-à-dire quinze cents. Mais l'autre moitié je l'ai gardée sur moi. Eh bien, ce sont ces quinze cents roubles que je portais sur ma poitrine comme une amulette. C'est hier que j'ai déchiré l'enveloppe et entamé la somme. Les huit cents roubles qui restent sont maintenant entre vos mains, Nikolay Parfenovitch.

— Permettez, mais c'est trois mille, et non pas quinze cents roubles, que vous avez dépensés ici, il y a un mois! Tout le monde le sait.

— Qui, tout le monde? Qui a compté mon argent?

— Mais vous-même l'avez dit! Vous avez dit que vous aviez dépensé juste trois mille roubles.

— C'est vrai, je l'ai dit à qui a voulu l'entendre, et toute la ville l'a cru, tout le monde l'a répété. Mais je n'ai réellement dépensé que quinze cents roubles, et voilà d'où vient cet argent...

— C'est presque un miracle... murmura Nikolay Parfenovitch.

— N'avez-vous pas parlé de cela, auparavant, à quelqu'un?... demanda le procureur. N'avez-vous dit à personne que vous aviez gardé quinze cents roubles?

7.

— Non, à personne.

— C'est étrange! Vraiment, à personne?

— A personne! à personne! à personne!

— Mais pourquoi ce mutisme? Qu'est-ce qui vous forçait à faire de cela un mystère? Ce secret, que vous jugiez si honteux, n'est comparativement qu'une peccadille, car cette appropriation n'était pas définitive. D'ailleurs, la chose s'explique, étant donné votre caractère... C'est une légèreté plutôt qu'une faute... Quoi qu'il en soit, vous n'aviez pas caché que l'argent dépensé ici fût celui de madame Verskhovtseva; pourquoi donc donner cette allure de mystère au fait d'avoir gardé une partie de la somme? Il est impossible de croire qu'une telle chose vous coûte tant à dire, au point que vous vous écriiez : plutôt le bagne!

Le procureur se tut. Il s'était échauffé, sans chercher à cacher son dépit, sans même s'occuper de « soigner son style ».

— Ce n'est pas en les quinze cents roubles eux-mêmes que gît la honte, dit avec fermeté Mitia : c'est dans le fait d'avoir divisé la somme.

— Mais qu'est-ce que cela fait? s'écria le procureur avec irritation. Qu'y a-t-il de honteux dans le fait d'avoir divisé une somme volée?... Mais à propos, pourquoi avez-vous fait cette division? Dans quel but? Pouvez-vous nous l'expliquer?

— Oh! messieurs! mais c'est précisément dans ce but que gît toute l'affaire. J'ai fait cette division par calcul, par bassesse, — car ici le calcul est une bassesse. Et cette bassesse a duré tout un mois.

— C'est incompréhensible.

— Vous m'étonnez... Du reste, je vais m'expliquer davantage; peut-être, en effet, est-ce incompréhensible... Suivez-moi bien. Je m'approprie trois mille roubles confiés à mon honneur, je fais la noce avec, je dépense toute la somme, le matin je vais chez *elle* et je lui dis : « Katia, je suis coupable, j'ai dépensé les trois mille roubles. » Est-ce bien, cela? Non, c'est malhonnête, c'est une faiblesse, une sottise poussée jusqu'à la bestialité, n'est-ce pas? Mais ce n'est pas un vol, vous devez en convenir, ce n'est pas un vol proprement dit. J'ai gaspillé la somme, je ne l'ai pas volée. Mais voici mieux encore... Suivez-moi toujours; j'ai peine à fixer mes idées, la tête me tourne... Je dépense quinze cents roubles seulement, c'est-à-dire la moitié du tout. Le lendemain, je vais chez elle, je lui rapporte l'autre moitié : « Katia, je suis un vaurien, prends ces quinze cents roubles, car j'ai dépensé les autres et je suis capable d'en faire autant de ceux-ci. Épargne-moi cette tentation. » Dans ce cas, je suis tout ce que vous voudrez, un animal, un scélérat : pas un voleur, pas un voleur! Car un voleur se serait nécessairement approprié toute la somme.

— Soit, il y a en effet une nuance, approuva le procureur avec un froid sourire. Il n'en est pas moins étrange que cette nuance devienne à vos yeux une différence aussi considérable.

— En effet, j'y vois une différence énorme, fatale. Tout le monde peut être malhonnête, — et je crois qu'en effet tout le monde est malhonnête, — mais être un voleur, non!... Quoi qu'il en soit, le vol est le dernier degré de la malhonnêteté. Voyez : pendant tout un mois je garde cet argent, je puis du jour au lendemain me décider à le rendre, et, dès lors, je cesse d'être un malhonnête homme. Mais je ne puis m'y décider, je ne cesse d'y penser et je n'arrive pas à prendre un parti : est-ce bien, cela?

— J'admets que ce n'est pas tout à fait bien. D'ailleurs, coupons là cette discussion sur ces subtilités; venez au fait, je vous prie. Vous ne nous avez pas encore expliqué les motifs qui vous ont poussé à diviser en deux parts ces trois mille roubles. A quoi vouliez-vous consacrer la part que vous gardiez? J'insiste là-dessus, non sans dessein, Dmitri Fédorovitch.

— Ah! oui, pardon de vous faire languir, car c'est là le principal, et vous allez bientôt comprendre que c'est le but même de mon action qui en fait la honte. Voyez-vous, le défunt ne cessait de tourmenter Agrafeana Alexandrovna, et moi, jaloux, je croyais qu'elle hésitait entre lui et moi. Mais que serait-il arrivé si, un jour, elle m'avait dit : « C'est toi que j'aime, emmène-moi au bout du monde »? Je ne possédais pas vingt kopeks; qu'aurais-je fait? Car je ne la connaissais pas encore, je croyais qu'il lui fallait de l'argent, qu'elle ne me pardonnerait pas ma pauvreté. Alors, de sang-froid, je compte la somme, j'en cache la moitié sous mon linge, et je vais faire la noce avec l'autre moitié : comprenez-vous? Avouez que c'est ignoble.

Les juges se mirent à rire.

— Il serait au contraire, d'après moi, très-moral que vous n'eussiez pas dépensé toute la somme, que vous vous fussiez retenu à ce point, dit Nikolay Parfenovitch. Qu'y a-t-il donc là de si grave?

— Mais alors c'est un vol! je suis effrayé de voir que

vous ne me comprenez pas! Mais, chaque jour, depuis que je portais ces quinze cents roubles sur ma poitrine, je me disais : « Tu es un voleur! tu es un voleur! » Cette pensée est l'origine de toutes mes violences pendant tout ce mois; c'est à cause d'elle que j'ai battu le capitaine dans le traktir et mon père chez lui. Je n'ai pas osé dévoiler ce secret à mon frère Alioscha lui-même, tant j'avais honte! Et pourtant, je songeais : « Je pourrais encore cesser d'être un voleur... Je pourrais aller dès demain rendre à Katia ses quinze cents roubles. » Et c'est hier soir seulement que je me suis décidé à déchirer mon amulette : c'est alors seulement que je suis devenu un voleur accompli... Avez-vous enfin compris?

— Et pourquoi avez-vous pris cette décision hier seulement? demanda Nikolay Parfenovitch.

— Quelle question ridicule! Mais parce que je m'étais condamné à mort et qu'il m'était indifférent de mourir honnête ou malhonnête. Ce qui me faisait le plus souffrir cette nuit, ce n'était pas le souvenir de mon crime, — quoique je crusse Grigori mort, — ce n'était pas la Sibérie, et cela au moment où mon amour allait être couronné! Sans doute, j'en souffrais, mais pas autant que de cette pensée : « Je suis désormais et à perpétuité un voleur... » O messieurs! j'ai beaucoup appris pendant cette nuit! J'ai appris que non-seulement il est impossible de vivre avec ce sentiment qu'on est un malhonnête homme, mais encore ai-je appris qu'il est bien difficile de mourir avec ce sentiment-là... Oh! non, il faut pouvoir se rendre le témoignage qu'on est honnête pour avoir le courage de bien mourir!...

Mitia était blême.

— Je commence à vous comprendre, Dmitri Fédorovitch, dit le procureur avec sympathie. Mais tout cela... excusez-moi... tout cela vient des nerfs... Vous avez les nerfs malades. Pourquoi, par exemple, pour mettre fin à vos souffrances, n'êtes-vous pas allé rendre ces quinze cents roubles? Pourquoi, ensuite, n'avez-vous pas tenté une combinaison qui me semble toute naturelle? Vous auriez noblement fait l'aveu de votre faiblesse à cette personne et vous lui auriez demandé à elle-même la somme dont vous aviez besoin ; vu votre situation et surtout le noble cœur de cette dame, elle ne vous aurait certainement pas refusé. N'auriez-vous pas pu lui proposer les gages dont vous parliez à madame Khokhlakov ou au marchand Samsonnov? Ne considérez-vous pas, maintenant encore, les garanties dont vous parliez alors, comme bonnes et suffisantes?

Mitia rougit de colère.

— Il est impossible que vous me disiez cela sérieusement! Me croyez-vous donc descendu si bas?

— Mais je parle très-sérieusement... Pourquoi?...

— Mais, c'est ignoble! Ah! messieurs, que vous me faites souffrir! Mais soit, lisez donc au fond de mon âme et soyez-en honteux vous-mêmes : car vous allez voir jusqu'où les sentiments humains peuvent descendre. Sachez donc, monsieur le procureur, que j'avais pensé à cette « combinaison » dont vous me parlez. J'étais résolu à aller chez Katia, tant j'étais malhonnête. Mais lui parler de ma trahison, lui demander à elle-même de l'argent et m'enfuir ensuite avec sa rivale qui l'avait offensée? Voyons, procureur, vous êtes fou!

— Fou ou non, je n'ai pas tout d'abord pensé... à cette jalousie de femme... Si elle existait comme vous l'affirmez...

— Mais c'eût été une telle bassesse, s'écria Mitia en frappant sur la table, que c'eût été à se boucher le nez! Elle me l'aurait donné, cet argent, par vengeance, par mépris, car elle a aussi une âme infernale et de grandes colères! Moi, j'aurais pris l'argent, oh! certes, je l'aurais pris, et alors toute ma vie... Grand Dieu! Pardonnez-moi, messieurs, de crier si fort, mais il n'y a pas longtemps que j'avais encore cette pensée... relative à cette combinaison... il y a trois jours... hier encore... jusqu'à cet événement...

— Jusqu'à quel événement? demanda Nikolay Parfenovitch.

Mitia n'entendit pas.

— Je vous ai fait un aveu terrible; sachez l'apprécier, messieurs, sachez-en le prix. Si vous n'êtes pas capables de me comprendre, je mourrai de honte d'avoir pu dévoiler de telles choses à de telles gens! Oh! je me tuerai... Et je vois déjà, je vois déjà que vous ne me croyez pas... Comment! Vous voulez le noter? s'écria-t-il avec effroi.

— Mais oui, dit Nikolay Parfenovitch étonné. Nous notons que, jusqu'à la dernière heure, vous pensiez à aller chez madame Verkhovtseva pour lui demander cette somme... Je vous assure que c'est là un point très-important, Dmitri Fédorovitch, pour nous et surtout pour vous.

— Mais voyons! messieurs, ayez donc la pudeur de ne pas inscrire au moins cela! J'ai déchiré devant vous mon âme en lambeaux, vous abusez de ma confiance!

Il se couvrit le visage de ses deux mains.

— Ne vous inquiétez pas tant, Dmitri Fédorovitch, dit le procureur. On lira devant vous tout ce qu'on vient d'écrire et l'on fera au rapport tous les changements qu'il vous plaira. Permettez-moi, pour l'instant, de vous répéter pour la troisième fois une certaine question : Est-il bien vrai que vous n'ayez parlé à personne absolument de votre amulette ? C'est bien incroyable !

— A personne ! je vous l'ai dit, à personne ! Cette question me prouve que vous ne m'avez pas compris. Laissez-moi tranquille.

— Soit, mais réfléchissez. Nous avons peut-être des dizaines de témoins qui affirment vous avoir entendu dire à vous-même que vous avez dépensé — trois mille roubles et non pas quinze cents. Et en revenant ici, vous avez déclaré que vous apportiez encore — trois mille roubles...

— Vous avez entre les mains des centaines de témoignages de ce genre, des milliers ! cria Mitia.

— Vous le voyez par conséquent, on est unanime sur ce point. Et c'est quelque chose qu'un témoignage unanime !

— Ce n'est rien du tout. J'ai menti et tous ont dit comme moi.

— Mais pourquoi avez-vous menti ?

— Le diable sait pourquoi ! Par vanité peut-être... que sais-je ! par gloriole... peut-être pour me faire oublier à moi-même l'argent que je gardais caché... oui, précisément pour me faire oublier... Et diable... Combien de fois m'avez-vous déjà posé cette question... J'ai menti, voilà tout, et, parce que j'avais menti une fois, je n'ai pas voulu me reprendre. Pourquoi ment-on?

— C'est bien difficile à dire, Dmitri Fédorovitch, répondit le procureur. Mais dites-moi, cette amulette, comme vous dites, faisait-elle un gros paquet?

— Non.

— Mais, de quelle grandeur, par exemple?

— Un billet de cent roubles plié en deux, à peu près.

— Vous feriez mieux de nous montrer le chiffon qui entourait les billets : vous l'avez probablement sur vous?

— Que diable!… Quelle bêtise! Je ne sais pas où il est.

— Permettez : où avez-vous tiré le paquet de votre linge? Vous avez affirmé vous-même que vous n'êtes pas entré chez vous.

— C'est en route : en allant de chez Fénia chez Perkotine.

— Dans l'obscurité?

— A-t-on besoin de lumière pour cela? J'ai eu bientôt fait de déchirer ce chiffon!

— Sans ciseaux? dans la rue?

— Sur la place, je crois.

— Et qu'en avez-vous fait?

— Je l'ai jeté aussitôt.

— Où?

— Sur la place, par là, le diable sait où. Mais pourquoi cette question?

— C'est très-important, Dmitri Fédorovitch. Ce chiffon constituerait une pièce à conviction à votre décharge : ne le comprenez-vous pas? Qui vous a aidé à le coudre, il y a un mois?

— Personne.

— Vous savez coudre?

— Un soldat doit savoir coudre. D'ailleurs, il n'y a pas besoin d'en savoir long pour cela.

— Et où avez-vous pris ce chiffon?

— Vous voulez rire?

— Non pas, Dmitri Fédorovitch, ce n'est pas le moment de rire.

— Je ne me rappelle pas où.

— Il est pourtant facile de se rappeler ces détails!

— Je vous jure que je ne me rappelle pas. J'ai dû déchirer quelque linge.

— C'est pourtant très-intéressant : on pourrait retrouver chez vous cet objet, cette chemise peut-être dont vous auriez coupé un morceau... En quoi était ce chiffon? en coton ou en fil?

— Diable sait... Attendez! Il me semble que je n'ai rien déchiré. C'était du calicot... Je crois que j'avais pris le bonnet de ma logeuse.

— Le bonnet de votre logeuse?

— Mais oui, je le lui ai chipé.

— Comment, chipé?

— Oui, je me rappelle qu'un jour je lui avais pris son bonnet pour essuyer une plume. Je le lui avais pris en cachette, c'était un chiffon sans valeur... et c'est dans cela que j'ai enveloppé l'argent : un vieux morceau de calicot mille fois lavé.

— Vous êtes certain de ce souvenir?

— Oh! je ne sais pas, il me semble... D'ailleurs je m'en moque.

— Dans ce cas, votre propriétaire pourrait peut-être avoir remarqué la disparition de cet objet?

— Non, elle ne l'a pas remarqué : c'est un vieux chiffon, vous dis-je, un chiffon sans valeur.

— Et l'aiguille et le fil, où les aviez-vous pris?

— Assez! dit Mitia furieux. Je vois clairement que vous ne m'avez cru en rien. C'est ma faute, non la vôtre : je n'aurais pas dû me laisser aller à ces épanchements, car vous vous moquez de moi. C'est vous, procureur, qui m'avez forcé à parler, bourreau! Soyez maudit!

Il pencha la tête d'un air accablé.

Les juges se taisaient.

Un instant après, il se redressa, ses yeux étaient d'un insensé, son visage exprimait le désespoir.

Sept heures du matin venaient de sonner. Les juges étaient fatigués. Mitia regardait, sans penser, à travers les vitres.

Il pleuvait à verse.

— M'est-il permis de regarder par la fenêtre? demanda-t-il tout à coup à Nicolay Parfenovitch.

— Tant que voudrez.

— Mitia se leva et s'approcha de la fenêtre.

La pluie battait les vitres ternies. On voyait la route boueuse et, plus loin, à travers le rideau brumeux de la pluie, les rangées d'izbas noires, pauvres, que le temps faisait paraître plus noires et plus pauvres encore. Mitia se rappela le Phébus aux cheveux d'or qui devait, par ses premiers rayons, lui donner le signal du suicide. « Peut-être serait-ce mieux encore par une pareille matinée..... » Il sourit amèrement et se retourna vers ses « bourreaux ».

— Messieurs, s'écria-t-il, je vois bien que je suis perdu, mais *elle?* Dites-moi, je vous en supplie, est-elle compromise avec moi? Elle est innocente! Elle ne savait pas ce qu'elle disait quand elle criait que c'était elle qui avait tout fait! Ne voulez-vous pas me dire ce que vous ferez d'elle?

— Tranquillisez-vous à ce propos, Dmitri Fédorovitch, s'empressa de dire le procureur. Nous n'avons, pour le moment, aucun motif pour inquiéter en rien la personne qui vous intéresse tant. Ultérieurement, je ne vois rien qui puisse changer nos dispositions à son égard. Nous ferons d'ailleurs, en sa faveur, tout ce que nous pourrons.

— Messieurs, je vous remercie, je savais malgré tout que vous êtes honnêtes et justes. Vous m'ôtez un lourd fardeau de l'âme... Qu'exigez-vous de moi, maintenant? Je suis prêt.

— Nous allons passer à l'interrogatoire des témoins, devant vous...

— Si nous prenions du thé? interrompit Nicolay Parfenovitch. Nous l'avons bien mérité, je crois.

On apporta du thé. Mitia, qui avait d'abord refusé la tasse que lui offrait Nicolay Parfenovitch, la prit ensuite de lui-même et but avec avidité. Il était exténué. « Encore un peu, pensait-il, je perdrais la raison. »

VII

L'interrogatoire des témoins commença.

Le point sur lequel Nicolay Parfenovitch attirait particulièrement l'attention des témoins était celui de savoir si, chaque fois qu'il était venu à Mokroïe, Dmitri Fédorovitch avait dépensé trois mille ou quinze cents roubles. Il est inutile de dire que tous les témoignages démentaient l'affirmation de Mitia.

Pendant tout ce temps, Mitia restait silencieux et sa physionomie exprimait la plus complète indifférence.

Après avoir interrogé Trifon Borissitch, le yamtschik Andrey, Kalganov et quelques moujiks, on en vint à l'interrogatoire des Polonais. Le pane à la pipe, qui déclara s'appeler Moussialovitch, venant à parler de ses relations avec Grouschegnka, étala tant de vanité, tant de fatuité, que Mitia bondit et lui cria :

— Misérable !

Moussialovitch demanda aussitôt qu'on prît note de cette injure.

— Eh bien, misérable ! misérable ! Notez-le tant qu'il vous plaira ! vous ne m'empêcherez pas de répéter qu'il est un misérable.

Nikolay Parfenovitch esssaya de calmer Mitia et cessa d'interroger le Polonais sur ses relations avec Grouschegnka. Ce qui intéressa le plus les juges dans la déposition du pane, ce fut la somme de trois mille roubles que Mitia lui avait proposée pour renoncer à Grouschegnka, lui en offrant sept cents tout de suite et le reste le lendemain. A la question du procureur : où Mitia pensait se procurer ces deux mille trois cents roubles, Mitia répondit d'abord en niant le fait, puis se reprit et dit qu'il avait pu dire cela dans l'exaltation de l'instant, comptant s'acquitter au moyen d'un acte par-devant notaire, un acte de renonciation à ses biens de Theremachnia ; comme il l'avait déjà proposé à Samsonnov et à madame Khokhlakov.

— Vous pensez qu'il se serait contenté de cette renonciation ? demanda le procureur avec un sourire ironique.

— Certainement, car il y aurait gagné non-seulement deux mille roubles, mais quatre mille, mais six mille peut-être. Il n'aurait eu qu'à mettre en mouvement tous les hommes d'affaires polonais, ses amis, et les Juifs : ils auraient extorqué du vieillard des sommes considérables.

On consigna soigneusement ces détails, mais on omit de noter que les Polonais avaient triché au jeu, comme les en avait pourtant accusés Trifon Borissitch.

Vint le tour de Maximov.

Nikolay Parfenovitch lui demanda directement combien d'argent il pensait que Dmitri Fédorovitch avait entre les mains.

— Vingt mille roubles, répondit Maximov d'un ton décidé.

— Avez-vous jamais vu auparavant vingt mille roubles ? demanda Nikolay Parfenovitch en souriant.

— Comment donc ! Certainement..... Pas vingt mille roubles, mais sept mille, quand mon épouse engagea ma propriété. Il est vrai qu'elle ne me les laissa voir que de loin. C'était une forte liasse de billets de cent roubles. Dmitri Fédorovitch avait aussi des billets de cent roubles...

On passa à l'interrogatoire de Grouschegnka. Mikhaïl Makarovitch l'avait amenée lui-même. Elle était calme, comme rigide. Elle s'assit sur la chaise que lui indiqua Nikolay Parfenovitch. Elle semblait avoir froid et se pelotonnait dans son beau châle noir. Elle produisit sur les juges une très-bonne impression.

En entrant, elle avait jeté sur Mitia un regard furtif : Mitia lui avait répondu par un regard d'inquiétude, mais s'était aussitôt tranquillisé.

Après les questions d'usage, Nikolay Parfenovitch lui demanda quelles étaient ses relations avec le lieutenant en retraite Dmitri Fédorovitch Karamazov.

— C'est mon ami.

Elle expliqua avec franchise que, par moments, il lui avait plu, mais que, jusqu'à ce jour, elle ne l'avait jamais aimé et qu'elle ne l'avait séduit que par méchanceté, comme son père Fédor Pavlovitch.

— D'ailleurs, depuis un mois, je ne m'occupais guère d'eux... J'attendais un autre homme, coupable envers moi... Mais je crois inutile de vous parler de cela, c'est une affaire particulière.

Le juge passa aussitôt à cette question qui l'intéressait tant.

— Combien Dmitri Fédorovitch avait-il d'argent ?

A quoi Grouschegnka répondit qu'elle n'avait pas compté elle-même les billets, mais qu'elle avait souvent entendu Dmitri dire qu'il avait trois mille roubles.

— Mais ne l'avez-vous pas aussi entendu dire, au moins une fois, qu'il avait, à son premier voyage ici, dépensé non pas trois mille roubles, mais une somme moindre, et qu'il avait caché le reste ? demanda le procureur.

— Non, jamais.

— N'a-t-il jamais dit devant vous, demanda tout à coup Nikolay Parfenovitch, qu'il avait l'intention d'attenter aux jours de son père ?

— Oui, dit Grouschegnka, en soupirant, je l'ai entendu.
— Une fois ou plusieurs?
— Plusieurs fois, mais toujours dans des accès de colère.
— Croyiez-vous qu'il donnerait suite à ce projet?
— Non, jamais, dit-elle avec fermeté.
— Messieurs, un instant! s'écria tout à coup Mitia, me permettez-vous de dire, en votre présence, un mot seulement à Agrafeana Alexandrovna?
— Faites.
— Agrafeana Alexandrovna, dit Mitia en se levant, crois en Dieu et en moi : je n'ai pas versé le sang de mon père.

Mitia s'assit de nouveau. Grouschegnka se leva, fit pieusement un signe de croix devant l'icone.

— Que Dieu soit loué! dit-elle d'une voix chaude et pénétrante.

Puis s'adressant à Nikolay Parfenovitch, elle ajouta :

— Croyez ce qu'il dit! Je le connais : il peut, par entêtement, dire je ne sais quoi, mais il ne parle jamais contre sa conscience; croyez-le quand il affirme qu'il dit vrai.

— Merci, Agrafeana Alexandrovna, tu as relevé mon âme! dit d'une voix vibrante Mitia.

Nikolay Parfenovitch dit à Grouschegnka que l'interrogatoire était fini, qu'elle était libre et que s'il pouvait lui être agréable en quelque chose, soit en lui procurant des chevaux, soit en l'accompagnant, il était à sa disposition.

— Merci, dit Grouschegnka en le saluant. Je partirai avec le pomiestchik Maximov. Mais si vous le permettez, j'attendrai de savoir ce que vous aurez décidé au sujet de Dmitri Fédorovitch.

Elle sortit.

L'interrogatoire des témoins était fini.

Mitia se leva et se coucha derrière les rideaux, sur une grande malle recouverte d'un tapis. Il s'endormit aussitôt.

Il eut un rêve étrange, sans rapport avec l'heure et le lieu : il voyageait dans les steppes, dans un pays qu'il avait jadis traversé avec son régiment; un moujik le conduisait à travers l'étendue boueuse... Il fait froid, on est aux premiers jours de novembre, la neige tombe à gros flocons fondus aussitôt que tombés. Le moujik fouette ses chevaux avec énergie; il porte une longue barbe rousse, c'est un homme d'une cinquantaine d'années, vêtu d'un cafetan gris. Ils aperçoivent un hameau, de noires, très-noires izbas à demi brûlées : ce ne sont que poutres enfumées et débris de toutes sortes. Sur la route, à l'entrée du village, une foule de babas, toutes maigres, affamées, au visage tanné; une entre autres, osseuse, haute de taille, qui paraît quarante ans, — peut-être n'en a-t-elle que vingt : sa figure est longue, émaciée; elle porte sur ses bras un petit enfant qui pleure; ses seins sont probablement taris, ils semblent desséchés et l'enfant pleure, pleure toujours, tendant ses petits bras nus, ses petits poings bleus de froid.

— Pourquoi pleure-t-il? demande Mitia en passant au grand galop de ses chevaux.

— C'est le *petiot*, répond le yamstchik, c'est le *petiot* qui pleure.

Et Mitia s'étonne que le moujik ait dit le *petiot* et non pas le petit. Cela lui plaît, cela lui semble plus miséricordieux.

— Mais pourquoi pleure-t-il? s'entête à demander Mitia. Pourquoi ses petits bras sont-ils nus? Pourquoi ne le couvre-t-on pas?

— Oui, il a froid, le petiot; mais le froid percerait ses langes, c'est pourquoi il est inutile de le couvrir.

— Comment cela? demande Mitia sottement.

— Mais ils sont pauvres, leurs izbas sont brûlées, ils manquent de pain...

— Et, répète Mitia comme s'il ne comprenait pas, pourquoi les izbas ont-elles brûlé? Pourquoi toute cette misère? Pourquoi le petiot est-il pauvre? Pourquoi la steppe est-elle aride? Pourquoi ne tombent-ils pas dans les bras les uns des autres? Pourquoi ne chantent-ils pas des chansons joyeuses? Pourquoi sont-ils si noirs? Pourquoi ne donne-t-on pas à manger au petiot?

Il sent bien que ses questions sont ridicules, il insiste pourtant, et il sent aussi qu'il a raison d'insister, et il sent encore qu'un attendrissement le gagne, qu'il va pleurer, qu'il voudrait consoler le petiot et sa mère aux mamelles taries, qu'il voudrait consoler tout le monde, tout de suite, sans compter, selon sa nature de Karamazov.

— Je suis avec toi, je ne te quitterai plus, lui dit tout à coup Grouschegnka.

Son cœur s'embrase, il s'élance vers une lumière qui vibre au loin, il voudrait vivre, marcher dans ce chemin que voici, large, sûr et qui mène à cette lumière lointaine, cette lumière qui l'appelle.

— Quoi? où? s'écrie-t-il en ouvrant les yeux.

Et il se dresse sur son séant, un sourire serein détend son visage...

Nikolay Parfenovitch était là, qui priait Mitia de lire et de signer le libellé des dépositions.

A ce moment, Mitia s'aperçut qu'on avait, pendant son sommeil, glissé un oreiller sous sa tête.

— Qui a mis là cet oreiller? s'écria-t-il avec exaltation; qui a eu tant de bonté?

On eût dit que cette attention avait pour lui la valeur d'un réel bienfait.

Il s'approcha de la table et déclara qu'il était prêt à signer tout ce qu'on voudrait.

— J'ai eu un beau rêve, messieurs, dit-il d'une voix étrange.

VIII

Quand Mitia eut signé, on lui apprit qu'il était désormais en état d'arrestation et qu'on allait le ramener à la ville et le mettre en prison. Mitia leva les épaules.

— C'est bien, messieurs, je ne vous en veux pas, je suis prêt... je comprends très-bien que vous faites votre devoir... Mais attendez... Messieurs, nous sommes tous mauvais, c'est à cause de nous que pleurent les mères et les enfants qu'elles portent dans leurs bras. Qu'il soit entendu que je suis le pire de tous; chaque jour de ma vie je me jurais de me corriger, et chaque jour me voyait faire les mêmes actions infâmes. Je comprends maintenant qu'il faut, aux êtres tels que moi, les coups de foudre de la destinée, et son lasso, une force extérieure qui les maîtrise. Jamais de moi-même je n'aurais pu me corriger, me relever : la foudre a éclaté, j'accepte... J'accepte les tortures de l'accusation, la honte publique : je vais souffrir et me racheter par la souffrance. Croyez-vous que je parviendrai à me racheter, là ? Entendez-moi pourtant pour la dernière fois : je n'ai pas versé le sang de mon père. J'accepte le châtiment, non pas parce que j'ai tué, mais parce que j'ai voulu tuer, — et peut-être aurais-je tué... Je n'en suis pas moins résolu à lutter contre vous, je vous en avertis. Je lutterai jusqu'au bout, et ensuite à la grâce de Dieu ! Adieu, messieurs, ne m'en veuillez pas pour mes violences au cours de l'interrogatoire : je n'avais pas alors toute ma conscience... Dans un instant je serai un prisonnier : que pour la dernière fois Dmitri Karamazov, comme un homme libre, vous tende encore la main. En vous disant adieu je prends congé du monde entier.

Sa voix tremblait. Il tendit la main à Nicolay Parfenovitch qui, d'un geste convulsif, cacha la sienne. Mitia s'en aperçut et tressaillit. Il laissa retomber son bras.

— L'instruction n'est pas encore terminée, dit le juge un peu confus. Elle va se continuer à la ville. Je souhaite qu'elle tourne... à votre justification... En ce qui me concerne personnellement, Dmitri Fédorovitch, je vous ai toujours considéré comme plus malheureux que coupable. Tous ici, et j'espère n'être démenti par personne, nous sommes disposés à voir en vous un homme noble au fond, mais, hélas ! entraîné par ses passions à des actes excessifs...

Le petit juge prononça ces derniers mots d'un ton très-solennel.

— Messieurs, vous êtes bons, humains, voulez-vous me *la* laisser revoir, lui dire un dernier adieu ?

— Sans doute, mais... en notre présence.

— Soit.

On amena Grouschegnka. L'adieu fut court. Ils parlèrent peu, au grand regret de Nikolay Parfenovitch. Grouschegnka fit à Mitia un profond salut.

— Je t'ai dit que je suis à toi, que je t'appartiens pour toujours, que je te suivrai partout où l'on t'enverra. Adieu, toi qui souffres injustement !...

Ses lèvres frémissaient, elle pleurait.

— Pardonne-moi, Grouscha, de t'aimer, mon amour te fait tant souffrir !

Il voulait parler encore, mais il se tut et sortit. Aussitôt s'empressèrent autour de lui des gens qui ne le perdaient pas de vue.

Deux télègues l'attendaient au bas du perron. Près de la porte cochère s'étaient amassés des moujiks et des babas pour le regarder passer.

— Adieu, gens de Dieu ! pardonnez-moi, leur cria Mitia déjà monté en télègue.

— Pardonne-nous toi-même ! lui répondirent deux ou trois voix.

Les télègues s'ébranlèrent, la sonnette tinta : Mitia était parti.

QUATRIÈME PARTIE

LIVRE IX
IVAN.

I

Depuis deux mois que Mitia était arrêté, Alioscha avait souvent visité Grouschegnka. Elle était tombée gravement malade trois jours après l'arrestation; elle n'avait pas quitté le lit pendant cinq semaines, elle était même restée pendant huit jours sans connaissance. Elle avait beaucoup changé, beaucoup maigri et pâli, mais elle n'en était devenue que plus sympathique, au jugement d'Alioscha. Elle avait dans les yeux quelque chose de réfléchi, de résolu; entre ses sourcils s'était creusée une petite ride verticale qui donnait à son visage charmant une expression concentrée, presque sévère. Plus de trace de la frivolité de naguère. Pourtant elle n'avait pas perdu cette joie de la jeunesse; seulement, la douceur avait succédé à l'orgueil, quoique... quoique ses yeux eussent parfois un éclair de haine quand elle pensait à Katherina Ivanovna qu'elle n'avait pas oubliée même pendant son délire. Grouschegnka était extrêmement jalouse de Katia, bien que celle-ci, alors pourtant que cela lui était permis, n'eût pas une seule fois visité le prisonnier. Grouschegnka n'avait confiance qu'en Alioscha, mais il ne savait quel conseil lui donner.

Un jour, — Grouschegnka revenait de la prison, où, aussitôt rétablie, elle avait obtenu ses entrées auprès du prisonnier, — Alioscha, qu'elle attendait avec plus d'impatience que de coutume, se présenta chez elle. Il y avait sur la table des cartes à jouer, et, sur le divan recouvert de cuir, était dressée une sorte de lit où se tenait à demi couché Maximov, en robe de chambre et en bonnet de coton. Le pomiestchik était malade. Il habitait chez Grouschegnka depuis qu'il l'avait accompagnée, à son retour de Mokroïe : émue de compassion pour le dénûment du bouffon, elle lui avait offert le vivre et le couvert. Sauf Maximov et Alioscha, elle ne voyait personne : le vieux marchand Samsonnov était mort huit jours après l'arrestation de Mitia.

— Te voilà enfin! s'écria-t-elle en jetant les cartes et en venant au-devant d'Alioscha. Et Maximouchka qui m'effrayait en me disant que tu ne viendrais plus! Ah! que j'ai besoin de toi! Assieds-toi... Veux-tu du café?...

— Volontiers. J'ai faim.

— Fénia! Fénia! du café!..... Il y a longtemps qu'il attend, le café... Et des petits gâteaux! Fénia, des petits gâteaux chauds!... Sais-tu, Alioscha, j'ai encore eu une histoire, aujourd'hui, avec ces gâteaux : je *lui* en ai porté, et, croirais-tu? il les a jetés par terre et les a piétinés!
— « C'est bien, lui ai-je dit, je vais les laisser aux gardes :

si tu n'en veux pas, nourris-toi de ta méchanceté !... » Et je suis partie là-dessus. Et oui, nous nous sommes encore querellés : chaque fois que nous nous voyons, nous nous querellons...

Grouschegnka parlait avec animation.

— A propos de quoi, aujourd'hui ?

— Imagine-toi qu'il est jaloux de mon « ancien » ! « Pourquoi lui donnes-tu de l'argent ? » me dit-il, « tu l'entretiens ! » Il est jaloux.

— C'est qu'il t'aime, et puis il a la fièvre.

— Je pense bien qu'il a la fièvre : c'est demain le jugement ! J'étais justement venue pour lui donner des forces, car il est terrible de penser à ce qui peut arriver demain. Mais tu dis qu'il a la fièvre ? Et moi donc ! Et il parle des Polonais ! Quel imbécile ! Et de Maximouschka, est-il jaloux ?

— Mon épouse était jalouse de moi, dit Maximov.

— De toi !... dit Grouschegnka en riant malgré elle, et à propos de quoi pouvait-elle être jalouse de toi ?

— Mais à cause des bonnes.

— Tais-toi donc, Maximouschka, ce n'est pas le moment de rire. Et ne regarde pas trop les gâteaux, ou bien je ne t'en donnerai pas, ça te ferait mal... Et dire qu'il me faut encore soigner celui-là ! On dirait que ma maison est un hôpital.

— Je ne vaux pas vos bienfaits, je suis de si mince mérite ! dit Maximov en pleurnichant. Vous feriez mieux de prodiguer vos bontés à ceux qui en ont plus besoin que moi.

— Oh ! Maximouschka, tous en ont besoin, et comment savoir qui en a le plus besoin ? Et sais-tu, Alioscha, le

Polonais est aussi tombé malade aujourd'hui. Je vais lui envoyer des gâteaux, exprès! puisque Mitia me reproche de lui en avoir envoyé quand ce n'était pas vrai! Tiens, voilà Fénia avec une lettre! C'est cela, c'est de chez les Polonais; ils demandent encore de l'argent!

En effet, le pane Moussialovitch, depuis quelque temps, écrivait à Grouschegnka de longues lettres accompagnées de billets à ordre signés de lui et du pane Vroublevsky, par lesquels billets ils s'engageaient à rendre à Grouschegnka les roubles qu'elle lui avait prêtés. Le pane Moussialovitch avait commencé par lui demander deux mille roubles, puis, après une série de lettres restées sans réponse, il avait fini par demander un seul rouble, dont le prêt serait garanti par la signature des deux Polonais. Grouschegnka finit par aller le voir, et, le trouvant dans une misère noire, lui donna dix roubles. Depuis, il ne cessait de la bombarder de lettres de demande.

— J'ai eu la sottise de conter cela à Mitia, continua Grouschegnka. Imagine-toi, lui dis-je, que mon Polonais s'est mis à me jouer sur sa guitare les anciennes chansons, pensant que je me laisserais attendrir. Alors Mitia s'est mis à m'injurier... Puisque c'est ainsi, je vais envoyer des gâteaux au pane. Fénia, donne à la petite fille qu'il a envoyée trois roubles et une dizaine de gâteaux! Et toi, Alioscha, raconte cela à Mitia.

— Jamais! dit Alioscha.

Il sourit.

— Tu penses donc que cela lui ferait de la peine? Va, il fait semblant d'être jaloux; au fond, ça lui est bien égal, dit avec amertume Grouschegnka.

— Comment, semblant?...

— Innocent, va, innocent, malgré toute ton intelligence ! Je ne m'offense pas qu'il soit jaloux de moi ; je suis même ainsi faite, que sa jalousie m'est nécessaire pour que je sois heureuse. Moi-même, j'ai le cœur jaloux. Ce qui me fâche, c'est qu'il ne m'aime pas, c'est qu'il feint d'être jaloux. Suis-je aveugle? Il parle de Katia, il dit qu'elle a fait venir pour lui un célèbre médecin de Moscou et un des premiers avocats de Pétersbourg!... Il l'aime, puisqu'il en parle tant ! C'est parce qu'il est coupable contre moi qu'il m'accuse...

Grouschegnka s'interrompit et fondit en pleurs.

— Il n'aime pas Katherina Ivanovna, dit avec fermeté Alioscha.

— J'en aurai le cœur net, dit-elle d'une voix menaçante.

Son visage s'altéra.

— Assez de sottises ! reprit-elle. Ce n'est pas pour cela que je t'ai appelé, Alioscha ; qu'arrivera-t-il demain? voilà ce qui me torture. Il me semble que je sois seule à souffrir. Y penses-tu toi-même ? C'est demain le jugement !... Dis-moi... Mais c'est le domestique qui a tué ! Et l'on condamnera Mitia ! Et personne ne le défendra ! Je crois même qu'on n'a pas inquiété Smerdiakov, hé?

— On l'a rigoureusement interrogé, et tous sont tombés d'accord que ce n'est pas lui. Il ne s'est pas remis des suites de sa crise, il est très-malade, extrêmement malade.

— Seigneur ! tu devrais aller chez l'avocat et lui raconter l'affaire en particulier. Il paraît qu'on lui donne trois mille roubles.

— Oui, Ivan, Katherina Ivanovna et moi nous sommes réunis pour faire la somme. Elle a fait venir, elle seule, le médecin. Elle lui donne deux mille roubles. L'avocat Petioukovitch aurait exigé davantage ; mais comme l'affaire a du retentissement dans toute la Russie, — car tous les journaux en parlent, — il plaidera plutôt pour la gloire que pour le profit. Je l'ai vu hier.

— Eh bien, que lui as-tu dit?

— Il m'a écouté sans rien dire. Il a déjà son opinion faite ; pourtant il m'a promis de prendre en considération mes paroles.

— Comment, en considération? Ah! les vauriens! Ils veulent le perdre!... Et le docteur, pourquoi l'a-t-elle fait venir?

— Comme expert. On voudrait faire passer Mitia pour fou, mais il n'y consent pas.

— Ce serait pourtant vrai, s'il avait tué. Il était fou, à cause de moi, hélas! misérable que je suis! Mais il n'a pas tué, pourtant! il n'a pas tué! Et tout le monde crie que c'est lui!

— Oui, tous les témoins sont à charge.

— Et Grigori! Ce Grigori qui prétend que la porte était ouverte! Je suis allé le voir, il m'a injuriée.

— Sa déposition est peut-être la plus grave.

— Quant à la folie, elle est réelle ; il est fou à cette heure encore, je voulais depuis longtemps te le dire, Alioscha : qu'en penses-tu? Que dit-il maintenant? Il me parle d'un *petiot*. « C'est pour le pauvre *petiot* que je vais en Sibérie », dit-il, « je n'ai pas tué, mais il faut que j'aille en Sibérie... » Qu'est-ce que c'est? Qu'est-ce que c'est que ce *petiot!* Je n'y comprends rien. Je me suis mise à pleurer, car il parle si bien! Il m'a embrassée et a fait sur moi le signe de la croix.

— Je ne puis dire... Peut-être... Rakitine le voit souvent, mais cela ne vient pas de Rakitine.

— Non, ce n'est pas de Rakitine. C'est Ivan qui le tourmente, voilà!

Elle s'interrompit brusquement. Alioscha fit un mouvement de surprise.

— Comment? Ivan le voit donc? Je n'en savais rien.

— Eh bien... eh bien!... Vois-tu comme je suis! Je n'aurais pas dû te le dire... Enfin, Alioscha, ne le répète pas; puisque j'ai commencé, je te dirai toute la vérité. Eh bien, oui, Ivan est allé chez lui deux fois; la première, aussitôt après son retour de Moscou; la seconde, il y a huit jours. Mitia m'a défendu de le dire à personne, car Ivan venait en cachette.

Cette nouvelle impressionna profondément Alioscha.

— Ivan ne m'a pas parlé de l'affaire de Mitia. En général, il m'a très-peu parlé. Il paraissait même mécontent de me voir. Du reste, depuis trois semaines, je ne vais plus chez lui. Hum! Si en effet il est allé chez Mitia il y a huit jours, c'est qu'alors un changement s'est produit en lui.

— Oui, un changement! dit vivement Grouschegnka. Ils ont un secret, c'est Mitia lui-même qui me l'a dit, un secret qui le tourmente, lui qui, avant, était presque gai.

— Est-il vrai qu'il t'ait défendu de me parler d'Ivan?

— Oui, à toi surtout, je ne devrais rien dire; il a peur de toi. Alioscha, mon cher, va donc, cherche à savoir ce qu'est ce secret et viens me l'apprendre : c'est pour cela que je t'ai appelé aujourd'hui.

— Tu crois donc que ce secret te concerne ? Mais en ce cas, il ne t'en aurait pas parlé.

— Je ne sais ; peut-être n'ose-t-il pas me le dire. Il veut me prévenir, peut-être.

— Mais toi-même, qu'en penses-tu ?

— Je pense que tout est fini pour moi. Ils sont trois contre moi, — car il faut compter Katka. Il veut m'abandonner, voilà tout ce secret. Il m'a dit qu'Ivan est amoureux de Katka et que c'est pour cela qu'il va si souvent chez elle. Est-ce vrai ? Parle-moi en conscience.

— Je ne te mentirai pas. Ivan n'aime pas Katherina Ivanovna.

— Je le pensais ! Il ment ! C'est un effronté ! Il n'a inventé cette histoire de jalousie que pour pouvoir m'accuser ensuite. Mais c'est un imbécile, il ne sait même pas tromper, il est d'une nature trop franche... Il me le payera ! Attends ! Katka aussi aura de mes nouvelles ! Au moment du jugement, je parlerai... je dirai tout...

Elle se mit à pleurer.

— Grouschegnka, je puis t'affirmer qu'il t'aime plus que tout au monde, crois-moi : je le sais. Je n'irai pas lui demander son secret, mais s'il me le dit, je l'avertirai que je t'ai promis de t'en faire part. Il me semble que ce secret ne doit pas concerner Katherina Ivanovna. J'en suis même sûr... Au revoir !

Alioscha lui serra la main. Grouschegnka pleurait toujours. Il lui était pénible de la laisser ainsi, mais il ne pouvait rester davantage auprès d'elle.

II

Il était déjà tard quand Alioscha sonna à la porte de la prison. La nuit allait tomber. Mais Alioscha savait qu'on le laisserait entrer, car tout le monde avait de la sympathie pour lui, les derniers des geôliers avaient plaisir à le voir.

Mitia recevait ses visiteurs dans le parloir.

En entrant, Alioscha se heurta contre Rakitine qui sortait.

Alioscha n'aimait pas se rencontrer avec Rakitine et ne lui parlait presque pas. Rakitine fronça les sourcils et regarda d'un autre côté, semblant très-occupé à boutonner son paletot, puis il se mit à chercher son parapluie.

— Pourvu que je n'oublie rien! dit-il, pour dire quelque chose.

— Surtout n'oublie pas de laisser ce qui ne t'appartient pas! dit Mitia en riant.

Rakitine s'enflamma aussitôt.

— Recommande cela à la race des Karamazov, non pas à Rakitine!

— Qu'est-ce qui te prend? Je plaisantais... Ils sont tous ainsi, dit-il à Alioscha quand Rakitine fut sorti. Il était tout joyeux, et voilà qu'il se fâche. Il ne t'a même pas salué! Êtes-vous brouillés? Pourquoi es-tu venu si tard? J'étais si impatient de te voir!... Mais n'importe...

— Pourquoi vient-il si souvent chez toi? Êtes-vous intimes?...

— Avec Rakitine? Non, je ne peux dire cela. C'est un cochon! Il me prend pour un misérable. Il ne comprend pas les plaisanteries... Ils sont tous ainsi. Mais il est intelligent... Eh bien, Alexey, je suis perdu déjà?

Il s'assit sur un banc et montra une place auprès de lui à Alioscha.

— Oui, c'est demain le jugement. Mais n'as-tu donc aucune espérance, frère?

— De quoi parles-tu? Ah! oui, du jugement. Au diable! Mais c'est une sottise! Parlons du principal. Oui, c'est demain le jugement. Mais je n'y pensais pas en disant que je suis perdu : ce n'est pas pour ma tête que je crains, c'est pour ce qui est dans ma tête. Pourquoi me regardes-tu d'un air ironique?

— De quoi parles-tu, Mitia?

— Des idées! des idées! L'éthique! Sais-tu ce que c'est que l'éthique.

— L'éthique?

— Oui, une science...

— Oui, je connais..... seulement, je t'avoue que je ne saurais dire précisément ce que c'est.

— Eh bien, Rakitine le sait, lui. Il est très-savant. — Que le diable l'emporte! Mais laissons l'éthique! C'est moi qui suis perdu, moi, entends-tu, homme de Dieu! Je t'aime plus que tous les autres. Mon cœur bat quand je te vois. Qu'est-ce que c'est que Karl Bernard?

— Karl Bernard?

— Non, pas Karl... Claude... Un chimiste, je crois?

— Un savant quelconque, je ne sais rien de plus sur lui.

— Au diable! Je n'en sais pas plus que toi. C'est quelque

misérable probablement. Ils sont tous des misérables.....
Rakitine fera son chemin, il passerait par le trou d'une
aiguille... C'est un Bernard! Oh! ces Bernard! y en a-t-il,
de nos jours!

— Mais qu'as-tu donc?

— Il veut écrire un article à propos de moi et commencer ainsi sa renommée. C'est dans ce but qu'il vient me voir... Un article à thèse : « Il ne pouvait pas ne pas tuer : c'est le milieu qui l'y poussait. » Et ainsi de suite. Il y aura une pointe de socialisme dans son affaire... Mais au diable! Ça m'est égal. Il n'aime pas Ivan, il le hait : et toi non plus il ne t'aime guère. Moi, je le supporte, il a de l'esprit. Je lui disais tout à l'heure : « Les Karamazov ne sont pas des misérables, ce sont des philosophes et tous les vrais Russes sont des philosophes : et toi, tu es un savant, mais tu n'es pas un philosophe, tu es un smerde[1]! » Il a ri, — méchamment, il est vrai. Et moi je lui ai dit : « *De opinionibus non est disputandum.* » Tu vois, je suis classique aussi, ajouta Mitia en éclatant de rire.

— Mais pourquoi es-tu *perdu*, comme tu disais tout à l'heure?

— Pourquoi je suis perdu? Hum!... En réalité... Si l'on prend l'ensemble, je plains Dieu, voilà pourquoi.

— Comment, tu plains Dieu?

— Imagine-toi : tout cela est dans les nerfs, dans la tête, dans l'esprit... Il y a là des fibres... aussitôt qu'elles vibrent... c'est-à-dire, vois-tu, je regarde... pour ainsi dire, quelque chose : aussitôt les fibres vibrent, et, dès qu'elles

---

[1] *Smerde*, littéralement, *puant.* Même radical que celui du nom de Smerdiakov.

vibrent, se forme une image..... du moins au bout d'un moment, d'une seconde... c'est-à-dire, pas un moment, que le diable emporte ce moment! mais l'image, c'est-à-dire l'objet... ou bien l'événement... ah! que diable! Et voilà comment s'effectue la réflexion, et puis la pensée s'ensuit... Car ce sont les fibres qui vibrent, il n'y a pas d'âme : la création de l'homme à *sa* ressemblance, quelle bêtise! C'est Rakitine qui m'expliquait cela hier; ça m'a brûlé, vois-tu! C'est une belle chose que la science, Alioscha! N'empêche, je plains Dieu.

— C'est déjà bien, dit Alioscha.

— Que je plaigne Dieu? La chimie, frère, la chimie! « Il n'y a pas à dire votre révérence », écartez-vous un peu, c'est la chimie qui passe! Il n'aime pas Dieu, Rakitine, oh! non, il ne l'aime pas. C'est son endroit vulnérable. D'ailleurs, tous ceux qui sont comme lui... Mais ils le cachent, ils mentent. « Eh bien, lui demandais-je, que deviendra l'homme sans Dieu et sans immortalité? Tout est permis alors, tout est permis?

— Ne le savais-tu pas? m'a-t-il répondu en riant. Pour un homme intelligent tout est permis, il sait toujours se tirer d'affaire. Mais toi, tu as tué et tu t'es laissé prendre, et maintenant tu « pourris sur la paille ». C'est lui qui me parle ainsi! le cochon! Autrefois, j'aurais mis à la porte un tel homme! Maintenant, je l'écoute! D'ailleurs il dit des choses spirituelles et il écrit bien...

Mitia se mit à marcher d'un air soucieux à travers la chambre.

— Frère, je ne puis rester longtemps, dit Alioscha après un silence. Demain est un jour terrible pour toi : l'arrêt de Dieu sur toi s'accomplira... Et je m'étonne qu'au lieu de parler de cela tu bavardes à propos de choses insignifiantes.

— Non, ne t'étonne pas! Préfères-tu que nous parlions de l'assassin, de ce chien ignoble? Nous n'en avons que trop parlé! Qu'on me laisse tranquille! Assez causé du fils de Smerdiachtchaïa; Dieu fera justice, tu verras!...

Il s'approcha d'Aliocha et l'embrassa avec émotion.

— Rakitine ne comprendrait pas cela, mais tu comprendras tout, toi : c'est pour cela que j'étais si impatient de te voir. Il y a longtemps que j'aurais voulu te dire... bien des choses entre ces quatre horribles murs. J'ai attendu le dernier jour, il faut que je m'épanche en toi. Frère, depuis deux mois un homme nouveau est né dans mon âme. C'est-à-dire... il était déjà en moi : mais il a fallu un coup de foudre pour l'éveiller. Terrible!..... Je taperai du marteau dans les carrières pendant vingt ans! Et puis, qu'est-ce que ça me fait? Je ne crains qu'une chose : c'est que l'homme nouveau qui vient de s'éveiller n'aille se rendormir... Là-bas aussi, dans les carrières, sous un habit de forçat et d'assassin, on peut trouver un cœur d'homme. Là-bas aussi on peut vivre, aimer et souffrir... On peut ranimer le cœur engourdi d'un forçat, le soigner, sauver dans ce repaire une grande âme purifiée par la conscience de la douleur, en faire un héros. Il y en a des centaines, vois-tu, qui souffrent pour nos fautes, car nous sommes coupables de leur crime. Pourquoi, en un tel moment, ai-je eu dans mon rêve la vision de ce *petiot?* C'était une prophétie. C'est pour lui que je partirai, car nous sommes tous coupables pour tous les vivants; tous sont des *petiots*. Il faut que quelqu'un se dévoue pour tous. Je n'ai pas tué mon père, et pourtant j'accepte le châtiment... Ces pensées émanent pour moi de ces murs... Nous ressusciterons à la joie de par notre douleur même, à cette joie sans laquelle l'homme ne peut vivre, à cette joie que Dieu donne comme un privilége. Le bien est proscrit du monde, mais nous cacherons Dieu sous la terre, nous lui ferons un asile souterrain, et nous, les hommes du souterrain, nous chanterons du sein de la terre l'hymne tragique au Dieu de la joie! et vive la joie de Dieu!

Mitia était pâle, ses lèvres tremblaient, les larmes jaillissaient de ses yeux, il étouffait.

— Non, la vie est pleine, la vie est belle sous la terre aussi! Tu ne croirais pas, Alexey, à quel point je tiens à la vie, à quel point cette avidité de vivre s'est emparée de moi, ici entre ces murs dénudés! Qu'est-ce que la souffrance? Je ne la crains pas, quoiqu'elle puisse être inépuisable. Il me semble que j'ai tant de force en moi qu'il me serait facile de vaincre toutes les souffrances, pourvu que je puisse sans cesse me dire : *Je suis!* Je suis si je souffre sous la main du bourreau, j'existe encore... Je ne vois pas le soleil, mais je sais qu'il brille! C'est déjà la vie, cela, toute la vie. Alioscha, mon chérubin, la philosophie me tue. Au diable! Le frère Ivan...

— Quoi, le frère Ivan? interrompit Alioscha.

Mitia ne l'entendit pas.

— Vois-tu, auparavant je n'avais pas tous ces doutes, ils fermentaient en moi. C'est précisément pour leur échapper que je me grisais, que je m'enrageais, que je me battais ; c'était pour les faire taire, pour les anéantir. Le frère Ivan n'est pas comme Rakitine : il cache ses pensées; c'est un sphinx, il se tait toujours. Dieu, l'idée seulement de Dieu me fait souffrir. Quelle est notre destinée, s'il n'y a pas de Dieu? Que faire si Rakitine a raison, si cette idée de Dieu n'est qu'une imagination de l'homme? Ce serait donc l'homme qui serait le maître de la terre? Très-bien, mais sans l'idée de Dieu, comment l'homme restera-t-il vertueux? Comment vivra-t-il? A qui chantera-t-il des hymnes? Rakitine dit qu'on peut aimer l'humanité sans Dieu. Le morveux, il affirme cela! Pour moi, je n'en crois rien. La vie est impossible pour Rakitine : « Toi, me disait-il aujourd'hui, occupe-toi de conquérir des droits nouveaux à l'homme et d'empêcher le prix de la viande de trop s'élever : par là tu te rapprocheras de l'humanité et tu lui témoigneras plus d'amour que par toute ta philosophie. — Et toi, lui ai-je répondu, si Dieu n'existait pas, tu serais peut-être le premier, l'occasion échéant, à hausser le prix de la viande et à échanger un kopek contre un rouble. » Et en effet, qu'est-ce que la vertu? Pour moi, je m'en suis fait une idée, mais ce n'est pas celle des Chinois : c'est donc une chose relative. Ou peut-être n'est-elle pas relative... Terrible question! Tu ne riras pas si je te dis qu'elle m'a empêché de dormir deux nuits durant? Je m'étonne qu'on puisse vivre sans y penser. Vanités! Ivan ne croit pas en Dieu, il a une idée, une idée grande peut-être, mais il ne la dit pas. J'aurais voulu boire de l'eau de sa source, mais il ne parle pas. Une fois seulement il me dit...

— Quoi?

— Je lui disais : « Alors, tout est permis? » Il fronça

les sourcils : « Fédor Pavlovitch, notre père, me dit-il, était un cochon, mais il avait l'esprit droit. » Voilà tout ce qu'il m'a dit. C'est pourtant mieux que Rakitine.

— Oui, dit amèrement Alioscha. Quand l'as-tu vu ?

— Nous en parlerons plus tard. Je ne t'ai pas encore parlé d'Ivan, je voulais te faire connaître... Je te dirai tout cela après le jugement, c'est une terrible chose... Tu me jugeras... Maintenant il ne faut même pas en parler. Tu disais tout à l'heure : « Eh demain ? » Me croiras-tu ? Je n'y pense pas.

— As-tu parlé à l'avocat ?

— Oui, je lui ai tout dit. C'est une habile canaille de la capitale, un Bernard. Il ne me croit pas, il est convaincu que je suis coupable. « Alors, pourquoi êtes-vous venu me défendre ? lui ai-je demandé. — Je m'en moque ! » Et voilà le médecin qui voudrait me faire passer pour fou ! Je ne le permettrai pas ! C'est Katherina Ivanovna qui a voulu faire jusqu'au bout son « devoir »... Baba ! Et Grigori s'entête à sa déposition, un honnête imbécile ! Il y a beaucoup de gens honnêtes par imbécilité... Ça, c'est du Rakitine. Mais Grouschka ! Pourquoi souffre-t-elle tant ? Elle était là tout à l'heure...

— Elle me l'a dit. Tu l'as profondément chagrinée.

— Je le sais. Que le diable emporte mon caractère ! Je lui ai fait une scène de jalousie, je ne lui ai pas demandé pardon.

— Pourquoi ?

Mitia se mit à rire gaiement.

— Que Dieu te garde, mon cher gamin, de jamais demander à une femme aimée pardon de tes torts,

surtout à une femme aimée, et quels que puissent être tes
torts. Car qui diable sait ce qu'il y a dans un cœur de
femme. Mais je les connais un peu, les femmes... Essaye donc
d'avouer tes fautes, et tu verras quelle grêle de reproches!
Jamais un pardon simple, franc : elle t'abaissera, t'avilira,
te reprochera même des torts que tu n'auras pas eus et
te pardonnera seulement ensuite. Encore je ne parle ici
que de très-bonnes femmes, tant il y a de férocité en ces
anges sans lesquels nous ne pourrions vivre!... Franchement, tout homme convenable doit être sous la pantoufle
d'une femme, c'est ma conviction, du moins mon sentiment. L'homme doit être généreux ; cela ne le diminue
pas, même s'il est un héros, même s'il est un César ; mais
demander pardon!... Rappelle-toi que c'est ton frère Mitia,
perdu par les femmes, qui te donne cet enseignement. Je
préfère me justifier auprès de Groushka sans lui demander
pardon. Je la vénère, Alexey, mais elle ne le voit pas, ce
n'est pas assez pour elle de tout mon amour. Elle me rend
douloureux cet amour. Auparavant, je souffrais de ses
changements, de ses détours ; mais maintenant j'ai pris
toute son âme dans mon âme et je suis devenu un homme.
Nous laissera-t-on ensemble? Si on nous sépare, je mourrai
de jalousie. Que t'a-t-elle dit de moi ?

Alioscha lui raconta sa conversation avec Grouschegnka.

— Alors elle n'est pas fâchée que je sois jaloux? C'est bien
d'une femme! « J'ai moi-même le cœur jaloux! » Oh! j'aime
cela! Nous aurons des querelles, mais je l'aimerai toujours.
Marie-t-on les forçats? C'est une question. Ce qu'il y a de
certain, c'est que je ne pourrai vivre sans elle... Alors

elle croit à un secret entre nous trois, en y comptant Katia? Non, Grouschka, ce n'est pas un secret, tu te trompes... Alioscha, soit... je vais te dévoiler ce secret.

Mitia regarda de tous côtés, s'approcha d'Alioscha et se mit à lui parler tout bas, quoique personne ne pût l'entendre, le vieux geôlier dormant dans un coin et le factionnaire étant trop éloigné.

— Je veux avoir ton avis: Ivan nous est supérieur, mais tu es meilleur... et qui sait si tu n'es pas supérieur à Ivan!
— C'est un cas de conscience que je ne puis décider sans ton conseil. Pour le moment, toutefois, ne me donne pas ton opinion avant que le jugement soit prononcé. Écoute... Ivan me conseille de m'enfuir. J'omets les détails, tout est prêt, tout peut s'arranger. L'Amérique avec Grouschka! Ivan dit qu'on ne marie pas les forçats : vivre sans Grouschka! je me briserais la tête contre un mur. Mais de l'autre côté, la conscience? Je me dérobe au châtiment, je me détourne de la voie de purification qui m'était ouverte. Ivan dit qu'en Amérique, avec de la « bonne volonté », on peut faire plus de bien que dans les carrières. Et notre hymne souterrain? L'Amérique, qu'est-ce que c'est? Quelle vanité! Ivan se moque de mon hymne... Ne parle pas, tu as déjà ton opinion faite, mais grâce! Attends le jugement, songe que je ne puis vivre sans Grouschka.

Alioscha était très-ému.

— Dis-moi, demanda-t-il, est-ce qu'Ivan insiste beaucoup? Qui a le premier eu cette idée?

— C'est lui! Il insiste; il ne conseille pas, il ordonne. Il me propose dix mille roubles pour la fuite et dix mille pour l'Amérique.

— Il t'a recommandé de ne m'en rien dire?

— Particulièrement. Ne lui dis pas que je t'ai fait cette confidence. Il craint que tu ne sois la voix de la conscience, ma conscience vivante...

— Tu ne crois donc pas te justifier demain?

Mitia secoua la tête négativement.

— Alioscha, dit-il tout à coup, il est temps que tu partes. Embrasse-moi, fais le signe de la croix sur moi pour que je puisse supporter mes souffrances... demain...

Ils s'embrassèrent.

— Et Ivan qui me conseille de m'enfuir! Et pourtant il croit que j'ai tué.

— Le lui as-tu demandé?

— Non. Je voulais le lui demander, mais je n'en ai pas eu la force. J'ai vu cela à sa manière de me regarder... Allons, adieu!

Ils s'embrassèrent de nouveau; Alioscha allait sortir quand Mitia l'arrêta de nouveau et le saisit par les épaules. Son visage était d'une pâleur effrayante, ses lèvres se contractaient; son regard semblait percer Alioscha.

— Comme devant Dieu, Alioscha, dis-moi la vérité : Crois-tu que j'ai tué? La vérité tout entière!

Alioscha se sentit défaillir.

— Voyons, qu'as-tu?... murmura-t-il.

— La vérité! la vérité tout entière! Ne mens pas.

— Je n'ai pas cru un seul instant que tu sois un assassin, dit Alioscha d'une voix tremblante.

Il leva la main comme s'il prenait Dieu à témoin.

— Merci! dit Mitia en soupirant comme s'il revenait d'un évanouissement. Tu m'as sauvé. Croiras-tu que je

n'osais pas encore te faire cette question, à toi! à toi!
Va-t'en maintenant, va-t'en! Que Dieu te bénisse! va-t'en
et aime Ivan.

Alioscha sortit tout en larmes; la méfiance de Mitia révélait un désespoir si profond! Une pitié infinie envahissait Alioscha. « Aime Ivan... » Alioscha allait précisément chez Ivan. Ivan l'inquiétait autant que Mitia, — et à cette heure plus que jamais.

III

Chemin faisant, il remarqua de la lumière aux fenêtres de Katherina Ivanovna. Il s'arrêta et se décida à entrer. Il n'avait pas vu Katia depuis plus d'une semaine, — puis il pensait qu'Ivan, à la veille d'un tel jour, serait peut-être chez elle. Dans l'escalier, faiblement éclairé par une lanterne chinoise, il aperçut un homme qui descendait et en qui il reconnut son frère.

— Ah! ce n'est que toi? dit sèchement Ivan Fédorovitch. Adieu... Tu vas chez elle?

— Oui.

— Je ne te le conseille pas. Elle est agitée, tu la troubleras.

— Non! cria une voix en haut de l'escalier. Alexey Fédorovitch, vous venez de chez lui? Vous a-t-il envoyé auprès de moi? Entrez donc, et vous aussi, Ivan Fédorovitch, remontez, je le veux, entendez-vous?

La voix de Katia était si impérieuse qu'Ivan, après un instant d'hésitation, se décida à monter avec Aliocha.

— Permettez-moi de garder mon paletot, dit Ivan en entrant dans le salon, je ne resterai qu'une minute.

— Asseyez-vous, Alexey Fédorovitch, dit Katherina Ivanovna.

Elle parut à Aliocha plus belle que jamais.

— Que vous a-t-il dit de me transmettre?

— Ceci seulement, dit Aliocha en la regardant en face : il vous prie de vous épargner... la peine de dire ce qui s'est passé entre vous... au jour de votre première rencontre.

— Mon salut jusqu'à terre... l'argent... dit-elle avec amertume. Est-ce pour lui ou pour moi qu'il craint? Parlez donc, Alexey Fédorovitch.

— Pour vous et pour lui.

— C'est cela, dit-elle méchamment.

Elle rougit.

— Vous ne me connaissez pas encore, Alexey Fédorovitch. D'ailleurs je ne me connais pas non plus. Peut-être me maudirez-vous demain, après ma déposition.

— Vous parlerez avec loyauté, dit Aliocha, c'est tout ce qu'il faut.

— La loyauté n'est pas toujours féminine, dit-elle en grinçant des dents. Il y a une heure, je pensais encore qu'il me serait odieux de m'occuper de ce misérable... cette vermine... Cependant, il est encore un homme pour moi. Est-ce bien un assassin? Est-ce bien lui qui a tué? demanda-t-elle tout à coup à Ivan Fédorovitch... Je suis allée chez Smerdiakov... C'est toi qui m'as convaincue que

Dmitri est un parricide! C'est toi qui m'as convaincue!

Ivan eut un sourire contraint. Alioscha tressaillit à ce *toi*.

— Assez, interrompit Ivan, je m'en vais, à demain.

Il sortit.

Katherina Ivanovna saisit les mains d'Alioscha.

— Suivez-le! Rejoignez-le! Ne le laissez pas seul un instant : il est fou! Ne savez-vous donc pas qu'il est devenu fou? Le médecin me l'a dit... Allez! courez!...

Alioscha se précipita dans l'escalier.

Ivan n'avait pas fait cinquante pas.

— Que veux-tu? dit-il en se retournant vers Alioscha. Elle t'a dit de me suivre, que je suis fou? Je le sais d'avance! ajouta-t-il avec emportement.

— Elle se trompe, sans doute, mais à coup sûr tu es malade. Ton visage est défait, Ivan.

Ivan marchait toujours. Alioscha le suivait.

— Sais-tu, Alexey Fédorovitch, comment on devient fou? reprit Ivan avec douceur cette fois.

— Non, je ne sais; il doit y avoir différents genres de folie.

— Peut-on s'apercevoir soi-même qu'on devient fou?

— Je ne le pense pas.

— Si tu as quelque chose à me dire, changeons de sujet de conversation, dit Ivan tout à coup. Je crois qu'elle va prier pendant toute la nuit la Vierge, pour savoir comment elle devra se conduire demain, reprit-il d'un ton méchant.

— Tu parles de Katherina Ivanovna?

— Oui. Elle ne sait encore si elle doit sauver ou perdre

Mitia; elle me prend pour une bonne d'enfants, elle veut que je la berce.

— Katherina Ivanovna t'aime, frère.

— C'est possible, mais moi je ne l'aime pas.

— Elle souffre... Pourquoi alors lui dis-tu... parfois... des paroles qui lui donnent de l'espoir?

— Je ne puis faire ce qu'il faudrait, couper court et lui parler franchement! Je veux attendre qu'on ait fait justice de l'assassin. Si je me séparais d'elle maintenant, elle perdrait par vengeance ce misérable dès demain, car elle le hait, et il sait bien lui-même qu'elle le hait. Tout autour de nous n'est que mensonge. Tant qu'elle espère, elle ne perdra pas cette « bête féroce », sachant que je désire son salut. Oh! quand donc cette maudite sentence sera-t-elle prononcée!

Les mots *assassin* et *bête féroce* avaient douloureusement blessé le cœur d'Alioscha.

— Mais comment pourrait-elle perdre notre Mitia?

— Tu ne le sais pas encore? Elle a entre les mains un document authentique, écrit par Mitia, qui prouve qu'il a tué Fédor Pavlovitch.

— C'est impossible! s'écria Alioscha.

— Comment impossible? Je l'ai lu moi-même.

— Il est impossible qu'un pareil document existe! répéta Alioscha avec fougue. Il ne peut pas exister, parce que ce n'est pas Mitia qui a tué le père! Ce n'est pas lui!

Ivan Fédorovitch s'arrêta.

— Qui donc aurait tué, d'après vous? dit-il froidement.

Il y avait de la hauteur dans sa voix.

— Tu sais toi-même qui, dit doucement et d'un ton pénétrant Alioscha.

— Qui? Ah! oui! Cette fable sur cet idiot épileptique, Smerdiakov?

Alioscha tremblait.

— Tu sais toi-même qui.

— Mais qui donc? qui? s'écria Ivan avec rage.

Il ne se possédait plus.

— Je ne sais qu'une chose, dit à voix basse Alioscha : que ce n'est pas toi qui as tué le père.

— Pas moi! Que veux-tu dire?

— Ce n'est pas toi qui as tué, pas toi, répéta avec fermeté Alioscha.

Une demi-minute de silence.

— Mais je le sais bien que ce n'est pas moi! As-tu le délire?

Il regarda attentivement Alioscha. Ils étaient en ce moment dans la lumière d'un réverbère.

— Non, Ivan, tu sais bien que tu disais toi-même que c'est toi qui es l'assassin.

— Quand l'ai-je dit?... J'étais à Moscou... Quand l'ai-je dit?... répétait Ivan avec trouble.

— Tu l'as dit à toi-même, quand tu étais seul, pendant ces deux terribles mois, dit Alioscha doucement et comme s'il parlait malgré lui. Tu t'accusais, tu disais que l'assassin n'était autre que toi. Mais tu te trompes, ce n'est pas toi, m'entends-tu? ce n'est pas toi! Dieu m'envoie te le dire.

Ils se turent tous deux pendant une longue minute. Ils se regardaient en face, très-pâles. Tout à coup, Ivan tressaillit et saisit fortement Alioscha par l'épaule.

— Tu es allé chez moi? dit Ivan à voix basse et tout le visage contracté. Tu étais chez moi quand *il* est venu?... Avoue-le! tu l'as vu? tu l'as vu?...

— De qui parles-tu? De Mitia?

— Non! Laisse-moi donc avec cette bête féroce! hurla Ivan. Mais tu ne sais donc pas qu'*il* vient chez moi? L'as-tu vu? Parle!

— Qui, *il?* Je ne sais ce que tu veux dire, fit Alioscha effrayé.

— Tu le sais! tu le sais!... Autrement, comment?... Il est impossible que tu ne le saches pas...

Il s'arrêta, resta comme absorbé dans sa pensée. Un sourire étrange crispait ses lèvres.

— Frère, dit d'une voix tremblante Alioscha, je te le dis parce que je sais que tu me croiras, et je te le dis pour toute la vie : *ce n'est pas toi*. Entends-tu? pour toute la vie. Et c'est Dieu qui m'envoie te le dire, dût dès cette heure la haine nous séparer à jamais...

Mais Ivan Fédorovitch était redevenu maître de lui.

— Alexey Fédorovitch, dit-il avec un sourire froid, je n'aime ni les prophètes, ni les épileptiques, surtout les envoyés de Dieu, vous le savez trop bien. Dès ce moment toutes nos relations sont rompues, et, je crois, pour toujours. Je vous prie de me quitter tout de suite. Surtout, prenez bien garde de ne pas venir aujourd'hui chez moi, entendez-vous?

Il se détourna et d'un pas ferme s'en alla droit devant lui.

— Frère! lui cria Alioscha, s'il t'arrive quelque chose aujourd'hui, pense à moi!...

Ivan ne répondit pas.

Alioscha resta quelques instants près du réverbère jusqu'à ce qu'Ivan eût disparu dans l'obscurité, puis reprit son chemin. Ni lui ni Ivan Fédorovitch n'habitaient plus dans la maison de leur père. Alioscha avait loué une chambre meublée dans la maison d'un mechtchanine. Ivan occupait une maisonnette dans un quartier excentrique. Depuis deux mois il s'était plu à rester seul, servi par une très-vieille femme sourde. En s'approchant de sa porte, il prit le cordon de la sonnette, puis tout à coup le laissa. Il se sentait secoué d'un frisson de colère. Il se dirigea brusquement vers une maison située à deux verstes de la sienne et où habitait Smerdiakov.

IV

C'était, depuis son retour de Moscou, la troisième visite qu'Ivan Fédorovitch faisait à Smerdiakov.

Il s'étonnait qu'Alioscha ne voulût même pas soupçonner Mitia et accusât si nettement Smerdiakov d'être l'assassin. Tous les détails de l'interrogatoire, qu'on lui avait communiqué, et ses entrevues avec Mitia avaient convaincu Ivan de la culpabilité de son frère. — Disons, à ce propos, qu'il n'aimait pas son frère Dmitri. C'est tout au plus s'il éprouvait pour lui de la pitié, mêlée à un profond mépris.

Aussitôt après sa première entrevue avec Mitia, Ivan s'était rendu à l'hôpital, où Smerdiakov était alité. Le docteur Herzenschtube et le médecin de l'hôpital Varvinsky, aux questions d'Ivan Fédorovitch sur l'état du malade, répondirent catégoriquement que l'épilepsie avait été constatée, et parurent surpris qu'Ivan leur demandât « si elle n'avait pas été feinte, le jour de la catastrophe ». Ils lui dirent même que c'était une crise extraordinaire, qui avait duré plusieurs jours et mis en danger la vie du malade : ce n'était que depuis peu qu'on pouvait, grâce aux mesures prises, répondre de sa vie. En tout cas, sa raison demeurerait troublée, sinon pour toujours, au moins pour longtemps...

En apercevant Ivan, Smerdiakov eut un sourire méfiant et manifesta même un peu de terreur : du moins cela parut ainsi à Ivan Fédorovitch. Mais cela dura peu. Smerdiakov se calma et, durant toute la visite, fut d'un flegme étonnant. Il semblait vraiment très-malade : maigre et jaune à faire peur ; son visage desséché de skopets s'était ratatiné ; les cheveux en broussaille. L'œil gauche, toujours un peu cligné, rappelait seul l'ancien Smerdiakov. « *Il y a plaisir à parler avec un homme intelligent.....* » Pourquoi Ivan Fédorovitch se rappela-t-il tout à coup ce mot d'adieu de Smerdiakov ?

— Peux-tu me parler ? demanda-t-il : je ne te fatiguerai pas trop ?

— Non, répondit Smerdiakov d'une voix faible. Y a-t-il longtemps que vous êtes revenu ?

— Je viens d'arriver.

Smerdiakov soupira.

— Pourquoi soupires-tu ? N'avais-tu pas prévu *tout cela ?*

— Ce n'était pas difficile à prévoir, dit Smerdiakov après

un silence. Mais comment aurais-je pu deviner qu'on mènerait l'affaire de cette façon?

— Quelle affaire? Ne ruse pas avec moi! Comment as-tu pu prévoir que tu aurais une crise? Tu m'as même annoncé qu'elle te prendrait à la cave.

— L'avez-vous déjà dit au juge? demanda tranquillement Smerdiakov.

Ivan Fédorovitch se fâcha.

— Non, je ne l'ai pas encore dit, mais je ne manquerai pas de le dire. Tu as des explications à me donner, frère, et sache que je ne te permettrai pas de te jouer de moi, mon cher!

— Pourquoi me jouerais-je de vous? C'est en vous seul que j'ai confiance, comme en Dieu, dit Smerdiakov sans se départir de son calme singulier.

— D'abord, je sais qu'on ne peut prévoir une crise d'épilepsie; j'ai pris des renseignements, inutile de chercher à me tromper. Comment donc as-tu pu me prédire le jour, l'heure et le lieu? Comment pouvais-tu savoir d'avance que tu aurais une crise et qu'elle te prendrait dans cette cave?

— Mais j'allais plusieurs fois par jour à la cave, répondit avec lenteur Smerdiakov. C'est ainsi qu'il y a un an je suis tombé du grenier. Il est en effet impossible de prévoir le jour et l'heure d'une crise, mais on peut avoir des pressentiments.

— Le jour et l'heure! tu m'as prédit le jour et l'heure!

— En ce qui concerne ma maladie, demandez des renseignements au médecin; je n'ai plus rien à dire à ce propos.

— Mais la cave! comment savais-tu d'avance que cela se produirait à la cave?

— Ah! vous en êtes encore à cette cave? Eh bien, en descendant dans cette cave, j'avais peur, je me défiais... J'avais peur, parce que, vous parti, je n'avais plus personne pour me défendre. Et aussitôt que je fus entré dans cette cave, je me mis à penser : « Voilà que ça va venir... Tomberai-je? vais-je tomber? » C'est sans doute cette appréhension qui me donna des spasmes, et je suis tombé. Toute notre conversation de la veille, vous vous souvenez? près de la porte cochère, et toutes les peurs que j'ai eues en cet instant, dans la cave, j'ai tout dit au médecin Herzenschtube et au juge d'instruction Nikolay Parfenovitch. Le docteur Varvinsky a précisément expliqué que c'était l'appréhension qui avait amené la crise et a consigné le tout dans ma déposition.

Smerdiakov, fatigué par l'effort qu'il venait de faire en parlant, respira péniblement.

— Alors tu as déjà fait toutes ces déclarations? demanda Ivan Fédorovitch un peu surpris.

Il comptait, pour faire parler Smerdiakov, sur la peur qu'il devait avoir de cette révélation, et voilà qu'elle était déjà faite!

— Qu'ai-je à craindre? Qu'ils sachent toute la vérité? dit Smerdiakov à voix haute.

— Et tu as aussi raconté dans tous les détails notre conversation près de la porte cochère?

— Non, pas dans tous les détails.

— As-tu dit aussi que tu sais feindre une crise, comme tu t'en es vanté avec moi?

— Non.

— Dis-moi maintenant pourquoi tu m'envoyais à Tcheremachnia?

— Vous vouliez aller à Moscou... Tcheremachnia est plus près.

— Tu mens! Tu m'as conseillé toi-même de partir!

— C'était par amitié, par dévouement. Après moi-même, c'est vous qui m'intéressez le plus. D'ailleurs je vous ai dit de vous en aller pour vous faire comprendre qu'il allait arriver un malheur et qu'il fallait rester pour défendre votre père.

— Tu aurais dû me parler franchement, alors, imbécile!

— Mais j'avais peur de Dmitri Fédorovitch! et puis je n'aurais jamais cru qu'il irait jusqu'à l'assassinat; je pensais qu'il se contenterait de prendre l'argent... D'ailleurs, qui aurait jamais pu le croire?...

— Mais alors, puisque tu dis toi-même que personne n'aurait pu le prévoir, comment, moi, l'aurais-je prévu? Qu'est-ce que toutes ces ruses?

— Il fallait me comprendre : je vous conseillais d'aller non pas à Moscou, mais à Tcheremachnia. Cela signifiait que je désirais que vous fussiez le plus près possible.

— Certes, j'aurais dû prévoir... Et en effet je prévoyais une machination de ta façon... Mais tu mens! tu mens! s'écria-t-il comme si un souvenir subit lui revenait. Tu te rappelles qu'au moment de mon départ tu m'as dit : « Avec un homme intelligent il y a plaisir à parler »? Tu étais donc content de me voir partir?

Smerdiakov soupira plusieurs fois et rougit.

— J'étais content, dit-il en respirant avec effort, de vous

voir aller à Tcheremachnia et non pas à Moscou : c'était toujours plus près. Et ce que je vous en ai dit, ce n'était pas un compliment, c'était un reproche; vous ne m'avez pas compris.

— Quel reproche ?

— Précisément, je vous reprochais de nous abandonner, votre père et moi, votre père à qui il pouvait arriver malheur, et moi qu'on pouvait accuser d'avoir volé les trois mille roubles.

— Que le diable t'emporte!... Attends, as-tu parlé des signaux aux juges ?

— Oui... tout.

Ivan Fédorovitch s'étonna de nouveau.

— Je pensais que Dmitri pouvait tuer, mais non pas voler... C'est toi qui aurais volé... Tu m'as dit que tu sais feindre les crises; pourquoi m'as-tu dit cela ?

— Par naïveté. D'ailleurs je n'ai jamais essayé de simuler l'épilepsie; j'ai dit cela par naïveté, par bêtise, et puis parce que j'étais en train de franchise avec vous. D'ailleurs, en vous expliquant toutes mes craintes à propos des signaux connus de Dmitri Fédorovitch, je pensais être assez clair, j'espérais que vous n'iriez pas à Tcheremachnia.

« Tout cela est très-logique, pensait Ivan, où sont donc les troubles cérébraux dont parle Herzenschtube? »

— Tu ruses avec moi, prends garde...

— Non, je pensais que vous aviez tout deviné, continua Smerdiakov avec bonhomie.

— Mais si j'avais deviné, je serais resté!

— J'ai cru que vous partiez par prudence.

— Tu me pensais aussi lâche que toi?

— Excusez, oui, je pensais que vous étiez... comme moi.

— Mon frère t'accuse : il dit que c'est toi qui as tué et volé !

— En effet, que lui reste-t-il à dire ? Mais qui le croira ? toutes les charges sont contre lui ! et Grigori qui a vu la porte ouverte ? D'ailleurs, si en effet j'avais pensé à tuer, aurais-je eu la sottise de vous dire à vous, le fils de Fédor Pavlovitch, que je sais feindre l'épilepsie ? Demandez plutôt au juge si les criminels sont si naïfs !

— Écoute, dit Ivan Fédorovitch en se levant, vaincu par cette dernière objection : je ne te soupçonne pas du tout, il serait ridicule de t'accuser... Je te suis même reconnaissant de m'avoir tranquillisé à ton sujet... Je m'en vais, je reviendrai. Prompte guérison !... As-tu besoin de quelque chose ?

— Merci, Marfa Ignatievna ne m'oublie pas.

— Au revoir. Du reste, je ne dirai pas que tu sais feindre la crise, je te conseille aussi de ne pas le dire, dit Ivan comme malgré lui.

— Je vous comprends... Si vous ne le dites pas, je ne rapporterai pas non plus *toute* notre conversation de la porte cochère.

Ivan Fédorovitch sortit. Il n'avait pas fait dix pas dans le corridor que brusquement il s'arrêta, s'apercevant de l'injure qu'impliquait la dernière phrase de Smerdiakov. Ivan était au moment de revenir sur ses pas, mais il haussa les épaules et continua son chemin. Il se félicitait que Smerdiakov ne fût pas coupable : pourquoi ? Il ne voudrait pas se l'expliquer à lui-même. Il avait du dégoût à fouiller dans ses propres sentiments. Les dépositions, comme nous l'avons dit, affermirent sa conviction. Pourtant, il communiqua à Herzenschtube ses doutes au sujet des troubles cérébraux de Smerdiakov.

— Savez-vous, lui dit le docteur, de quoi il s'occupe maintenant ? Il apprend par cœur des mots français.

Ivan Fédorovitch finit par perdre tous ses doutes. Seule, l'assurance d'Alioscha le troublait encore.

Un jour, il le rencontra et ils eurent cette conversation :

— Te rappelles-tu, dit Ivan, cette après-midi, quand Dmitri a assommé notre père ? Je t'ai dit plus tard dans la cour : « Je laisse à mes désirs toute liberté. » Dis-moi, as-tu pensé alors que je désirais la mort de notre père ?

— Oui, dit doucement Alioscha.

— Du reste, ce n'était pas difficile à deviner. Mais, *qu'un reptile en dévore un autre*, as-tu pensé que par là je voulusse dire que Dmitri tue notre père le plus tôt possible ? Et même n'as-tu pas cru que je ne refuserais peut-être pas de l'aider ?

Alexey pâlit. Il regardait en silence son frère au fond des yeux.

— Parle ! s'écria Ivan, je veux savoir ce que tu as pensé ! Il me faut toute la vérité !

Il était haletant, il y avait de la méchanceté dans l'éclat de son regard.

— Pardonne-moi, j'ai pensé cela aussi, murmura Alioscha.

Il se tut sans ajouter aucune « circonstance atténuante ».

— Merci, dit d'un ton sec Ivan, et il partit.

Depuis, Alioscha s'aperçut qu'Ivan l'évitait.

C'est après cette conversation qu'Ivan avait fait à Smerdiakov une seconde visite.

V

Smerdiakov n'était déjà plus à l'hôpital. Il demeurait dans une habitation composée de deux izbas réunies par un vestibule. Maria Kondratievna et sa mère habitaient l'une des deux izbas; Smerdiakov occupait l'autre. On ne savait pas au juste quel genre de relations il avait avec les deux dames; on le supposait fiancé avec Maria Kondratievna. Ivan frappa à la porte. Maria Kondratievna vint lui ouvrir et lui indiqua la chambre de Smerdiakov : une chambre sordide où les cafards s'ébattaient en liberté. La chaleur était intense. Il y avait une table en bois blanc couverte d'une nappe à dessins roses. Sur les fenêtres, des géraniums. Dans un coin, des icones. Sur la table, un petit samovar vide, presque hors de service, et deux tasses.

Smerdiakov se tenait assis sur un banc, auprès de cette table et écrivait dans un cahier. Il avait le visage plus frais, moins maigre qu'à l'hôpital; il était peigné et pommadé, vêtu d'une robe de chambre ouatée et multicolore, très-usée. Il portait des lunettes qu'Ivan ne lui avait jamais vues. Ce détail l'irrita. « Une pareille créature porter des lunettes! »

Smerdiakov dressa la tête sans hâte et regarda fixement

son visiteur à travers ses lunettes. Puis il les ôta et se leva paresseusement, sans aucune humilité, comme résolu à s'en tenir à la plus stricte politesse. Ivan remarqua tout cela en un clin d'œil, et surtout le regard mauvais et même hautain de Smerdiakov. Ce regard semblait dire : « Que viens-tu encore faire chez moi ? N'avons-nous pas assez causé déjà ? »

— Il fait chaud ici ! dit Ivan encore debout.

Il déboutonna son paletot.

— Otez-le, dit Smerdiakov d'un ton de condescendance.

Ivan Fédorovitch ôta son paletot, prit de ses mains frémissantes une chaise qu'il approcha de la table et s'assit.

— D'abord, sommes-nous seuls ? demanda-t-il sévèrement. Ne nous écoute-t-on pas ?

— Personne... Vous avez dû voir qu'il y a un vestibule.

— Au fait, alors ! Qu'est-ce que tu chantais quand je t'ai quitté, la dernière fois, à l'hôpital ? que si je ne parle pas de ton art de feindre l'épilepsie, tu ne rapporteras pas au juge *toute* notre conversation auprès de la porte cochère ? Que signifie ce *toute ?* Qu'entends-tu par là ? Était-ce une menace ? Voulais-tu dire que je suis ton complice, que j'ai peur de toi ?

Ivan semblait parler avec une franchise calculée.

Le regard mauvais de Smerdiakov s'accentua. Son œil gauche se mit à cligner. Il répondit aussitôt, avec sa froideur habituelle, comme s'il avait voulu dire : « Tu veux que nous parlions franchement ? Soit » :

— Mais je sous-entendais alors que, prévoyant l'assassinat de votre propre père, vous l'aviez laissé sans défense : eh bien, je vous promettais de ne pas révéler vos prévisions, afin que les gens ne pussent se douter de vos mauvais sentiments ou même d'autre chose.

Smerdiakov prononça ces paroles avec le plus grand calme. Il était maître de lui; son ton avait même quelque chose d'insolent.

— Comment? Quoi? Es-tu fou?

— Je suis extrêmement sensé.

— Mais est-ce que je *savais* alors que cet assassinat?... s'écria Ivan Fédorovitch en frappant violemment la table du poing. Et qu'est-ce que signifie cette *autre chose?* Parle, misérable!

Smerdiakov se taisait et considérait Ivan Fédorovitch avec une insolence évidente, cette fois.

— Parle donc, bête puante! Qu'est-ce que cette *autre chose?* hurla Ivan.

— Mais peut-être désiriez-vous vous-même la mort de votre père.

Ivan Fédorovitch sursauta et frappa de toutes ses forces Smerdiakov à l'épaule. Smerdiakov chancela et se retint au mur. Subitement son visage s'inonda de larmes.

— Il est honteux pour vous, monsieur, de battre un homme faible!

Il se couvrit le visage de son sale mouchoir à carreaux bleus et se mit à sangloter.

— Assez! cesse donc! dit impérieusement Ivan Fédorovitch en s'asseyant de nouveau. Ne me pousse pas à bout!

Smerdiakov ôta de ses yeux son chiffon. Tous les traits de son visage sillonné de rides exprimèrent une intense rancune.

— Donc, misérable, tu me croyais d'accord avec Dmitri pour tuer notre père ?

— Je ne connaissais pas vos pensées, et c'est pour les connaître que je vous ai arrêté auprès de la porte, quand vous alliez entrer.

— Quoi ? connaître quoi ?

— Précisément si vous désiriez que votre père fût tué.

Ce qui exaspérait Ivan, c'était le ton provocant dont Smerdiakov semblait ne vouloir pas se départir.

— C'est toi qui l'as tué !

Smerdiakov sourit dédaigneusement.

— Vous savez fort bien vous-même que ce n'est pas moi, et j'aurais cru qu'un homme intelligent comme vous ne serait pas revenu sur cette question.

— Mais pourquoi, pourquoi avais-tu cette pensée ?

— Comme je vous l'ai déjà dit, par peur. Je me défiais de tout le monde.

— Ah çà ! il y a quinze jours tu parlais autrement.

— A l'hôpital ? Mais je sous-entendais la même chose, je pensais que vous m'aviez compris et que vous éviteriez cette explication.

— Voyez-vous cela ! Mais réponds donc, réponds ! J'insiste : Pourquoi cet ignoble soupçon est-il tombé dans ton ignoble cœur ?

— Tuer vous-même, vous ne le pouviez et ne le vouliez : mais qu'un autre assassinât, vous le vouliez.

— Avec quelle placidité il dit cela ! Mais pourquoi l'aurais-je voulu ?

— Comment, pourquoi ? Et l'héritage ? Vous deviez recevoir quarante mille roubles chacun, à la mort de votre père, et peut-être davantage, tandis que si Fédor Pavlovitch avait épousé cette dame Agrafeana Alexandrovna, vous n'auriez rien eu.

Ivan Fédorovitch avait peine à se contenir.

— C'est bien, finit-il par dire. Tu vois, je ne t'ai pas battu!... Alors, d'après toi, j'avais chargé mon frère Dmitri de l'*action*, je m'en reposais sur lui ?

— Certainement ! En assassinant, il perdait tous ses droits à la noblesse, aux dignités et à la propriété, et ce n'était plus quarante mille roubles qui vous revenaient, mais la moitié du tout, c'est-à-dire soixante mille.

— Eh bien, je supporte cela encore ! Mais écoute, misérable, c'est sur toi, non pas sur Dmitri, que j'aurais pu compter pour l'assassinat, et, je te le jure, à ce moment-là, j'ai pressenti quelque ignominie de ta part ; je me rappelle très nettement cette impression.

— Moi aussi j'ai senti que vous comptiez sur moi, dit avec une extraordinaire puissance d'ironie Smerdiakov, et par là même j'ai compris que si, malgré ce pressentiment, vous partiez, c'était comme si vous me disiez : « Tu peux tuer mon père, je ne te le défends pas. »

— Misérable ! tu avais compris cela ?

— Jugez donc vous-même : vous alliez partir pour Moscou, vous aviez refusé à votre père d'aller à Tcheremachnia, et vous déférez aussitôt à l'invitation d'un homme tel que moi ! C'est donc que vous attendiez quelque chose de moi.

— Non, je jure que non! cria Ivan en grinçant des dents.

— Comment donc « non »? Vous auriez dû, vous, fils

de Fédor Pavlovitch, pour de telles paroles, me mener à la police et me faire fouetter. Au lieu de me battre sur place, vous suivez mon conseil, vous partez au lieu de rester pour défendre votre père. Que pouvais-je conclure ?

Ivan restait sombre, accoudé sur ses genoux.

— Oui, je regrette de ne t'avoir pas assommé alors, dit-il avec un amer sourire. Il est évident que je n'aurais pu te mener à la police : qui m'aurait cru ? Mais je regrette de n'avoir pas fait une kacha de ton museau.

Smerdiakov s'épanouissait de joie.

— Dans les cas ordinaires de la vie, dit-il d'un ton satisfait et doctoral, cette transformation d'un museau en kacha est interdite par la loi. On a d'ailleurs renoncé à ces procédés brutaux. Mais dans les cas extraordinaires, non-seulement chez nous, mais dans le monde entier, même dans la République française, on continue à se gourmer comme au temps d'Adam et d'Ève. Pourtant vous, dans un cas extraordinaire, vous n'avez pas *osé*.

— Qu'est-ce que cela ? Tu apprends la langue française ? demanda Ivan en désignant d'un hochement de tête le cahier que Smerdiakov avait posé sur la table.

— Pourquoi ne l'apprendrais-je pas ? Je complète mon instruction. D'ailleurs je pense à voir, moi aussi, ces heureuses contrées de l'Europe.

— Écoute, bandit ! éclata Ivan, je ne crains pas tes accusations, tu peux déposer contre moi tout ce que tu voudras. Si je ne t'assomme pas à l'instant, c'est uniquement parce que je te soupçonne du crime, et je veux te confondre devant le tribunal.

— A mon sens, vous seriez plus sage de n'en rien faire,

car que pouvez-vous dire contre moi et qui vous croira ? Si vous ouvrez la bouche pour m'accuser, je dirai *tout*. Il faut bien que je me défende !

— Mais tu crois donc que je te crains ?

— Peut-être les juges ne me croiraient-ils pas, mais j'aurais pour moi l'opinion publique.

— C'est-à-dire : *il y a plaisir à parler avec un homme intelligent*, n'est-ce pas ?

— Précisément, et vous êtes un homme intelligent.

Ivan Fédorovitch se leva, tout frémissant de rage, prit son paletot, et, sans plus répondre à Smerdiakov, sans même le regarder, il se précipita hors de l'izba.

Les pensées se pressaient dans son esprit. « En effet, pourquoi suis-je allé à Tcheremachnia ? Certainement je prévoyais quelque chose ! Il a raison ! Oui, j'ai prévu et j'ai voulu ! j'ai voulu l'assassinat !... L'ai-je voulu ? Il faut que je tue Smerdiakov ! Si je n'ai même pas le courage de tuer Smerdiakov, ce n'est pas la peine de vivre... »

Ivan Fédorovitch alla directement chez Katherina Ivanovna, qui fut épouvantée par ses yeux hagards. Il lui rapporta toute sa conversation avec Smerdiakov, dans tous les détails. Elle avait beau parler, il ne parvenait pas à se calmer. Il allait de long en large à travers la chambre, disant des choses incohérentes.

— Si ce n'est pas Dmitri, dit-il en s'arrêtant, et si c'est Smerdiakov, je suis son complice, c'est moi qui l'ai poussé au crime. L'y ai-je poussé ? Je ne sais pourtant... Oui ! Si c'est lui qui a tué et non pas Dmitri, l'assassin véritable, c'est moi !

A ces mots, Katherina Ivanovna se leva sans parler, prit

dans un tiroir un papier qu'elle mit sous les yeux d'Ivan. C'était précisément le document dont il avait parlé à Alioscha, comme d'une preuve matérielle de la culpabilité de Dmitri. C'était une lettre que Mitia avait écrite en état d'ivresse à Katherina Ivanovna, le soir de sa rencontre avec Alioscha sur la route du monastère, une lettre incohérente d'ivrogne. La voici :

« Fatale Katia, je trouverai demain de l'argent et je te rendrai tes trois mille roubles. Adieu, femme violente, adieu aussi, mon amour !... Finissons ! Demain, j'irai chez tout le monde chercher de l'argent, et, si je ne réussis pas à m'en procurer par des emprunts, je te donne ma parole d'honneur que j'irai chez mon père, je lui casserai la tête et je prendrai sous son oreiller l'argent aussitôt qu'Ivan sera parti. J'irai au bagne, mais je te rendrai tes trois mille roubles ! Toi, adieu ! Je te salue jusqu'à terre, je suis un misérable auprès de toi ! Pardonne-moi... Non, plutôt ne me pardonne pas. L'avenir nous sera pour tous deux plus facile à supporter, si tu ne pardonnes pas. Je préfère le bagne à ton amour, car j'en aime une autre, une que tu connais trop depuis aujourd'hui... Je tuerai l'homme qui m'a dépouillé et je vous quitterai tous, j'irai en Orient pour ne plus voir personne, *elle* non plus, car tu n'es pas seule à souffrir. Adieu.

« P. S. Je te maudis, et pourtant je te vénère, je le sens aux battements de mon cœur. Il y reste une corde qui vibre pour toi. Que plutôt il cesse de battre !... Je me tuerai, mais je tuerai d'abord le maudit, je lui arracherai les *trois* et je te les jetterai. Je serai un misérable ! mais non pas un voleur. Attends les trois mille... Ils sont chez le chien maudit, sous son matelas, ficelés d'une faveur rose. Ce n'est pas moi qui volerai ; je tuerai l'homme qui m'a volé. Katia, ne me méprise pas. Dmitri est un assassin, il n'est pas un voleur. Il a tué son père et il s'est perdu lui-même, parce qu'il n'a pu supporter ton mépris, et parce qu'il voulait échapper à ton amour.

« *P. P. S.* Je baise tes pieds. Adieu.

« *P. P. S. S.* Katia, prie Dieu que les gens me donnent de l'argent : alors je ne verserai pas de sang. Mais s'ils refusent, je le verserai. Tue-moi...

« Ton esclave et ton ennemi,

« D. KARAMAZOV. »

Quand Ivan eut lu ce « document », il parut complétement convaincu. « C'est Dmitri qui a tué, et non Smerdiakov ; si ce n'est pas Smerdiakov, ce n'est donc pas moi. » Cette lettre était, à ses yeux, une preuve irréfutable.

Le lendemain, il songea encore, mais avec mépris, aux railleries de Smerdiakov, et puis il résolut de n'y plus penser.

Un mois se passa ainsi. Il entendit seulement le médecin Varvinsky dire que Smerdiakov mourrait fou. Lui-même se sentait malade et consulta le célèbre médecin que Katherina Ivanovna avait mandé de Moscou. Vers cette même époque, ses rapports avec Katherina Ivanovna se tendirent extrêmement : c'étaient comme deux ennemis amoureux l'un de l'autre. Aussi faut-il dire que parfois Katherina Ivanovna laissait voir des regrets que ce fût Mitia qui eût tué son père, et Ivan détestait pour cela Mitia. Pourtant il lui proposa un plan d'évasion et mit de côté pour l'exécution de ce plan trente mille roubles. Peut-être le mot de Smerdiakov : « qu'Ivan désirait que Mitia accomplît le crime afin qu'il fût frustré de sa part dans l'héritage », n'était-il pas pour rien dans cette détermination d'Ivan. « D'ailleurs, au fond de mon âme, je suis peut-être aussi coupable que lui-même », se disait-il.

La phrase de Katherina Ivanovna devant Alioscha : « C'est toi seul qui m'as assuré que Mitia est coupable! » décida Ivan à faire une troisième visite à Smerdiakov. C'était elle pourtant qui lui avait prouvé par ce document la culpabilité de Mitia! Et voilà qu'elle était allée chez Smerdiakov! Elle n'était donc pas bien convaincue? Et qu'avait pu lui dire Smerdiakov?

« Je le tuerai peut-être, cette fois! » songeait Ivan en se dirigeant vers l'izba de l'ancien laquais.

VI

En lui ouvrant, Maria Kondratievna pria Ivan de ne pas retenir trop longtemps Smerdiakov, parce qu'il était très-fatigué. Ivan Fédorovitch entra dans l'izba. Elle était toujours aussi surchauffée. Il y avait quelques changements dans la chambre : on avait substitué à l'un des bancs un grand divan recouvert de cuir avec des oreillers. Smerdiakov, toujours vêtu de sa vieille robe de chambre, se tenait assis sur le divan.

Il échangea avec Ivan un long et silencieux regard. Évidemment, il s'attendait à cette visite. Il était très-changé, maigre et jaune, les yeux enfoncés, les paupières inférieures blêmies.

— Tu es vraiment malade! dit Ivan Fédorovitch. Je ne resterai pas longtemps.

Il s'assit sur une chaise auprès de la table.

— Pourquoi ne me parles-tu pas? Je viens te poser une seule question, mais je te jure que je ne partirai pas sans réponse. La barinia Katherina Ivanovna est venue chez toi?

Smerdiakov gardait toujours le silence. Puis il fit un geste et se détourna.

— Qu'as-tu?

— Rien.

— Quoi, rien?

— Eh bien, elle est venue. Qu'est-ce que cela vous fait? Laissez-moi tranquille.

— Non, je ne te laisserai pas tranquille. Parle. Quand est-elle venue?

— Mais je n'y pense même plus! dit Smerdiakov avec un geste dédaigneux.

Tout à coup, se tournant vers Ivan, il lui jeta un regard profondément haineux.

— Je crois que vous êtes malade aussi. Comme vous avez changé!

— Laisse ma santé et réponds à ma question.

— Pourquoi vos yeux sont-ils si jaunes? C'est le remords.

Il se mit à ricaner.

— Écoute, je t'ai dit que je ne partirai pas sans réponse! s'écria Ivan irrité.

— Mais que voulez-vous de moi? Pourquoi me torturez-vous?

— Tu m'importes peu, que diable? Réponds et je m'en vais aussitôt.

— Je n'ai rien à vous répondre.

— Je te forcerai bien à parler!

— Mais pourquoi cela vous inquiète-t-il tant?

Il y avait maintenant plutôt du dégoût que du mépris dans la voix de Smerdiakov.

— C'est parce que c'est demain le jugement? reprit-il. Eh bien! rassurez-vous donc : vous ne risquez rien. Allez-vous-en chez vous sans inquiétude et dormez en paix.

— Je ne te comprends pas... Qu'ai-je donc à craindre demain? fit Ivan étonné.

Tout à coup une peur glaciale l'envahit. Smerdiakov le toisa du regard.

— Vous ne comprenez pas? Quel plaisir y a-t-il, pour un homme intelligent, à jouer une telle comédie?

Ivan le regardait sans parler. Ce ton inattendu, hautain, de l'ancien laquais surprenait son ancien maître.

— Je vous dis que vous n'avez rien à craindre. Je ne déposerai pas contre vous, il n'y a pas de preuve. Voyez comme vos mains tremblent : pourquoi donc? Allez-vous-en, *ce n'est pas vous l'assassin.*

Ivan tressaillit, il se souvint d'Alioscha.

— Je sais que ce n'est pas moi... murmura-t-il.

— Vous le sa-a-vez?

Ivan frémit. Il saisit Smerdiakov par l'épaule.

— Parle donc, reptile! dis tout!

Smerdiakov ne manifesta aucune terreur. Il regarda seulement Ivan avec une haine folle.

— Eh bien! c'est vous qui avez tué, puisqu'il en est ainsi! souffla-t-il avec rage.

Ivan s'affaissa sur sa chaise et sourit d'un air méditatif.

— C'est la chanson de la dernière fois!

— Eh oui! Vous la compreniez, la dernière fois, et vous la comprenez aujourd'hui encore.

— Je comprends seulement que tu es fou.

— Quel obstiné! Nous sommes ici tête à tête : pourquoi nous jouer la comédie l'un à l'autre? Tenez-vous à me charger, à m'accuser quand il n'y a personne là que vous et moi? C'est vous qui avez tué! C'est vous le principal assassin, *vous avez inspiré et j'ai accompli*.

— *Accompli!* Tu as tué?

Quelque chose comme une brisure se produisit dans son cerveau, un frisson courut tout son corps.

Ce fut à Smerdiakov à le regarder avec étonnement : il était intrigué par la sincérité de l'épouvante d'Ivan.

— Ne saviez-vous donc rien? dit-il avec méfiance.

Ivan resta longtemps à l'examiner silencieusement.

— Sais-tu, j'ai peur que tu sois un fantôme! murmura-t-il.

— Il n'y a point de fantôme ici, sauf vous, moi et encore un autre qui se trouve entre nous deux.

— Qui? quel troisième? demanda Ivan Fédorovitch avec épouvante en cherchant autour de lui.

— C'est Dieu, la Providence. Dieu est ici, près de nous; mais ne le cherchez pas, vous ne le trouverez pas.

— Tu as menti! Ce n'est pas toi qui as tué! cria Ivan

avec fureur. Ou tu es fou, ou tu t'amuses à m'exaspérer, comme la dernière fois.

Smerdiakov le dévisagea sans manifester aucune crainte. Il était toujours défiant, il croyait toujours qu'Ivan « savait tout » et qu'il feignait d'ignorer pour rejeter sur son complice tout le poids de la culpabilité.

— Attendez un peu, dit-il d'une voix faible.

Il retira de dessous la table son pied gauche et se mit à retrousser son pantalon. Il était chaussé d'un bas blanc très-montant et d'une pantoufle. Sans hâte, il ôta une jarretière, passa la main dans son bas...

Ivan Fédorovitch le suivait du regard, soudain il tressaillit de frayeur.

— Fou! hurla-t-il.

Il se leva vivement et fit quelques pas en arrière si précipitamment, qu'il se heurta du dos au mur et resta comme cloué sur place, regardant Smerdiakov avec une terreur folle. Celui-ci, toujours impassible, continuait à fouiller dans son bas comme s'il voulait y saisir quelque chose. Enfin, il trouva ce qu'il cherchait : Ivan Fédorovitch l'en vit tirer des papiers, une liasse de papiers que Smerdiakov posa sur la table.

— Voilà, dit-il à voix basse.

— Quoi?

— Daignez regarder.

Ivan s'approcha de la table, prit la liasse, la déplia... et laissa les papiers tomber de ses doigts comme s'il eût touché quelque reptile dégoûtant et redoutable.

— Vos doigts tremblent toujours, remarqua Smerdiakov; avez-vous une convulsion?

Il se mit à déplier lui-même le paquet des trois mille roubles.

— Ils y sont tous, vous n'avez pas besoin de les compter. Recevez, ajouta-t-il en tendant les billets à Ivan.

Ivan s'affaissa sur sa chaise. Il était pâle comme un linge.

— Tu me fais peur, dit-il avec un étrange sourire.

— Alors vraiment, vous ne le saviez pas encore ?

— Non, je ne le savais pas, je croyais que c'était Dmitri. Ah ! Dmitri ! Dmitri !

Il prit sa tête entre ses mains.

— Écoute... Tu étais seul, sans mon frère ?

— Seul avec vous, avec vous seul. Dmitri Fédorovitch est innocent.

— C'est bien... c'est bien... Nous parlerons de moi plus tard... Mais pourquoi tremblé-je ainsi ?... Je ne puis prononcer un mot.

— Vous qui aviez tant de courage ! *Tout est permis,* disiez-vous. Et maintenant vous êtes si effrayé ! dit Smerdiakov avec un profond étonnement. Voudriez-vous un peu de limonade ? Je vais dire qu'on en apporte, ça rafraîchit. Mais il faudrait d'abord cacher cela.

Il désignait la liasse. Il fit un mouvement vers la porte puis posa sur l'argent un gros livre jaune ; le titre de ce livre était : *Discours de notre saint Père Isaac Sirine.*

— Je ne veux pas de limonade. Assieds-toi et dis-moi tout...

— Vous feriez bien d'ôter votre paletot, autrement vous aurez trop chaud en sortant.

Ivan Fédorovitch arracha son paletot et le jeta sur un banc sans se lever de sa chaise.

— Parle, je t'en conjure, parle!

Il semblait calmé, il était sûr que cette fois Smerdiakov lui dirait tout.

— C'est-à-dire, comment la chose s'est passée? dit Smerdiakov avec un soupir. Mais de la manière la plus naturelle. Les paroles que vous avez prononcées alors...

— Nous reviendrons plus tard sur mes paroles, interrompit Ivan sans colère, comme s'il fût rentré en pleine possession de lui-même. Raconte-moi seulement avec ordre et détail comment tu as agi, n'oublie rien. Les détails, tous les détails, je t'en prie.

— Vous étiez parti : je suis tombé dans la cave...

— Une vraie crise ou bien si tu feignais?

— Évidemment je feignais. Je suis descendu tranquillement jusqu'en bas, je me suis étendu et aussitôt j'ai commencé à hurler jusqu'au moment où l'on vint me ramasser.

— Arrête! Et aussi, après, à l'hôpital, tu feignais encore?

— Pas du tout; dès le lendemain matin, avant qu'on me portât à l'hôpital, j'ai été pris d'une véritable crise, la plus forte crise que j'aie eu depuis des années. J'ai été deux jours sans connaissance.

— Bien, bien! continue.

— On me mit alors sur mon lit, dans ma chambre; j'étais séparé de Marfa Ignatievna et de Grigori par une cloison. Pendant la nuit, je gémissais, mais doucement : j'attendais toujours Dmitri Fédorovitch.

— Comment? tu l'attendais? Tu croyais qu'il viendrait chez toi?

— Pourquoi chez moi? J'attendais qu'il vînt à la maison; j'étais sûr qu'il viendrait précisément cette nuit. Puisque je ne pouvais plus lui servir d'intermédiaire, j'étais sûr qu'il franchirait la clôture pour se renseigner par lui-même.

— Et s'il n'était pas venu?

— Alors rien ne se serait passé.

— Dieu! Dieu! Parle sans te presser, n'oublie aucun détail.

— Je m'attendais donc qu'il viendrait tuer Fédor Pavlovitch, j'en étais sûr... car je l'avais bien préparé pour cela... durant les derniers jours.

— Arrête! Mais s'il l'avait tué, il aurait pris aussi l'argent; c'est ainsi que tu devais raisonner. Quel intérêt avais-tu donc à ce qu'il tuât?

— Mais il n'aurait pas trouvé l'argent. C'est moi qui lui ai dit que l'argent était sous le matelas, ce n'était pas vrai. Comme Fédor Pavlovitch ne se fiait qu'à moi au monde, je lui avais conseillé de cacher son argent derrière les icones, car personne n'aurait pensé à le chercher là, surtout dans un moment de hâte. Fédor Pavlovitch avait suivi mon conseil. Si donc Dmitri Fédorovitch avait assassiné, ou bien il serait parti le plus vite possible au moindre bruit, comme font toujours les assassins, ou bien il aurait été surpris et arrêté. J'aurais donc pu, le lendemain ou la nuit même, aller prendre l'argent, et l'on aurait mis le tout sur le compte de Dmitri Fédorovitch.

— Et s'il avait seulement frappé sans tuer?

— Alors, je n'aurais assurément pas pris l'argent, mais je pensais qu'il aurait en tout cas frappé jusqu'à faire perdre connaissance au vieux : alors j'aurais pris l'argent, puis j'aurais dit au vieux que c'était Dmitri Fédorovitch qui avait volé.

— Je ne comprends pas. C'est donc Dmitri qui a tué? Tu as seulement volé?

— Non pas. Je pourrais vous dire maintenant encore que c'est lui..... mais je ne veux pas mentir avec vous, car... car, si en effet, comme je le vois, vous ne comprenez pas encore, et si vous n'avez pas dissimulé avec moi pour me charger seul de toute la culpabilité à mes propres yeux, vous n'en êtes pas moins le plus coupable. Vous saviez en effet qu'on tuerait; vous m'aviez même chargé de l'accomplissement et vous êtes parti. Voilà pourquoi je veux vous démontrer ce soir que le principal, l'unique assassin, c'est vous, ce n'est pas moi, quoique ce soit moi qui aie tué. C'est vous qui avez assassiné.

— Mais comment? pourquoi suis-je l'assassin? mon Dieu! Est-ce toujours la question de Tcheremachnia? Arrête! dis-moi pourquoi tu avais besoin de mon consentement, puisque tu a pris mon départ pour un consentement? Comment m'expliqueras-tu cela?

— Sûr de votre consentement, je savais d'avance que vous ne seriez pas trop exigeant à propos de ces trois mille roubles... égarés, si par hasard les soupçons étaient tombés sur moi ou si l'on m'avait accusé de complicité. Vous m'auriez même défendu... Ayant hérité grâce à moi, vous auriez même pu, pensais-je, me récompenser de mon action et m'en garder de la gratitude pour toute ma vie, car si Fédor Pavlovitch avait épousé Agrafeana Alexandrovna, vous n'auriez rien eu.

— Ah! tu avais donc l'intention de me torturer pendant toute ma vie? dit Ivan, les dents serrées. Et qu'aurais-tu fait si je t'avais dénoncé au lieu de partir?

— Qu'auriez-vous pu dire? Que je vous avais conseillé de partir pour Tcheremachnia? Des bêtises, tout cela! D'ailleurs, si vous étiez resté, rien ne serait arrivé; j'aurais pensé que vous ne vouliez pas et je n'aurais rien entrepris. Mais puisque vous étiez parti, vous m'aviez, par le fait même, assuré que vous ne me dénonceriez pas et que vous fermeriez les yeux sur ces trois mille roubles. Vous n'auriez pas pu me poursuivre ensuite, car j'aurais tout dit aux juges : non pas que j'avais volé ou tué, — cela, je ne l'aurais pas dit, — mais que vous m'aviez poussé à tuer et à voler et que je n'avais pas consenti. Croyez-moi, vous n'auriez rien pu dire contre moi, et moi j'aurais dévoilé votre désir de voir votre père mort, et tout le monde m'aurait cru, je vous en donne ma parole.

— Alors je désirais la mort de mon père?

— Mais certainement.

Smerdiakov était très-affaibli, mais une force intérieure le stimulait, il avait quelque projet caché qu'Ivan pressentait.

— Continue.

— Continuer? Soit. Je reste donc étendu et j'entends un cri du barine. Grigori était déjà sorti; tout à coup il crie aussi, et tout se tait. Silence, nuit. Je demeure immobile, attendant, mon cœur bat, la patience me manque. Je me lève, je sors. Je vois à gauche la fenêtre de Fédor Pavlovitch ouverte et je fais encore un pas; j'écoute, me demandant s'il est vivant ou non, et j'entends le

barine faire des : ha! et des : ho! s'agiter. « Vivant », me
dis-je. Je vais à la fenêtre et je dis au barine : « C'est moi.
— Il est venu, il s'est enfui! me répond le barine. Il a
tué Grigori. — Où? — Là, dans un coin. — Attendez »,
dis-je. J'allai jusqu'au mur et je me heurtai contre Grigori qui gisait là tout en sang, évanoui. « Dmitri Fédorovitch est donc certainement venu », me dis-je aussitôt, et je me décidai à en finir. Même si Grigori est
encore vivant, rien à craindre : il est sans connaissance,
il ne verra rien. Je n'avais à redouter que le réveil de
Marfa Ignatievna. En ce moment, le sang me monta à la
tête, la respiration me manquait. Je revins à la fenêtre
du barine et je lui dis : « Elle est ici, Agrafeana Alexandrovna est venue, elle demande à entrer. » Il tressaillit :
« Où, ici? où? » dit-il avec méfiance. « Mais là! ouvrez
donc! » Il regarda par la fenêtre. Il ne me croyait pas, il
craignait d'ouvrir, je présume qu'il avait peur de moi et,
chose ridicule, tout à coup je pensai à faire sur les vitres
le signal de l'arrivée de Grouschegnka devant lui-même,
sous ses propres yeux. Il paraissait douter de moi, mais
quand j'eus fait le signal, il courut aussitôt ouvrir la porte.
Il ouvre. J'entre. Il reste sur le seuil et s'oppose à mon
passage. « Mais où est-elle? où est-elle? » dit-il en me
regardant fixement. « Eh! pensais-je, s'il me soupçonne
tout va mal. » Je me sentis défaillir de peur, craignant
qu'il ne me laissât pas entrer, ou qu'il appelât, ou que
Marfa Ignatievna arrivât. Je devais être très-pâle. Je lui
dis : « Elle est là, sous la fenêtre. Comment avez-vous pu
ne pas la voir? — Amène-la donc! amène-la! — Mais
elle a peur, les cris l'ont effrayée, elle s'est cachée sous

l'arbre; appelez-la donc vous-même. » Il courut à la fenêtre et y porta la bougie. « Grouschegnka! Grouschegnka! Tu es ici? » appelait-il. Il n'osait se pencher en dehors de la fenêtre, ni me laisser entrer; il avait décidément peur de moi. « Mais la voilà! » lui dis-je. Je le suivis à la fenêtre et me penchai dehors. « La voilà, derrière l'arbuste, elle vous sourit, regardez donc! » Il me crut, tant il était amoureux, et il se pencha au dehors. Je saisis alors le presse-papier en fonte, vous vous rappelez, qui était sur sa table... cela pèse trois livres... et je lui assénai de toutes mes forces un coup sur la tête; cela entra par le coin. Il ne jeta même pas un cri et s'affaissa. Je le frappai une seconde, une troisième fois. Je m'aperçus alors qu'il avait le crâne fracassé. Il était tombé à la renverse, tout couvert de sang. Je m'examinai : n'étais-je pas taché? Pas une marque. J'essuyai le presse-papier, je le remis à sa place, puis je pris l'argent derrière les icônes et jetai l'enveloppe déchirée et le ruban rose à terre. Je sortis en tremblant. Je m'approchai du pommier qui a une cavité, vous souvenez-vous? Je l'avais remarqué depuis longtemps, j'y avais même préparé un torchon et du papier. J'enveloppai la somme dans le torchon, puis dans le papier, et je fourrai le paquet tout au fond. Il y est resté pendant quinze jours, et je ne l'en ai retiré qu'après ma sortie de l'hôpital. Je rentrai ensuite dans ma chambre, je me recouchai et je pensais avec frayeur : Si Grigori est tué, c'est tant pis; s'il n'est pas tué, il pourra témoigner que Dmitri Fédorovitch est venu, que par conséquent c'est lui qui a tué et volé. Je me remis à gémir plus fort que jamais pour réveiller Marfa Ignatievna. Elle finit par se lever, vint d'abord à moi, puis, s'étant aperçue que Grigori n'était pas là, elle se jeta dans le jardin et je l'entendis crier. J'étais déjà rassuré.

Smerdiakov s'arrêta. Tout en contant le crime, il jetait à Ivan des regards en dessous; Ivan le considérait sans bouger, morne. Smerdiakov était très-ému et respirait avec peine, la sueur perlait sur son front. On n'aurait pu deviner s'il avait ou non des remords.

— Et la porte? fit Ivan. S'il n'a ouvert la porte qu'à toi, comment Grigori a-t-il pu la voir ouverte auparavant?

Ivan faisait ses questions d'une voix calme. Si quelqu'un les avait vus tous deux en cet instant pour la première fois, il les aurait crus en train de causer de choses ordinaires, d'un médiocre intérêt.

— C'est une illusion de Grigori, dit Smerdiakov avec un sourire. C'est un homme très-entêté : il aura cru voir la porte ouverte, et on ne l'en fera pas démordre. C'est un bonheur pour nous, car, après cette déposition de Grigori, l'affaire de Dmitri Fédorovitch est certaine.

— Écoute, dit Ivan Fédorovitch de nouveau troublé, écoute... J'avais encore beaucoup de choses à te demander, mais je les ai oubliées... Ah! oui, dis-moi seulement pourquoi tu as décacheté l'enveloppe et l'as jetée à terre?

— Si le crime avait été accompli par un homme sachant d'avance quelle était la somme, il n'aurait pas, dans le moment, pris le temps de décacheter l'enveloppe. Autre chose, Dmitri Fédorovitch : il avait seulement entendu parler du paquet, il ne l'avait pas vu et ne pouvait savoir si ce paquet contenait bien réellement l'argent : il devait laisser tomber l'enveloppe à terre sans se douter que ce serait une pièce à conviction contre lui. Dmitri Fédorovitch n'est pas un voleur ordinaire, c'est un noble. Il n'aurait pas *précisément* volé. Dans le cas actuel, il aurait repris ce qui lui était dû. C'est ce que j'ai laissé entendre au procureur, de telle manière qu'il a cru trouver lui-même cette idée : il en était très-satisfait...

— Tu as réfléchi à tout cela sur place et dans l'instant même? s'écria Ivan Fédorovitch stupéfait, et regardant Smerdiakov avec terreur.

— Voyons! dans une telle hâte peut-on faire tant de réflexions? Tout cela était calculé d'avance.

— Eh bien... Eh bien, il faut que le diable lui-même... Tu n'es pas bête; tu es même beaucoup plus intelligent que je ne pensais.

Il se leva et fit quelques pas. Mais comme la chambre était très-encombrée, il se rassit aussitôt. C'est peut-être ce qui l'exaspéra de nouveau, et il se remit à hurler.

— Écoute, misérable! ignoble créature! Tu ne comprends donc pas que si je ne t'ai pas tué encore, c'est que je te garde pour que tu répondes demain aux juges? Dieu m'est témoin, dit-il en levant la main, que peut-être j'ai été en effet coupable, peut-être avais-je le secret désir que mon père mourût, mais je te jure que je n'étais pas aussi coupable que tu le penses; peut-être ne t'ai-je pas poussé du tout, non, non!... N'importe, je déposerai contre moi-même demain, j'y suis résolu et je dirai tout, tout. Mais nous irons ensemble, et, quoi que tu puisses dire contre moi, cela m'est égal, je ne te crains pas, je confirmerai moi-même tout ce que tu diras. Mais toi aussi, il faudra que tu avoues, il le faudra, il le faudra; nous irons ensemble, ce sera!

Ivan prononça ces paroles avec énergie et solennité. Il n'y avait pas de doute possible devant son regard : ce qu'il disait, il le ferait.

— Vous êtes malade, il me semble, très-malade, dit Smerdiakov, sans railler, cette fois, et même avec pitié.

— Nous irons ensemble, répéta Ivan, et si tu ne viens pas, n'importe, j'avouerai pour toi et pour moi.

Smerdiakov restait songeur.

— Cela ne sera pas, vous n'irez pas, dit-il d'un ton péremptoire.

— Tu ne me comprends pas!

— Vous aurez trop honte et d'ailleurs ce serait inutile, car je nierai vous avoir jamais rien dit de pareil, je dirai que vous êtes malade, comme il est trop évident, ou que vous avez eu pitié de votre frère et que vous me chargez pour le sauver; que vous m'avez toujours regardé comme une mouche plutôt qu'un homme. Et qui vous croira?

— Écoute, tu m'as montré cet argent pour me convaincre.

Smerdiakov retira le livre et écarta la liasse.

— Cet argent, prenez-le, dit-il en soupirant.

— Certes, je le prends! Mais pourquoi me le donnes-tu, puisque tu as tué pour l'avoir? demanda Ivan avec inquiétude.

— Je n'en ai plus besoin, dit d'une voix tremblante Smerdiakov. J'avais d'abord la pensée qu'avec cet argent je commencerais une nouvelle vie à Moscou, ou mieux encore à l'étranger; c'était mon idée, je me disais que tout est permis! Vous m'avez appris cela, car vous m'avez appris bien des choses : si Dieu n'existe pas, il n'y a pas de vertu, car elle serait inutile. Cela me semblait vrai.

— Tu l'avais pensé tout seul, dit Ivan avec un sourire embarrassé.

— Non pas! C'est vous qui me l'avez révélé!

— Et maintenant? Alors tu crois en Dieu, puisque tu rends l'argent?

— Non, je n'y crois pas, dit Smerdiakov d'une voix à peine perceptible.

— Pourquoi donc le rends-tu?

— Assez! Dieu...

Smerdiakov fit un geste désespéré.

— Vous-même disiez bien que tout est permis : et maintenant pourquoi êtes-vous si inquiet? Vous voulez même déposer contre vous... vous ne le ferez pas, dit-il avec conviction.

— Tu le verras bien.

— Cela ne se peut pas, vous êtes trop intelligent. Vous aimez l'argent, je le sais, les honneurs aussi, car vous êtes très-orgueilleux. Vous aimez les femmes, l'indépendance. Vous ne voudrez pas gâter toute votre vie et vous salir d'une telle honte. Vous êtes, de tous les enfants de Fédor Pavlovitch, celui qui lui ressemble le plus, c'est la même âme.

— Tu n'es décidément pas bête, balbutia Ivan avec stupeur.

Le sang lui monta à la tête.

— Et moi qui te croyais stupide!

— C'est par orgueil que vous le croyiez. Prenez donc l'argent.

Ivan prit la liasse des billets et la mit dans sa poche.

— Je les montrerai demain aux juges, dit-il.

— Personne ne vous croira. Vous avez de l'argent à vous, vous avez pris ces trois mille roubles dans votre bureau.

Ivan se leva.

— Je te répète que je ne t'ai pas tué, uniquement parce que j'ai besoin de toi demain, ne l'oublie pas.

— Eh bien, tuez-moi, tuez-moi maintenant, dit Smerdiakov d'une voix étrange. Vous ne l'oseriez pas, ajouta-t-il avec un sourire amer. Vous n'osez plus rien, vous, si audacieux naguère !

— A demain ! dit Ivan en se dirigeant vers la porte.

— Attendez, montrez-*le* moi encore une fois.

Ivan retira les billets et les lui montra. Smerdiakov les considéra pendant une dizaine de secondes.

— Allez, maintenant... Ivan-Fédorovitch ! cria-t-il tout à coup.

— Qu'as-tu ? demanda Ivan sur le point de partir.

— Adieu !

— A demain !

Ivan sortit.

Une sorte de joie montait en lui. Il se sentait une fermeté inébranlable : la situation était nette, sa décision prise.

Au moment de rentrer chez lui, il s'arrêta tout à coup : « Ne ferais-je pas mieux d'aller tout de suite chez le procureur et de lui déclarer tout ?... Non, demain, tout à la fois.... »

Et il ouvrit sa porte.

À peine entré, il sentit toute sa joie s'évanouir. Une sensation de froid le prit au cœur. Un souvenir écrasant lui revint, il s'assit sur un divan. La vieille domestique apporta le samovar; il fit du thé, mais ne le but pas et renvoya la domestique jusqu'au lendemain. Il était las, mal à l'aise. Tantôt il s'assoupissait, tantôt il se relevait, marchait à travers la chambre. Il lui semblait qu'il avait le délire. Tout à coup, il se mit à regarder autour de lui comme s'il cherchait quelque chose. Enfin, il fixa son regard sur un point. Il sourit, mais son visage s'empourpra de colère. Longtemps il resta immobile, accoudé, la tête dans les mains, et toujours regardant le même point de la chambre, du côté du divan.

VII

Je ne suis pas médecin, et pourtant je sens que le moment est venu de donner quelques explications sur la maladie d'Ivan Fédorovitch. Disons d'avance qu'il était à la veille d'un accès de fièvre chaude. Ignorant en médecine, je risque cette hypothèse qu'il avait peut-être pu, par un effort de volonté, ajourner la crise au delà des limites ordinaires. Il se savait malade, mais il ne voulait pas céder à la maladie en ce moment fatal où il devait être là, parler hardiment et « se justifier à ses propres yeux... » Pourtant il était allé voir le médecin que Katherina Ivanovna avait mandé de Moscou. Mais il avait fallu qu'elle l'y forçât. Après l'avoir examiné, le médecin lui avait dit qu'il avait en effet un dérangement cérébral et ne s'étonna point quand Ivan lui parla d'hallucinations.

— Cela n'est pas surprenant, dit le médecin. Il faudrait pourtant les contrôler... Il faut vous soigner sans retard, autrement cela empirerait.

Mais Ivan Fédorovitch ne suivit pas ce sage conseil. « Je marche bien, j'ai des forces. Quand je tomberai, alors qu'on me soigne si l'on veut! »

Il avait donc conscience de son délire et regardait fixement un certain objet, en face de lui, sur le divan. Là apparut tout à coup, Dieu sait comment, un homme, ou plutôt un gentleman russe « qui frisait la quarantaine », comme disent les Français, grisonnant un peu; les cheveux longs et épais, une petite barbe en pointe. Il portait un veston marron, évidemment du meilleur tailleur, mais déjà usé, datant d'il y a trois ans par exemple, et pas mal démodé. Son linge, son long foulard, tout était à l'instar des gentlemen du dernier chic; mais à regarder de près, le linge était un peu sale et le long foulard assez défraîchi. Son pantalon quadrillé était bien coupé, mais trop clair et trop juste, comme on n'en porte plus maintenant. Son chapeau rond, en feutre mou, blanc, n'était déjà plus de la saison. En un mot, un mélange de comme il faut et de gêne. Il semblait que ce gentleman fût un de ces anciens pomiestchiks florissants du temps des serfs : il avait vécu, vu le grand monde, eu jadis de bonnes relations et peut-être même les avait-il conservées jusqu'à cette heure, mais, petit à petit, la gêne avait succédé à l'aisance, et le gentleman, après l'abolition du servage, était devenu quelque chose comme un pique-assiette de bonne compagnie. Ces sortes de gentlemen sont d'ordinaire de vieux garçons ou des veufs : leurs enfants, s'ils en ont, sont quelque part au loin, à faire leur éducation chez quelque tante. La physionomie de cet hôte inattendu était je ne dirai pas bonasse, mais bon garçon, annonçait un caractère prêt à toutes les circonstances et naturellement disposé à toutes les amabilités. Il n'avait pas de montre sur lui ; mais il portait un lorgnon en écaille pendu à un ruban noir. Au doigt du milieu de sa main droite brillait une bague en or massif avec une opale à bon marché.

Ivan Fédorovitch gardait le silence, déterminé à ne pas engager la conversation. L'hôte attendait, comme un pique-assiette qui vient de quitter la chambre qu'on lui prête et, à l'heure du thé, tient compagnie au maître de la maison, mais se tait pour ne pas troubler les réflexions du maître. Tout à coup son visage devint soucieux.

— Écoute, dit-il à Ivan Fédorovitch, excuse-moi, je ne te le dis que pour mémoire : tu allais chez Smerdiakov pour lui demander des renseignements à propos de Katherina Ivanovna et tu es parti sans rien savoir, à son sujet. Tu l'avais oubliée probablement.

— Ah oui, dit Ivan aussitôt troublé, oui, en effet, j'ai oublié. N'importe, d'ailleurs, remettons tout à demain. Quant à toi, ajouta-t-il avec colère en s'adressant à l'hôte, qu'as-tu à me parler de cela? J'y pensais justement, car j'y pensais! ce n'est pas toi qui me l'as rappelé.

— Eh bien! ne crois pas que ce soit moi qui te l'aie rappelé, dit le gentleman avec un sourire affable. On ne peut croire par force! Thomas a cru parce qu'il voulait croire et non parce qu'il a vu le Christ ressuscité. Les spirites, par exemple... je les aime beaucoup... Imagine-toi qu'ils croient servir la religion parce que le diable leur fait les cornes du fond de l'autre monde, ce qui est une preuve *matérielle* de l'existence de l'autre monde! Une preuve *matérielle* de l'existence de l'autre monde! Comment trouves-tu cela? Encore, cela ne démontrerait tout au plus que l'existence du diable, mais celle de Dieu! Je vais me faire recevoir de la société idéaliste pour leur faire de l'opposition, hé! hé!

— Écoute, dit Ivan Fédorovitch en se levant, il me semble que j'ai le délire, tu peux mentir tant que tu voudras, ça m'est égal. Je n'éprouve que de la honte... Je veux marcher dans la chambre... Parfois, je cesse de te voir, de t'entendre, mais je devine toujours ce que tu veux dire, car toi, c'est moi, — *c'est moi qui parle et non pas toi*. Je ne sais plus, la dernière fois, si je dormais ou si je te voyais réellement. Je vais me mettre sur le front une serviette mouillée d'eau froide; peut-être vas-tu te dissiper.

Ivan alla prendre une serviette, la trempa dans l'eau, en banda son front, puis se mit à marcher de long en large dans la chambre.

— Il te plaît de me tutoyer? dit l'hôte.

— Imbécile! crois-tu que je puisse te dire : vous? je suis de bonne humeur... Si seulement je n'avais pas mal à la tête... Mais pas tant de philosophie que la dernière fois, je t'en prie. Si tu ne peux pas t'en aller, au moins dis-moi des mensonges gais, des cancans, car, en qualité de pique-assiette, tu dois en savoir. Voilà un cauchemar persistant!

Mais je ne te crains pas, j'aurai le dessus, on ne me mènera pas à la maison des fous.

— C'est charmant! un pique-assiette! Et oui, c'est ma condition. Que suis-je en effet dans le monde, sinon un pique-assiette? A propos : en t'écoutant, je m'étonne, par Dieu! que tu commences à me traiter comme un être réel et non plus comme une fantaisie de ton imagination, ce que tu faisais encore la dernière fois.

— Non pas! je ne t'ai jamais pris pour un être réel! s'écria Ivan avec rage. Tu es un mensonge, un fantôme! Tu es ma maladie! Mais je ne sais comment me défaire de toi, et je pense qu'il faudra que je te tolère pendant quelque temps. Tu es mon hallucination. Tu es la corporisation des plus vils et des plus sots de mes sentiments et de mes pensées. En cela tu m'intéresserais, si j'avais du temps à perdre avec toi.

— Pardon! pardon! Mais tout à l'heure quand tu demandais à Aliocha s'il ne l'avait pas entendu, c'est de moi que tu parlais! Tu as donc cru, au moins un instant, à ma réalité, dit le gentleman avec un doux sourire.

— C'était une faiblesse... Mais je ne t'ai jamais cru réel.

— Et pourquoi as-tu été si dur avec Aliocha? Il est charmant. J'ai des reproches à me faire à son endroit à cause de son starets Zossima.

— Comment oses-tu parler d'Aliocha, âme de valet? dit Ivan en riant.

— Tu m'injuries en riant? Bon signe. En général, d'ailleurs, tu es plus aimable avec moi que la dernière fois. Je comprends pourquoi... cette noble résolution...

— Tais-toi, ne me parle pas de cela! s'écria Ivan furieux.

— Je comprends, je comprends... c'est noble, c'est charmant... Tu vas demain défendre ton frère, tu te sacrifies! C'est chevaleresque!

— Tais-toi, ou je te fouette!

— Dans un certain sens, je serais assez content d'être battu, car cela prouverait que tu crois à ma réalité. Pourtant, cessons de plaisanter; tu peux m'injurier, mais mieux vaut être poli, même avec moi. « Laquais! valet! imbécile! » Quels mots!

— En t'injuriant je m'injurie moi-même, dit Ivan avec un mauvais rire. Tu me parles mes propres pensées, tu ne peux donc rien me dire de neuf. Mais tu ne choisis que mes plus sottes pensées! Tu es bête et banal, je ne puis plus te supporter.

— Mon ami, je ne cesserai pas d'être un gentleman avec toi, mais je veux être traité comme tel, dit l'hôte avec un reste d'amour-propre bonasse. Je suis pauvre, mais... je ne dirai pas très-honnête, mais... On accepte ordinairement comme un axiome que je suis un ange déchu. Par Dieu! je ne puis me représenter comment j'ai jamais pu être un ange! Si je l'ai jamais été, il y a si longtemps de cela, que j'ai pu l'oublier sans pécher. Mais je suis jaloux de ma réputation d'homme comme il faut. Ma destinée est d'être agréable. J'aime sincèrement les hommes. On m'a beaucoup calomnié. Quand je viens chez vous, sur la terre, ma vie revêt des apparences de réalité, — ce qui n'est pas pour me déplaire, loin de là. Le fantastique me fait souffrir comme toi-même, car j'aime le réalisme terrestre. Chez vous, tout est définitions et formules géométriques : chez nous, ce n'est qu'équations à n inconnues! Ici, je me promène, je rêve (j'aime à rêver). Je deviens même superstitieux!... Ne ris pas, je t'en prie. La superstition me plaît. Je comprends toutes vos habitudes, j'aime particulièrement les bains chauds fréquentés par les gens de commerce. Mon rêve est de m'incarner, sans retour, en quelque grosse marchande afin d'avoir ses croyances. Mon idéal est d'aller à l'église faire brûler, avec une foi sincère, un cierge devant l'icone. Alors mes souffrances prendraient fin. J'aime aussi vos médecins. Cet été, comme il y avait une épidémie de petite vérole, je suis allé me faire vacciner. Si tu savais comme j'étais content! J'ai même fait une aumône de dix roubles pour mes frères slaves... Tu ne m'écoutes plus? Tu es très-distrait aujourd'hui. Je sais que tu es allé consulter hier ce médecin... Eh bien, comment vas-tu? Que t'a dit le médecin?

— Imbécile!

— Homme d'esprit! Ce n'est pas par amitié que je te demandais cela! Tu peux répondre ou ne pas répondre, comme il te plaira. Tiens! voilà mes douleurs rhumatismales qui me reprennent!

— Imbécile!

— Toujours la même chose! Je souffre depuis l'année dernière de ces douleurs rhumatismales.

— Un diable, des rhumatismes?

— Pourquoi pas? Si je prends un corps, il faut que j'en subisse toutes les conséquences. *Satan sum et nihil humani a me alienum puto.*

— Comment? comment? *Satan sum et nihil humani...* Ce n'est pas bête pour un diable!

— Enfin! je suis ravi de t'être agréable.

— Mais cela n'est pas de moi ! dit Ivan interloqué. Cela ne m'est jamais venu à l'esprit...

— C'est du nouveau, n'est-ce pas? Pour une fois, je serai honnête et je t'expliquerai la chose. Écoute. Pendant les rêves, dans les cauchemars qui proviennent d'un trouble d'estomac ou de quelque autre cause physique, l'homme a parfois des visions si belles, des combinaisons d'apparences si réelles et si compliquées, il passe par tant d'événements, ou plutôt par tant d'intrigues si bien enchaînées, avec des détails si imprévus, depuis les phénomènes les plus importants jusqu'aux dernières bagatelles, que, je te le jure, Léon Tolstoï lui-même ne pourrait rien imaginer de tel, et ces rêves visitent des gens qui ne sont pas du tout des écrivains : des tchinovniks, par exemple, des feuilletonistes et des popes... Un ministre m'a même avoué que ses meilleures idées lui venaient pendant le sommeil. C'est ce qui t'arrive : je te dis des choses qui ne te sont jamais venues à l'esprit, comme font les personnages de tes cauchemars. De cette sorte, je fais un peu plus que te parler ta pensée.

— Tu mens ! Ton but est de me faire croire que tu existes, et voilà que tu prétends être un cauchemar ! Tu mens !

— Mon ami, j'ai une méthode particulière que je t'expliquerai ensuite. Attends un peu... Où en étais-je ? Ah ! oui. J'ai donc pris ces douleurs non pas ici, mais là-bas...

— Où ça, là-bas ? Dis donc, vas-tu rester longtemps encore ? s'écria Ivan désespéré.

Il cessa de marcher, s'assit sur le divan et prit de nouveau sa tête entre ses mains. Il arracha avec dépit la serviette mouillée et la jeta.

— Tu as les nerfs détraqués, fit le gentleman avec une nonchalante bienveillance. Tu m'en veux d'avoir attrapé des douleurs! Quoi de plus naturel pourtant? Je me dépêchais, j'allais à une soirée diplomatique chez une grande dame pétersbourgeoise qui tâchait d'accaparer un ministère. En frac, en cravate blanche, ganté, j'allais donc et Dieu sait où j'étais! Il y avait encore loin jusqu'à la terre!... Certes, je vais vite, mais la lumière du soleil elle-même met huit minutes pour parvenir à la terre! Et en frac, en gilet découvert!... Les esprits ne gèlent pas, il est vrai, mais une fois incarnés, alors... En un mot, j'ai agi un peu légèrement : dans l'espace, dans l'éther, dans l'eau, il fait un froid!... C'est-à-dire qu'on ne peut plus appeler cela du froid : cent cinquante degrés au-dessous de zéro. Tu connais la plaisanterie des babas? Quand il gèle à trente degrés, elles proposent à quelque niais de lécher la lame d'une hache et la peau du niais reste collée à la hache! Et ce n'est que trente degrés! mais cent cinquante degrés! A cent cinquante degrés, il suffirait de toucher une hache non pas avec la langue, mais avec le doigt pour disparaître complétement... Si seulement il peut y avoir une hache dans l'espace...

— Mais cela se peut-il? dit distraitement Ivan Fédorovitch.

Il cherchait à rassembler toutes ses forces pour ne pas prendre pour une réalité son hallucination et ne pas achever de devenir fou.

— Une hache? reprit l'hôte avec étonnement.

— Mais oui! que ferait-elle dans l'espace? demanda Ivan avec fureur.

— Eh bien! quelle idée! Si elle est très-loin de la terre, je pense qu'elle s'amusera à tourner autour de votre planète en guise de satellite, sans savoir pourquoi. Les astronomes calculeront son lever et son coucher et on la mettra dans les almanachs, voilà tout.

— Tu es bête! horriblement bête! Fais-moi des mensonges plus spirituels, ou je ne t'écoute plus. Tu veux me convaincre de ta réalité par des procédés de réaliste? Je ne te crois pas!

— Mais je ne mens pas : tout cela est vrai. Malheureusement, la vérité n'est jamais spirituelle! Je crois que tu attends de moi quelque chose de grand, peut-être de beau. Tant pis! je ne te donne que ce que je peux...

— Ne fais donc pas le philosophe, âne!

— Quelle philosophie? J'ai tout le côté droit paralysé! Je ne puis que geindre. J'ai consulté toute la Faculté. Oh! ils sont très-forts pour diagnostiquer sur la maladie; mais guérir? Ils ont un très-joli système : ils envoient le malade chez un *spécialiste* : nous autres, nous diagnostiquons, lui, il nous guérira. L'ancien système, selon lequel chaque médecin traitait toutes les maladies, a complétement disparu : il n'y a plus que des spécialistes. As-tu mal au nez? on t'enverra à Paris : il y a un fameux spécialiste européen pour les affections du nez. Tu vas donc à Paris. Le spécialiste examine ton nez : « Je ne puis, dit-il, guérir que votre narine droite, car je ne traite pas les narines gauches, ce n'est pas ma spécialité. Il faut aller à Vienne : il y a un spécialiste pour les narines gauches. » J'ai recouru aux remèdes des bonnes femmes, mais un médecin allemand m'a conseillé de prendre un bain après m'être fait enduire de miel salé. J'ai suivi l'ordonnance en pure perte. En désespoir de cause, je m'adresse au comte Mateï, à Milan. Il m'envoie une brochure et des globules... Que Dieu lui pardonne! Enfin, c'est l'extrait de Hoff qui m'a guéri. Je lui ai signé une attestation comme quoi son remède m'avait réussi. Mais voilà bien une autre affaire : pas un journal n'a voulu de mon attestation. « C'est trop réactionnaire, dit-on, personne ne veut plus croire à l'existence du diable. Publiez cela sous le voile de l'anonyme. Mais une attestation anonyme! » J'ai ri avec les journalistes. « C'est en Dieu, lui ai-je dit, qu'il est réactionnaire de croire : mais moi, je suis le diable! — C'est vrai, m'ont-ils répondu, pourtant cela ne rentre pas dans notre programme. A titre de nouvelle à la main, si vous voulez... » Cela m'est resté sur la conscience, vois-tu! Les meilleurs sentiments, et entre autres la reconnaissance, me sont interdits à cause de ma position sociale.

— Encore de la philosophie! fit Ivan en grinçant des dents.

— Que Dieu m'en garde! Je me plains, voilà tout. Je suis calomnié. Tu me traites perpétuellement d'imbécile. Ah! jeune homme! l'esprit ne fait pas tout! J'ai reçu de la nature un cœur bon et gai. J'aime à la folie le vaudeville! Tu me prends peut-être pour un vieux klestakov[1], et pourtant ma destinée n'est pas drôle. Par une inexplicable erreur de la fortune, je suis condamné à *nier* et je n'en suis pas moins foncièrement bon, très-mal fait pour la négation. « Non, il faut que tu nies! Sans néga-

[1] Klestakov, homme qui se vante à tout propos et finit par croire lui-même aux histoires qu'il invente.

tion, pas de critique, et sans critique, comment feraient les revues ? Otez la critique, il n'y a plus que des hosannas ! Cela ne suffit pas. Il faut que l'hosanna soit contrebalancée par le doute ! etc... » Du reste, je ne suis pour rien en tout cela : ce n'est pas moi qui ai inventé la critique, je n'ai pas à répondre pour elle. Je n'en suis pas moins le bouc émissaire : il faut que je critique ! — Et voilà l'origine de la vie. Nous comprenons très-bien, nous autres, cette comédie. Moi, je ne demande que le néant. — « Non, m'est-il répondu, il faut que tu vives, car sans toi rien n'existerait, rien ne serait possible sur la terre si tout s'y passait sagement. Sans toi, point d'action : or il faut que l'homme agisse ! » Voilà comment, bien à contrecœur, j'accomplis mon mandat : je suscite des actions humaines, je me discrédite par obéissance. Les gens, même les plus intelligents, prennent au sérieux cette comédie : et prendre au sérieux la comédie de la vie, c'est une tragédie intime et ils en souffrent, mais... en revanche ils vivent, ils vivent réellement et non idéalement; car la souffrance, c'est la vie. Quel plaisir aurait-on sans la souffrance ? Tout serait comme une interminable cérémonie : c'est saint, mais que c'est ennuyeux ! Or moi, je souffre et pourtant je ne vis pas, je suis l'x de l'équation à n inconnues. Je suis le spectre de la vie, je n'ai plus d'origine, je n'ai pas de fin, j'ai oublié mon nom ! Tu ris ! Non, tu ne ris pas, tu te fâches encore. Tu te fâches toujours ! Il te faudrait toujours de l'esprit ! Ah ! j'aurais donné toute cette vie supra-terrestre, tous les grades, tous les honneurs pour m'incarner en une grosse et grasse marchande et faire brûler des cierges à l'église !

12.

— Alors tu ne crois plus en Dieu, toi-même? fit Ivan avec un sourire fielleux.

— Comment donc? Mais parles-tu sérieusement?

— Dieu est-il, oui ou non? cria Ivan avec un entêtement de fou.

— Ah! c'est donc sérieux? Eh bien, mon petit pigeon, je te jure par Dieu que je n'en sais rien. Voilà ce que je puis dire de plus sincère.

— Non, tu n'es pas! Tu es moi-même et pas autre chose!

— Si tu veux, j'ai la même philosophie que toi : *je pense, donc je suis,* voilà ce dont je suis sûr. Quant au reste, quant à tout ce qui m'entoure, Dieu et Satan lui-même, tout cela ne m'est pas prouvé! Si tout cela a une existence personnelle ou si ce n'est qu'une émanation de moi, un développement successif de mon moi qui existe temporellement et personnellement... Mais je m'arrête, car je vois que tu vas me battre.

— Si au moins tu me racontais une anecdote!

— Eh bien, en voici une précisément à propos du point qui nous occupe. Plutôt une légende qu'une anecdote. Tu me reproches mon scepticisme! Mais il n'y a pas que moi de sceptique! Nous sommes sens dessus dessous, *chez nous*, à cause de vos sciences. Tant qu'on n'a connu que les atomes, les cinq sens, les quatre éléments, cela allait encore. On parlait déjà d'atomes dans l'antiquité! Mais vous avez découvert « la molécule chimique », le protoplasma et diable sait encore quoi! Alors nous avons commencé à baisser la queue. Quel chaos! Eh bien, cette légende de notre moyen âge — de notre moyen âge, non pas du vôtre; n'a pas de croyants, sauf peut-être les grosses et grasses marchandes — les nôtres, non pas les vôtres. — (Car tout ce qui existe chez vous existe aussi chez nous, je te dévoile ce mystère par amitié, c'est pourtant défendu.) Cette légende parle donc du paradis. La voici. Vous avez eu un certain philosophe qui niait tout, les lois naturelles, la conscience, la foi, surtout la vie future : après sa mort, il croyait aller dans les ténèbres du néant, et voilà qu'il entre dans la vie future. Il se fâche, il s'étonne. « Cela, dit-il, est contre mes convictions ! » Et il fut condamné pour cela... Excuse-moi, je ne t'en raconte que ce qu'on m'en a dit à moi-même... Donc il fut condamné à faire dans les ténèbres, un voyage d'un quatrillion de kilomètres (car nous avons aussi les kilomètres maintenant), et quand il aura fait son quatrillion, les portes du paradis lui seront ouvertes et tout lui sera pardonné...

— Quelles sont les tortures de l'autre monde, outre les quatrillions? demanda Ivan avec une étrange animation.

— Quelles tortures? Ah ! ne m'en parle pas ! Auparavant, c'était encore supportable, mais aujourd'hui on a inauguré le système de la torture morale : « les remords de la conscience » et autres balivernes dans ce goût. C'est votre « adoucissement des mœurs » qui nous a valu cette mode ! Et au profit de qui ? au profit de ceux qui n'ont pas de conscience ! En revanche, les gens honnêtes souffrent davantage, les gens encore chargés d'honneur et de vertu. Voilà ce que c'est : on fait des réformes sur un terrain qui n'est pas encore préparé ! Et surtout emprunter des institutions à l'étranger, quelle folie ! Le feu d'autrefois, aujourd'hui démodé, valait mieux!... Notre condamné au quatrillion regarde donc un moment devant lui, puis se couche en travers de la route : « Je refuse, dit-il, je refuse par principe! » Prends l'âme d'un athée russe de la meilleure éducation et mêle-la avec l'âme du prophète Jonas qui bouda pendant trois jours et trois nuits dans le ventre d'une baleine, et tu obtiendras notre penseur étendu en travers de la route.

— Et sur quoi s'est-il étendu?

— Il est probable qu'il y avait de quoi s'étendre! Te moques-tu de moi?

— Bravo! cria Ivan.

Il écoutait avec une visible curiosité.

— Eh bien, reprit-il, a-t-il fini par se relever?

— Il resta ainsi pendant mille ans, puis il se leva et marcha.

— Quel âne!

Ivan éclata de rire nerveusement et se mit à réfléchir.

— Rester couché éternellement ou marcher tout un quatrillion de verstes, n'est-ce pas tout un? Mais cela fait un billion d'années de marche!

— Et même plus. Si j'avais du papier et un crayon, je ferais le calcul. Mais il y a longtemps qu'il a fait son quatrillion et c'est là que commence l'anecdote.

— Comment! Mais où a-t-il pris un billion d'années?

— Tu fais toujours des raisonnements terrestres et de ton temps! La terre a peut-être elle-même subi un billion de transformations! Elle s'est gelée, puis fondue; elle s'est décomposée en ses éléments premiers « et de nouveau les eaux ont recouvert la terre ». Elle a passé comète, elle est devenue soleil, puis terre. Une série infinie de transformations selon des lois immuables... Et de tout cela résulte un ennui tel qu'il en est inconvenant...

— Eh bien! eh bien! Qu'est-ce qui arriva ensuite?

— Eh bien, aussitôt qu'on lui eut ouvert la porte du paradis, il entra, mais il n'y resta pas deux secondes, montre en main (quoique, selon moi, sa montre ait dû se décomposer en ses éléments premiers durant le voyage), et s'écria que, pour ces deux secondes, il subirait encore un voyage, non pas d'un quatrillion de kilomètres, mais d'un quatrillion de quatrillions au quatrillionnième degré. Et il chanta : Hosanna! Mais il chanta trop... Je te le répète, c'est une légende : je te la donne pour ce qu'elle m'a coûté. Tu peux voir par là les idées qui ont cours chez nous.

— Je te tiens! s'écria Ivan avec une joie enfantine, comme s'il se rappelait subitement quelque chose. C'est moi-même qui ai inventé cette histoire du quatrillion de kilomètres! J'avais alors dix-sept ans et j'étais au gymnase. Je l'ai contée à un de mes camarades. Elle est très-caractéristique ; je l'avais oubliée, mais je me la suis rappelée inconsciemment, ce n'est pas toi qui me l'as dite... Tu n'es donc décidément qu'un rêve.

— La fougue même que tu mets à me nier me prouve que malgré tout tu crois en moi, dit le gentleman avec gaieté.

— Pas du tout! Je n'ai pas un centième de fraction de croyance en toi!

— Et un millième? Les doses homœopathiques sont souvent les plus fortes. Avoue que tu crois en moi au moins au dix-millième.

— Non! cria Ivan. D'ailleurs je voudrais bien croire en toi.

— Hi! hi! voilà un aveu! Mais je suis bon, je vais t'aider. C'est moi qui te tiens! Je t'ai conté exprès ton anecdote pour que tu ne croies pas en moi.

— Tu mens! Ton but évident est de me convaincre de ta réalité!

— Précisément, mais les hésitations et l'inquiétude, le duel entre la négation et l'affirmation constituent, pour un homme conscient comme toi, une telle souffrance qu'il y a de quoi se pendre. Je sais que tu crois en moi un peu, et c'est pour augmenter ton scepticisme que je t'ai fait ce conte. C'est ma nouvelle méthode. Quand tu seras convaincu que je ne suis pas réel, tu te mettras à m'assurer que j'existe vraiment, que je ne suis pas un rêve, et mon but sera atteint. Or, en lui-même, mon but est noble. Je vais semer en toi une légère semence de foi : il en naîtra tout un chêne, un si grand chêne qu'à son ombre tu rêveras de te faire ermite, car, au fond de toi-même, tu as le goût des solitudes sacrées où l'on se repaît de racines sauvages!

— Alors, misérable, c'est pour mon salut que tu fais tout cela?

— Mais il faut bien faire, une fois, une bonne action! Pourquoi t'irriter si fort?

— Bouffon! As-tu jamais tenté les solitaires qui passent dix-sept ans au désert et qui sont envahis par les mousses?

— Mon petit pigeon, je n'ai jamais fait que cela. On néglige le monde entier pour une âme aussi précieuse que la tienne : une étoile comme toi fait oublier toutes les constellations. (Nous avons un calcul particulier.) Or, il y en a, parmi les solitaires, qui te valent pour le développement intellectuel, malgré que tu en aies. Ils peuvent concevoir simultanément de tels abîmes de doute et de foi, que, parole ! il me semble parfois qu'il s'en faut d'un cheveu qu'ils soient à nous.

— Et, malgré tout, tu t'en vas toujours avec un nez long d'une aune.

— Mon ami, mieux vaut un long nez que pas de nez du tout, comme le disait naguère encore un marquis malade (il devait être soigné par quelque spécialiste) dans sa confession à un Père Jésuite. J'ai tout entendu, c'était charmant. « Rendez-moi mon nez ! » cria-t-il en se frappant la poitrine. « Mon fils, insinuait le pater, toutes choses sont réglées par les desseins de la Providence ; un malheur évident engendre parfois un bonheur caché ! Si les cruautés du sort vous ont privé de votre nez, consolez-vous en pensant que personne ne pourra jamais vous dire que vous l'avez trop long... »

— Fi ! que c'est bête !

— Mon ami, je voulais te faire rire... Vois-tu, il n'y a rien de tel pour vous distraire des ennuis de la vie que ces petites boîtes surnommées par les Jésuites des confessionnaux. Voici une historiette toute récente. Arrive chez un vieux pater une petite blonde, une Normande, une jeune fille de vingt ans. Quelle beauté ! Un corps !... Ça faisait venir l'eau à la bouche. Elle s'agenouille et murmure son péché dans le guichet du pater. « Que dites-vous là, ma fille ? Vous êtes retombée encore une fois ! s'écrie le pater. *O sancta Maria !* qu'entends-je ? Et déjà plus avec le même! Mais jusqu'à quand cela va-t-il durer? N'avez-vous pas de honte? — *Ah! mon Père,* répond la jeune fille tout en larmes, *ça lui fait tant de plaisir et à moi si peu de peine* [1]! » Que dis-tu de cette réponse? C'est le cri de la nature elle-même! Pour moi, je lui ai donné l'absolution. Je me retournais déjà pour m'en aller, quand j'entendis le pater lui fixer à travers le petit trou un rendez-vous. Un vieillard! c'est-à-dire, presque un vieillard. Il a succombé en un instant! la nature, ah! la nature a repris le dessus! Quoi? tu es encore fâché? Je ne sais plus comment faire pour t'être agréable.

— Laisse-moi. Tu es un cauchemar insupportable! fit Ivan en soupirant.

Il se sentait vaincu par la persistance de sa vision.

— Tu m'ennuies terriblement! Je donnerais beaucoup pour te chasser d'ici.

— Modère tes exigences, je t'en prie. N'exige pas de moi « le grand et le beau », et tu verras comme nous serons bons amis, dit le gentleman d'un ton persuasif. Au fond, tu m'en veux de n'être pas venu à toi dans une lueur rouge, « dans le tonnerre et les éclairs », les ailes entamées par le feu. Tu m'en veux de m'être présenté à toi avec des dehors si modestes. Tu es blessé par là dans tes sentiments esthétiques d'abord, et puis dans ton orgueil. Comment un diable si banal ose-t-il aborder un si grand homme? Tu as encore ces prétentions romantiques si bafouées par Bielinsky [2]. Qu'y faire, jeune homme? Je pensais, en me préparant à venir chez toi, à prendre les apparences

---

[1] En français dans le texte.
[2] Célèbre critique russe.

d'un conseiller d'État en activité, décoré des Ordres du Lion et du Soleil : mais j'y ai renoncé, tu m'aurais battu ! Comment ? mettre à ma boutonnière les crachats du Lion et du Soleil au lieu de l'étoile polaire ou de Sirius ! Et tu me reproches ma bêtise ? Mais, bon Dieu ! je ne prétends pas avoir ton intelligence ! Méphistophélès, en abordant Faust, annonce qu'il fera le mal et ne fait que le bien. C'est son affaire : moi, je suis tout le contraire. Je suis peut-être le seul homme du monde qui aime la vérité et veuille sincèrement le bien. J'étais là quand le Verbe s'est crucifié, s'est élevé aux cieux, emportant avec lui l'âme du bon larron ; j'ai entendu l'acclamation joyeuse des chérubins qui chantaient *Hosanna* et les hymnes des séraphins, ces hymnes qui faisaient trembler tout l'univers : eh bien, je te jure par tout ce qui est saint que j'aurais voulu me joindre à ces chœurs et crier, moi aussi : *Hosanna!* Ce cri allait déjà sortir de ma poitrine... Tu sais que je suis très-sentimental, très-accessible aux émotions esthétiques. Mais le bon sens — oh ! la plus désastreuse de mes vertus ! — m'a retenu dans les limites nécessaires et j'ai laissé passer l'heure irréparable. « Car, pensai-je, qu'arriverait-il si je criais : *Hosanna?* Tout s'éteindrait dans le monde, plus personne n'agirait. » Voilà comment mon devoir professionnel, ma condition sociale m'ont forcé à refouler en moi les bons instincts et à rester dans mon ignominie. D'autres accaparent la gloire du bien ; on ne me laisse que l'ignominie. Mais je ne suis pas jaloux de cette gloire volée, je ne suis pas vaniteux. Pourquoi suis-je, seul entre toutes les créatures, voué aux malédictions des honnêtes gens ? Il y a ici un mystère qu'on ne peut pas me révéler, de peur que je ne hurle : *Hosanna!* et qu'alors disparaisse de l'univers la négation nécessaire, et que ce soit le règne de la sagesse, c'est-à-dire que tout disparaisse, même les journaux et les revues : car qui s'abonnerait alors? Je sais bien qu'à la fin de tout je finirai par deviner cette énigme : je ferai mon quatrillion et je me réconcilierai avec Dieu. Mais d'ici là je boude, et, le cœur serré, j'accomplis ma destinée : perdre des milliers, pour en sauver un! Combien, par exemple, a-t-il fallu perdre d'âmes et souiller de réputations pour obtenir un juste, un Job, au nom de qui l'on s'est si méchamment joué de moi, jadis! Non, tant que l'énigme ne me sera pas expliquée, il y a pour moi deux vérités : l'une, — la leur, — que j'ignore; l'autre, la mienne. Reste à savoir quelle est la meilleure... Tu dors?

— Je crois bien, gémit rageusement Ivan. Tout ce qu'il y a de plus bête en moi, tout ce que j'ai moulu depuis longtemps et rejeté de mon esprit, tu me l'apportes comme une nouveauté!

— Allons! je n'ai pas encore réussi. Moi qui pensais te séduire en faisant un morceau de littérature! Cet *hosanna* des anges, vraiment, ce n'était pas mal. Pourquoi ce ton sarcastique à la Heine? Hé?

— Non! jamais je n'ai eu ces idées de laquais! Comment mon âme a-t-elle pu produire l'image de laquais que tu es?

— Mon ami, je connais un charmant petit bârine, tout jeune, un penseur, un amateur de littérature et d'art. Il est l'auteur d'un poëme non sans mérite intitulé : *le Grand Inquisiteur...* C'est lui que j'avais en vue tout à l'heure.

— Je te défends de parler du *Grand Inquisiteur!* s'écria Ivan tout rouge de honte.

— Et le cataclysme géologique, te le rappelles-tu ? Voilà un poëme !

— Tais-toi, ou je te tue !

— Moi ! me tuer ? Attends, il faut que je te dise tout ce que je pense. Je ne suis venu que pour me procurer ce plaisir. Oh ! que j'aime les rêves de mes jeunes amis, fougueux, âpres à la vie ! «Là, disais-tu l'an dernier quand tu te disposais à venir ici, vivent des gens nouveaux. Ils veulent tout détruire et en revenir à l'anthropophagie. Les sots ! Ils ne sont pas venus me demander conseil ! A mon avis, il ne faut rien détruire, excepté l'idée de Dieu, dans l'esprit de l'homme : c'est par là qu'il faut commencer. O les aveugles ! ils ne comprennent rien ! Une fois que toute l'humanité en sera venue à nier Dieu (et je crois que l'époque de l'athéisme universel arrivera, comme telle époque géologique, à son rang), alors, d'eux-mêmes, sans anthropophagie, disparaîtront les anciens systèmes et surtout l'ancienne morale. Les hommes se réuniront pour demander à la vie tout ce qu'elle peut donner, mais seulement et absolument à cette vie présente et terrestre. L'esprit humain grandira, s'élèvera jusqu'à un orgueil satanique, et ce seront les temps du dieu-humanité. Sans cesse triomphant de la nature par la science et par la volonté, et sans limites, cette fois, l'homme, par cela même, éprouvera une joie si intense qu'elle remplacera en lui les espérances des joies célestes. Chacun saura qu'il est mortel, qu'il n'a à compter sur aucune résurrection, et acceptera la mort avec orgueil, tranquillement, comme un dieu. Son orgueil même empêchera l'homme de se révolter contre la dure loi qui limite si vite la durée de sa vie, et il aimera ses frères sans exiger de retour. L'amour cherchera sa satisfaction dans cette vie passagère et le sentiment même de la brièveté compensera en intensité les jouissances disséminées dans les espérances illimitées d'un amour d'outre-tombe... » Et ainsi de suite, ainsi de suite... C'est charmant.

Ivan se bouchait les oreilles de ses deux mains, regardant la terre et tremblant de tout son corps. La voix continuait :

— La question gît en ceci, pensait mon jeune rêveur : Est-il possible que cette époque vienne jamais ? Si elle vient, tout est décidé, l'humanité sera définitivement ordonnée. Mais comme, vu la bêtise innée de l'espèce humaine, il se peut que rien de tout cela n'arrive avant mille ans, il est permis à ceux qui ont la conscience de cette vérité d'ordonner leur vie selon ces principes nouveaux : dans ce sens *tout est permis*. Plus encore : si cette époque ne doit jamais arriver, comme Dieu et l'immortalité n'existent pas, il est permis à l'homme qui se règle selon les principes nouveaux de devenir l'homme-dieu, fût-il seul dans l'univers à vivre ainsi. Il pourrait, dès lors, d'un cœur léger, franchir tous les obstacles de la morale ancienne qui réduisait l'homme en esclavage. Pour Dieu il n'y a pas de lois ! Dieu est partout à sa place ! *Tout est permis*, ce mot résume toute la loi. Tout ça est très-charmant : seulement, pour tricher, quel besoin a-t-on de la sanction de la vérité ? Mais tel est notre Russe contemporain : il ne peut tricher sans la sanction de la vérité, tant il l'aime, cette VÉRITÉ...

L'hôte était entraîné par sa propre éloquence. Il haussait

de plus en plus la voix et regardait avec ironie le maître de céans. Mais il ne put finir : Ivan prit tout à coup sur la table un verre de thé et le jeta à la face de l'orateur.

— Ah! mais... c'est bête, enfin! s'écria l'autre en se levant vivement et en épongeant avec son mouchoir les gouttes de thé sur ses habits. — Il s'est souvenu de l'encrier de Luther! Et il prétend me considérer comme un rêve! On jette donc des verres à la tête des fantômes? C'est agir en femme! Eh! je soupçonnais bien que tu faisais seulement semblant de te boucher les oreilles : tu écoutais!...

En ce moment on frappa aux vitres avec persistance.

Ivan Fédorovitch se leva.

— Tu entends? Ouvre donc, s'écria l'hôte : c'est ton frère Alioscha. Il t'apporte la plus inattendue des nouvelles, tu peux me croire.

— Tais-toi, hypocrite! Je savais avant toi que c'est Alioscha. Je l'avais pressenti, et certes il ne vient pas pour rien, il apporte évidemment une « nouvelle »! s'écria Ivan au paroxysme de l'exaspération.

— Ouvre donc! ouvre-lui! Il fait une tourmente de neige dehors, et c'est ton frère. Monsieur sait-il le temps qu'il fait? C'est à ne pas mettre un chien dehors...

On frappait toujours. Ivan voulait courir à la fenêtre, mais quelque chose le paralysait. Il s'efforçait de briser les liens qui le retenaient, mais vainement. On frappait de plus en plus fort. Enfin, les liens se rompirent et Ivan Fédorovitch se redressa. Il regarda d'un air effaré autour de lui. Les deux bougies étaient presque consumées; le verre dont il venait de jeter le contenu à son hôte était sur la table. Sur le divan, personne. On frappait encore à la fenêtre, mais beaucoup moins fort qu'il ne lui avait paru tout à l'heure, avec beaucoup de discrétion même.

— Ce n'est pas un rêve! Non, je jure que ce n'était pas un rêve! Tout cela vient d'arriver.

Ivan courut à la fenêtre.

— Alioscha! je t'ai défendu de venir! cria-t-il avec rage. En deux mots, que me veux-tu? En deux mots, entends-tu?

— Il y a une heure que Smerdiakov s'est pendu, répondit Alioscha.

— Monte, je vais t'ouvrir, dit Ivan. Et il alla ouvrir la porte.

VIII

Alioscha apprit à Ivan qu'une heure auparavant Maria Kondratievna était venue lui apprendre que Smerdiakov s'était tué. Elle l'avait trouvé pendu à un clou fiché dans le mur, et, avant d'aller faire sa déclaration aux autorités, elle était accourue tout droit chez Alioscha. Il s'était rendu avec elle dans le logis de Smerdiakov; il était encore comme Maria Kondratievna l'avait vu. Sur la table on trouva un papier qui portait ces mots : « Je meurs par ma propre volonté; qu'on n'accuse personne de ma mort. » Alioscha laissa ce billet sur la table et alla chez l'ispravnik :

— Et de là je suis venu chez toi, dit Alioscha en regardant fixement Ivan, dont le visage le surprenait.

— Frère, dit-il tout à coup, tu es probablement très-malade. Tu me regardes comme si tu ne comprenais pas ce que je te dis.

— C'est bien d'être venu, dit Ivan d'un air absorbé et comme s'il n'avait pas entendu l'exclamation d'Alioscha. Je savais qu'il se pendrait.

— Par qui le savais-tu?

— Je ne sais pas par qui, mais je le savais... Le savais-je? Oui, c'est *lui* qui me l'a dit, *il* vient justement de me le dire...

Ivan se tenait au milieu de la chambre, l'air toujours absorbé, regardant la terre.

— Qui, *lui?* demanda Alioscha en regardant involontairement tout autour.

— *Il* vient de se sauver.

Ivan leva la tête et sourit avec douceur.

— C'est de toi qu'*il* a eu peur, toi, la colombe. Tu es un « pur chérubin ». C'est Dmitri qui t'appelle ainsi chérubin... Le cri formidable des séraphins... Qu'est-ce qu'un séraphin? Toute une constellation peut-être, et peut-être cette constellation n'est-elle qu'une molécule chimique... Existe-t-il une constellation du Lion et du Soleil? Sais-tu?

— Frère, assieds-toi, dit Alioscha effrayé, assieds-toi sur le divan, je t'en prie. Tu as le délire. Appuie-toi sur le coussin... C'est cela. Veux-tu une serviette mouillée sur la tête? Ça te ferait du bien.

— Oui, donne-moi la serviette, ici sur la chaise... je viens de l'y jeter.

— Non, elle n'y est pas. Ne t'inquiète pas, la voici, dit Alioscha en ramassant dans un coin de la chambre, auprès de la table à toilette, une serviette propre et encore sèche.

Ivan considéra cette serviette avec un regard étrange.

— Attends, dit-il en se dressant sur le divan. Il y a une heure, cette même serviette, je l'ai prise, mouillée, appliquée sur ma tête et puis jetée... Comment donc est-elle sèche? Il n'y en avait pas d'autre.

— Tu as appliqué cette serviette sur ta tête?

— Mais oui, il y a une heure, quand je marchais à travers la chambre... et pourquoi ces bougies sont-elles consumées? Quelle heure est-il?

— Bientôt minuit.

— Non, non, non! cria Ivan, ce n'était pas un rêve, *il* était ici, sur ce divan. Quand tu as frappé à la fenêtre, je *lui* ai jeté un verre, celui-ci... Attends un peu. Cela m'est déjà arrivé... Alioscha, j'ai maintenant des rêves... Mais ce ne sont pas des rêves, c'est réel! Je marche, je parle, je vois... et pourtant, je dors!... *Il* était ici, assis sur ce divan... *Il* était terriblement bête, Alioscha, terriblement bête!

Il éclata de rire et se mit à marcher dans la chambre.

— Qui? de qui parles-tu, frère? demanda anxieusement Alioscha.

— Du diable. Il vient chez moi. Il est venu deux, trois fois. Il m'exaspère, il me reproche de lui en vouloir parce qu'il n'est que le diable, au lieu du Satan traditionnel, aux ailes entamées par le feu et qui arrive dans le tonnerre et les éclairs. Ce n'est qu'un imposteur, un diable de la dernière classe! Il prend des bains. S'il ôtait ses habits, tu lui verrais certainement une queue longue, lisse comme

celle d'un chien danois, longue d'une arschine, couleur
d'argile. Alioscha ! tu as froid, tu as reçu la neige, veux-tu
du thé ? Tiens, il est froid ! on va faire bouillir le samovar...
C'est à ne pas mettre un chien dehors...

Alioscha courut à la table à toilette, mouilla la serviette,
persuada Ivan de s'asseoir de nouveau et lui enveloppa la
tête, puis il s'assit auprès de lui.

— J'ai peur, demain, de Katia. Je la crains plus que
tout au monde dans l'avenir. Elle me trahira demain, elle
me foulera aux pieds. Elle croit que je perds Mitia par jalousie, à cause d'elle, oui, elle croit cela ! Eh bien, non, demain... ce sera la croix et non pas le gibet. Non, je ne me
pendrai pas. Sais-tu que je ne pourrais jamais me tuer,
Alioscha ? Est-ce par lâcheté ? Non, je ne suis pas lâche.
C'est par amour de la vie ! Comment savais-je que Smerdiakov s'était pendu ! Oui, c'est *lui* qui me l'a dit...

— Tu es bien sûr que quelqu'un est entré ici ? demanda
Alioscha.

— Sur ce divan, dans le coin. Tu l'aurais mis à la porte...
D'ailleurs, c'est toi qui l'as fait partir. J'aime ton visage,
Alioscha. Le sais-tu ? Et *lui*, c'est moi, Alioscha, c'est moi-
même. Tout ce qu'il y a en moi de vil, de bas, d'humiliant,
c'est lui ! Oui, je suis un romantique, il l'a bien dit. Pourtant,
quelle calomnie ! Il est terriblement bête, mais c'est là sa
force. Il est rusé, bestialement rusé. Il sait très-bien me
mettre hors de moi. Il m'irritait en me disant que je crois
en lui ; c'est comme cela qu'il m'a forcé à l'écouter. Il
m'a trompé comme un gamin. D'ailleurs, il m'a dit sur
mon propre compte beaucoup de vérités, des choses que je
ne me serais jamais dites. Sais-tu, Alioscha, sais-tu, ajouta

13.

Ivan d'un air confidentiel, je voudrais bien que ce fût réellement *lui* et non pas moi.

— Il t'a fatigué, dit Alioscha avec pitié.

— Il m'a exaspéré, et très-adroitement, sais-tu bien : « La conscience qu'est-ce que cela ? C'est moi qui l'ai inventée : pourquoi donc le remords ? Par habitude ! par cette habitude humaine qui date de sept mille ans ! Échappons à l'habitude et nous serons des dieux ! » C'est lui qui disait cela.

— Et pas toi ? pas toi ? s'écria malgré lui Alioscha en le regardant d'un air serein. Oublie-le donc ! qu'il emporte avec lui tout le mal qui était en toi et qu'il ne revienne plus !

— Il est méchant, Alioscha, il se moque de moi ! C'est un insolent, Alioscha ! dit Ivan en tremblant de rage. Il m'a calomnié, il m'a calomnié devant moi-même ! Oh ! tu vas accomplir une grande action ! Tu vas déclarer que tu es le véritable assassin, que ce laquais n'a tué ton père qu'à ton instigation... »

— Frère, ce n'est pas toi qui as tué, ce n'est pas vrai.

— C'est lui qui l'a dit et il le sait ! « Tu vas accomplir une action vertueuse et pourtant tu ne crois pas à la vertu : voilà ce qui t'exaspère ! » Il l'a dit et il sait ce qu'il dit.

— C'est toi qui l'as dit, ce n'est pas lui. Tu as le délire.

— Non, il sait ce qu'il dit. « C'est par orgueil que tu iras dire, c'est moi qui ai tué ! Pourquoi avez-vous peur de moi ? Vous mentez, je méprise votre jugement et je me ris de votre peur. » Il disait encore : « Sais-tu ce que tu veux ? Tu veux qu'on t'admire. C'est un assassin, dira-t-on, un grand criminel, mais quel noble cœur ! Il a voulu sauver son frère, il s'est accusé... » Mais cela est faux, Alioscha, je ne veux pas de l'admiration des smerdes ! Je te jure qu'il mentait. Je lui ai pour cela jeté un verre qui lui a fracassé le museau !

— Frère, calme-toi, cesse...

— Non ! c'est un savant bourreau ! Et quelle cruauté ! Je sais bien pourquoi il vient ! « Soit, disait-il, tu iras par orgueil, mais tu garderas l'espoir qu'on envoie Smerdiakov au bagne, qu'on absolve Mitia et qu'on te condamne *moralement* seulement. » Mais Smerdiakov est mort ! Qui donc voudra consentir à me croire ? Je suis pourtant résolu à y aller, à dire.... Mais pourquoi faire, maintenant ? C'est affreux, Alioscha !

— Frère !... Mais comment a-t-il pu te parler de la mort de Smerdiakov avant mon arrivée ? Personne encore ne savait cela...

— C'est lui qui me l'a dit, dit Ivan d'un ton péremptoire. « Mais sais-tu toi-même pourquoi tu y vas ? Tu n'en sais rien, et tu donnerais beaucoup pour le savoir. D'ailleurs, es-tu bien décidé à y aller ? Tu iras par lâcheté, parce que tu n'oseras pas ne pas y aller. Et pourquoi n'oseras-tu pas ? Devine toi-même !... » Là-dessus, tu es entré et il est parti. Il m'a traité de lâche. Smerdiakov aussi. Il faut les tuer. Katia me méprise, je le vois depuis un mois. Et toi aussi, tu me méprises, Alioscha ! Je te détesterai désormais ! Je hais aussi le fauve, l'autre : qu'il pourrisse au bagne ! J'irai demain leur cracher au visage à tous !

Ivan se leva avec violence, arracha la serviette et se mit à courir à travers la chambre. Alioscha n'osa le laisser seul pour aller chercher le médecin. Et peu à peu Ivan achevait de perdre la raison. Il ne cessait de proférer des phrases incohérentes. Tout à coup, il chancela, Alioscha le saisit, le conduisit à son lit et le coucha. Le malade tomba dans un profond sommeil. Alioscha resta pendant deux heures auprès de son chevet, puis s'étendit sur le divan après avoir prié pour ses deux frères. Il commençait à comprendre la maladie d'Ivan. « Trop d'orgueil, trop de conscience. » Dieu et la Vérité, que repoussait Ivan, assiégeaient son cœur révolté. « Oui, pensait Alioscha, puisque Smerdiakov est déjà mort, personne ne croira Ivan. Il ira pourtant. Il déposera. Dieu vaincra, se dit Alioscha avec un doux sourire. Ou Ivan se redressera dans la lumière de la vérité, ou bien... il périra dans la haine, en se vengeant de lui-même et des autres et pour s'être asservi à une foi dont il n'était pas convaincu.

LIVRE X

UNE MÉPRISE JUDICIAIRE.

I.

Le lendemain, à dix heures du matin, la séance du tribunal s'ouvrit et le jugement de Dmitri Fédorovitch Karamazov commença ; cette affaire a eu un grand retentissement dans tout le pays. On est venu, pour la suivre, de Moscou et même de Pétersbourg. Les femmes étaient pour Mitia et souhaitaient son acquittement ; la plupart des hommes étaient contre lui.

Longtemps avant l'heure, la salle était pleine. On se montrait les pièces à conviction, sur une table devant les juges : la robe de chambre ensanglantée de Fédor Pavlovitch, le pilon, la chemise et la redingote de Mitia, son mouchoir, ses pistolets, l'enveloppe des trois mille roubles.

A la droite des juges se tenaient les douze jurés : trois tchinovniks, deux marchands, six moujiks et un mechtchanine. On se demandait comment des gens si simples, surtout ces moujiks, pourraient comprendre une affaire de psychologie si compliquée. Pourtant leur attitude imposait le respect.

Enfin le président ouvrit la séance et ordonna d'introduire l'accusé. Il se fit un grand silence. Mitia produisit une impression défavorable. Il se présenta en gentleman, habillé de neuf, ganté, un linge éblouissant de blancheur. Il entra, roide, marchant à grands pas, et s'assit avec un calme imperturbable. Aussitôt après lui parut son défenseur, le célèbre Fetioukovitch. Une rumeur sourde parcourut la salle. C'était un homme long, sec, avec de grandes jambes fluettes, des doigts pâles et effilés ; le visage glabre, les cheveux courts ; ses lèvres minces étaient plissées par un sourire sardonique ; la physionomie eût été agréable sans les yeux, qui manquaient d'expression et étaient très-rapprochés l'un de l'autre. Il y avait de l'oiseau dans cet homme. Il portait le frac et la cravate blanche.

On donna lecture de la liste des témoins. La nouvelle de la mort de Smerdiakov fit sensation.

— A chien mort de chien ! s'écria Mitia.

Son défenseur se jeta aussitôt vers lui pour le faire taire ; le président le menaça de prendre des mesures sévères à sa première incartade.

Ce petit épisode n'était pas de nature à lui concilier la bienveillance du public.

On lut l'acte d'accusation, puis on procéda à l'interrogatoire de l'accusé.

— Accusé, vous reconnaissez-vous coupable ?

Mitia se leva.

— Je me reconnais coupable d'ivresse, de débauche et de paresse. Je voulais m'amender à l'heure même où la destinée m'a frappé. Quant à la mort du vieillard qui fut mon ennemi et mon père, je n'en suis point coupable. Je ne 'ai pas volé non plus, non, jamais. Je n'aurais pu voler. Dmitri Karamazov est un vaurien, mais un voleur, non!

Il prononça ces paroles avec emportement et s'assit tout frémissant.

Le président lui fit observer qu'il devait répondre le plus brièvement possible.

On procéda à la formalité du serment des témoins. Les deux frères de Mitia en étaient naturellement exemptés. Après les exhortations du pope et de son président à « dire toute la vérité et seulement la vérité », on fit sortir les témoins pour les rappeler ensuite l'un après l'autre.

II

On interrogea d'abord les témoins à charge, et chacun remarqua toute la gravité de l'accusation. La culpabilité ressortait si évidemment de leurs dépositions, qu'on se rendit aussitôt compte que les débats n'auraient lieu que pour la forme, que l'accusé était réellement coupable.

On commença par interroger Grigori.

Quand il eut répondu au procureur, ce fut au défenseur à l'interroger. Il se mit aussitôt à le questionner au sujet de ce paquet où étaient, « disait-on », cachés trois mille roubles destinés à « une certaine personne ».

— L'avez-vous vu vous-même, vous en qui votre bârine avait depuis si longtemps confiance?

Grigori répondit qu'il ne l'avait jamais vu et qu'il n'en

avait même entendu parler que depuis l'événement.

Le défenseur fit, avec une persistance qui fut remarquée, cette même question à tous les témoins : tous répondaient qu'ils n'avaient pas vu le paquet, mais qu'ils en avaient entendu parler.

— Pourrais-je vous demander, reprit Fetioukovitch, en quoi consistait ce baume, cette liqueur que vous absorbez en guise de remède ?

Grigori le regarda d'un air stupide ; puis, après un silence, murmura :

— Il y a de la sauge.

— Et rien de plus ?

— Du plantain.

— Et peut-être du poivre aussi ?

— Oui, du poivre aussi.

— Et tout cela avec de la petite vodka ?

— Oui, avec de la vodka pure.

Un léger rire passa dans la salle.

— C'est cela, de la vodka pure. Vous vous êtes d'abord frotté le dos avec la mixture, puis vous avez, après une pieuse prière dont votre épouse garde la secrète formule, bu le reste de la bouteille, n'est-ce pas ?

— Oui.

— Y en avait-il beaucoup ? un petit verre ou deux ?

— Un grand verre.

— Ah ! un grand verre ! un verre et demi peut-être ?

Grigori garda le silence. Il semblait se méfier.

— Un verre et demi de vodka pure, ce n'est pas mal, qu'en pensez-vous ? On peut voir ouvertes les portes du paradis avec un verre et demi de vodka !

Grigori se taisait toujours. Un nouveau rire parcourut l'assistance. Le président fit un mouvement.

— Ne pourriez-vous me dire, reprit Fetioukovitch, si vous étiez « en train de reposer » quand vous avez vu la porte du jardin ouverte ?

— Non, j'étais sur mes jambes.

— Cela ne me prouve pas que, même sur vos jambes, vous ne fussiez pas « en train de reposer ».

(Un nouveau rire.)

— Auriez-vous pu, à ce moment-là, si quelqu'un vous l'avait demandé, dire dans quelle année nous sommes ? Au fait, en quelle année sommes-nous, depuis, bien entendu la naissance de Jésus-Christ ? Le savez-vous ?

Grigori était intimidé et regardait fixement son bourreau. Cela peut paraître étrange, mais il ne savait pas « en quelle année nous sommes ».

— Au moins, pourriez-vous me dire combien vous avez de doigts aux mains ?

— Je suis un humble, dit tout à coup Grigori d'un ton net, et s'il plaît aux autorités de se moquer de moi, je dois le supporter.

Fetioukovitch demeura un peu déconcerté. Le président l'invita à faire des questions plus étroitement liées à l'affaire. Le but du défenseur — dont le système général consistait à discréditer la valeur des témoins à charge — n'en était pas moins atteint. Il procéda tout aussi adroitement avec le témoin Rakitine. (Il est à noter qu'en trois jours, Fetioukovitch s'était mis au fait du caractère de chacun des témoins.) Rakitine, qui avait fait une étude du milieu où étaient nés des types tels que les Karamazov, fut obligé, comme les autres, de répondre à la question : « Avez-vous vu le paquet de trois mille roubles ? » qu'il ne l'avait jamais vu personnellement.

— Permettez-moi de vous demander, continua le défenseur avec un sourire aimable, si vous n'avez pas beaucoup connu madame Svitlova (Grouschegnka) ?

— Je ne suis pas responsable de toutes les personnes que je connais... Je suis un jeune homme... dit Rakitine en rougissant.

— Oh! je comprends, je comprends à merveille, dit le défenseur en feignant lui-même de regretter sa question indiscrète. Vous avez fort bien pu vous intéresser comme tout le monde à une jeune et belle femme qui recevait chez elle la fleur de la jeunesse de cette ville; mais je voulais seulement vous demander un renseignement. Vous savez qu'il y a deux mois, madame Svitlova désirait vivement faire la connaissance du plus jeune des Karamazov, Alexey Fédorovitch. Elle vous a promis vingt-cinq roubles, si vous le lui ameniez dans le costume de novice qu'il portait alors. Vous avez conduit Alexey Fédorovitch chez madame Svitlova et vous avez reçu vingt-cinq roubles. Je voulais savoir si le fait est vrai.

— C'était une plaisanterie... Je ne vois pas en quoi cela vous intéresse... J'ai pris cet argent par plaisanterie, pour le rendre après.

— Par conséquent, vous l'avez pris, mais vous ne l'avez pas encore rendu... ou bien l'auriez-vous déjà rendu?

— Bagatelles! murmura Rakitine. Certes, je le rendrai.

Le président intervint. Le défenseur déclara qu'il n'avait plus rien à demander à M. Rakitine.

La réputation du penseur Rakitine était quelque peu endommagée.

Mitia, mis hors de lui par le ton sur lequel Rakitine avait parlé de Grouschegnka, cria de sa place :

— Bernard !

Et quand, après les dépositions de Rakitine, le président demanda à Mitia s'il n'avait rien à dire, Mitia s'écria :

— Chez moi, dans ma cellule de prisonnier, il venait me chiper de l'argent, ce misérable, cet athée !

On imposa silence à Mitia, mais Rakitine était achevé.

Vint le tour de Trifon Borissitch. Il affirmait avoir vu lui-même jusqu'au dernier kopek les trois mille roubles entre les mains de Mitia.

— Avez-vous remis à l'accusé, demanda Fetioukovitch, les cent roubles qu'il a perdus chez vous lors de son premier voyage à Mokroïe ?

Trifon Borissitch nia d'abord avoir trouvé les cent roubles ; puis, comme il fut prouvé par les témoignages des moujiks que le fait était réel, l'hôtelier affirma les avoir rendus à Mitia.

Les choses se passèrent d'une sorte analogue avec les Polonais. Ils entrèrent la tête haute, en déclarant qu'ils avaient servi la couronne et que Mitia leur avait proposé d'acheter leur honneur pour trois mille roubles. Mais Fetioukovitch rappela sur la sellette Trifon Borissitch et le contraignit, malgré ses hésitations, à déclarer qu'il avait pris les panove en flagrant délit de tricherie, ce qui fut confirmé par Kalganov.

Ainsi Fetioukovitch parvint à déconsidérer chacun des témoins les plus importants aux yeux des juges et du public. Les amateurs et les jurisconsultes l'admirèrent. Mais ils se demandaient à quoi servirait tant d'adresse, puisque la culpabilité de l'accusé n'en restait pas moins évidente. L'assurance « du grand mage » ne laissait pourtant pas d'étonner, et l'on attendait : ce n'était pas pour rien qu'un pareil homme était venu de Saint-Pétersbourg!

III

On passa aux témoins à décharge. Tout d'abord on interrogea Alioscha. Il était visiblement sympathique aux ennemis aussi bien qu'aux amis de l'accusé. Il décrivit le caractère de son frère comme un homme emporté par ses passions, mais noble, orgueilleux, généreux, capable de se sacrifier lui-même. Il accorda pourtant que sa passion pour Grouschegnka l'avait rendu « difficile à vivre ». Mais il nia formellement la culpabilité.

— Votre frère vous a-t-il dit qu'il avait l'intention de tuer son père? demanda le procureur. Vous pouvez ne pas répondre si cela vous plaît.

— Directement, il ne me l'a pas dit.

— Indirectement, alors?

— Il m'a parlé un jour de sa haine pour notre père; il semblait craindre... que, poussé à bout... il pût le tuer.

— L'avez-vous cru?

— Je ne peux l'affirmer; j'étais toujours convaincu qu'un bon sentiment le sauverait au moment fatal : c'est ce qui est arrivé en effet, car ce n'est pas lui qui a tué mon père ! dit Alioscha d'une voix forte et qui résonna dans toute la salle.

Le procureur tressaillit comme un cheval de bataille au son de la trompette.

— Soyez sûr que je ne mets pas en doute votre sincérité ; je ne la crois pas compromise par votre partialité naturelle pour votre malheureux frère. Mais je ne vous cache pas que votre opinion est isolée ; elle est contraire à toutes les dépositions que l'instruction a reçues. Je persiste donc à vous demander sur quelles données est fondée votre conviction et de l'innocence de votre frère et de la culpabilité d'une autre personne que vous avez désignée au cours de l'instruction.

— Pendant l'instruction je n'ai repondu qu'aux questions qui m'ont été posées, répondit tranquillement Alioscha. Je n'ai pas commencé par accuser Smerdiakov.

— Pourtant vous l'avez désigné.

— Oui, d'après les affirmations de mon frère Dmitri. Je crois fermement à l'innocence de mon frère, et si ce n'est pas lui qui a tué, alors...

— C'est Smerdiakov. Mais pourquoi précisément lui ? et pourquoi êtes-vous si convaincu de l'innocence de votre frère ?

— Je ne puis pas douter de lui ; je sais qu'il ne peut me mentir, j'ai lu la vérité sur son visage.

— Seulement sur son visage ! Ce sont là toutes vos preuves ?

— Je n'en ai pas d'autres.

— Et vous n'avez pas d'autres preuves de la culpabilité

de Smerdiakov que les paroles de votre frère et l'expression de son visage ?

— Non.

Le procureur se tut.

La déposition d'Alioscha produisit une très-mauvaise impression.

Fetioukovitch prit la parole. Il demanda à Alioscha à quel moment précis l'accusé lui avait parlé de sa haine pour son père. Alioscha tressaillit comme si un souvenir imprévu lui revenait et raconta la scène sur la route du monastère, en insistant sur le geste de Mitia se frappant la poitrine, — geste qu'Alioscha n'avait pas compris alors, mais qui ne pouvait avoir trait, il en était convaincu maintenant, qu'à l'amulette où étaient cachés les quinze cents roubles.

— Précisément, cria Mitia de sa place, c'est cela, Alioscha, c'est cela ! C'est sur elle que je frappais.

Fetioukovitch le supplia de se taire et revint aussitôt avec instance à Alioscha.

— C'est cela ! c'est bien cela ! s'écria Alioscha très animé. Mon frère m'a dit à ce moment qu'il pourrait encore se laver de la *moitié* de sa honte, mais qu'il était si peu maître de lui qu'il n'en ferait rien...

— Et vous vous rappelez nettement qu'il se frappait à cet endroit de la poitrine ? demandait avidement Fetioukovitch.

— Très-nettement ! Je me demandais même alors : « Pourquoi se frappe-t-il si haut ? le cœur est plus bas ! » C'est à cause de ce détail que ce souvenir m'est resté.

Le procureur se mêla à la lutte pour demander si

l'accusé, en se frappant la poitrine avec le poing, avait semblé désigner quelque chose : peut-être se frappait-il au hasard.

— Mais il ne se frappait pas avec le poing, répondit Alioscha. Il désignait avec son doigt, ici, très-haut. Comment ai-je pu l'oublier jusqu'ici !

Le président demanda à Mitia s'il voulait ajouter quelque chose à cette déposition. Mitia confirma le récit de son frère.

La déposition d'Alioscha était terminée. Elle avait cela de caractéristique qu'elle établissait un fait à la décharge de Mitia, un fait insignifiant en lui-même, il est vrai, mais qui prouvait l'existence des quinze cents roubles et par conséquent la véracité de Mitia. Alioscha était tout rouge de joie. « Comment ai-je pu l'oublier ? Comment ne me le suis-je rappelé que maintenant ? » disait-il en retournant à la place qui lui avait été désignée.

On passa à l'interrogatoire de Katherina Ivanovna.

A son entrée dans la salle, il se fit un mouvement. Les dames saisirent leurs jumelles, les hommes chuchotaient, quelques-uns se levèrent pour mieux voir. Mitia devint pâle « comme un mouchoir ». Toute vêtue de noir, elle s'approcha modestement, presque timidement, du tribunal. Son visage ne trahissait aucune émotion, mais le feu sombre de ses yeux révélait la résolution. Elle était merveilleusement belle. Elle parla d'une voix douce, mais distincte. Le président l'interrogeait avec discrétion, comme s'il eût craint de toucher « certaine corde ». Dès les premiers mots, elle déclara qu'elle avait été fiancée avec l'accusé jusqu'au moment où il l'avait abandonnée lui-même.

Quand on l'interrogea au sujet des trois mille roubles qu'elle avait confiés à Mitia pour qu'il les envoyât à Moscou, elle répondit avec fermeté :

— Mon intention réelle n'était pas qu'il fît immédiatement parvenir cette somme à ma famille. Je savais qu'il avait un très-pressant besoin d'argent... à ce moment... Je lui ai donné ces trois mille roubles pour qu'il les envoyât à Moscou quand il voudrait, dans le délai d'un mois. Il avait tort de s'affliger tant à propos de cette dette. J'étais sûre qu'il me rendrait l'argent aussitôt qu'il l'aurait reçu de son père; j'avais confiance en son honneur... son incontestable honneur... relativement aux questions d'argent. Il devait recevoir de son père trois mille roubles. Je savais qu'il était en mauvaises relations avec son père; je savais que son père l'avait lésé dans ses intérêts. Je ne me rappelle pourtant pas qu'il ait jamais, devant moi, proféré des menaces contre son père. S'il était venu chez moi, je l'aurais aussitôt rassuré quant à ces malheureux trois mille roubles qui l'ont tant fait souffrir. Mais il n'est pas revenu... Et moi-même... j'étais dans une certaine situation... qui ne me permettait pas de l'inviter à venir. D'ailleurs, je n'avais nullement le droit de me montrer exigeante avec lui quant à cette dette, dit-elle tout à coup avec l'accent d'une résolution profonde. J'ai moi-même reçu de lui, un jour, une somme plus considérable que j'ai acceptée, bien qu'il ne me fût pas possible de prévoir alors un temps où je pourrais la lui rendre.

Il y avait quelque chose de provocant dans son accent.

— Non, reprit-elle, jamais je n'oublierai cet instant!

Et elle raconta tout, tout cet épisode, tel que Mitia l'avait confié à Alioscha. Elle omit toutefois de dire que Mitia avait exigé qu'on envoyât Katherina Ivanovna elle-même chez lui pour chercher l'argent. Tous les membres du tribunal écoutaient avec recueillement. Le procureur ne se permit pas une question sur ce thème. Fetioukovitch fit à Katherina un profond salut. Oh! il triomphait presque : se pouvait-il que l'homme si noble qui avait donné, dans un élan de générosité, ses derniers cinq mille roubles fût le même qui avait tué son père pour lui dérober trois mille roubles? La sympathie commençait à pencher en faveur de Mitia. Mais lui qui, plusieurs fois, pendant la déposition de Katia, s'était levé et avait couvert son visage de ses mains, s'écria, quand elle eut fini :

— Katia! pourquoi achèves-tu de me perdre?

Il fondit en larmes, puis il ajouta :

— Maintenant, je suis condamné.

Katherina Ivanovna pâlit, frissonna et s'assit à la place qu'on lui désignait, la tête baissée, tremblant comme dans un accès de fièvre.

Ce fut le tour de Grouschegnka.

Elle était aussi habillée de noir, les épaules entourées d'un superbe châle. Elle s'approcha lentement du tribunal, en regardant fixement le président.

Elle dit n'avoir pas vu le paquet, mais elle en avait entendu parler par le « brigand ».

— Mais tout cela, sottises! Je ne serais allée chez Fédor Pavlovitch pour rien au monde!

— Qui traitez-vous de « brigand »? demanda le procureur.

— Eh! le laquais Smerdiakov qui a tué son bârine et qui s'est pendu hier.

On lui demanda sur quoi elle fondait une accusation si catégorique.

— C'est Dmitri Fédorovitch qui me l'a dit, répondit-elle, et vous pouvez l'en croire. C'est cette dame qui l'a perdu, c'est elle qui a fait tout le mal, ajouta-t-elle avec un tremblement haineux.

— De qui parlez-vous ? demanda le procureur.

— Mais de cette barichnia, cette Katherina Ivanovna qui m'a appelée chez elle et voulait me séduire...

Le président l'interrompit en la priant de contenir ses ressentiments.

— Mais, dit le procureur, quand on a arrêté l'accusé, à Mokroïe, vous avez crié : « C'est moi qui suis coupable ! je le suivrai au bagne !... » Vous le croyiez donc parricide ?

— Je ne me rappelle pas ce que j'ai cru à ce moment. Mais dès qu'il m'a déclaré qu'il n'était pas coupable, je n'ai point douté de sa parole.

IV

On introduisit Ivan. Il avait été appelé avant Alioscha; mais l'huissier informa le président qu'une indisposition subite empêchait le témoin de se présenter devant le tribunal et qu'il viendrait aussitôt qu'il le pourrait. Son entrée fut à peine remarquée. La curiosité avait été presque satisfaite par l'interrogatoire des deux rivales.

Il s'approcha du tribunal avec une lenteur étrange, sans

regarder personne, le front penché, comme perdu en ses pensées. Il était vêtu correctement, mais son visage portait les traces de sa maladie : il y avait la pâleur du sépulcre sur ce visage, c'était le visage d'un homme qui se meurt; les yeux se voilaient. Il leva la tête et regarda circulairement la salle.

Alioscha se dressa et laissa échapper un « Ha ! » mais personne n'y prit garde.

Le président rappela à Ivan qu'il était témoin non assermenté, qu'il pouvait taire ou dire ce que bon lui semblerait, etc. Ivan Fédorovitch écoutait, les yeux vagues. Tout à coup, ses traits se détendirent dans un sourire, et aussitôt que le président, qui le regardait avec étonnement, eut fini, Ivan éclata de rire.

— Et puis quoi encore ? demanda-t-il à haute voix.

Il se fit un silence. Le président s'agita.

— Vous... peut-être êtes-vous encore indisposé ? dit-il en cherchant du regard l'huissier.

— Ne vous inquiétez pas, Votre Excellence, je me sens suffisamment bien et puis vous raconter quelque chose de très-curieux, dit Ivan d'un ton tranquille et décent.

— Vous avez une communication particulière à nous faire ? demanda le président avec une certaine méfiance.

Ivan Fédorovitch baissa la tête et garda le silence durant quelques secondes, puis, se redressant, répondit :

— Non... je n'ai rien à dire de particulier.

On l'interrogea. Il parlait à peine, laconiquement, avec une sorte de dégoût, mais sans incohérence. Il dit ne rien savoir sur les comptes pécuniaires qui faisaient le fond des différends de Fédor Pavlovitch et de Dmitri.

— Toujours la même chose ! interrompit-il tout à coup d'un air fatigué. Je n'ai rien à dire aux juges.

— Je vois que vous êtes indisposé, reprit le président.

Il consulta le procureur et le défenseur pour leur demander s'il avaient des questions à faire au témoin. Tout à coup, Ivan dit, de sa voix brisée :

— Permettez-moi de me retirer, Votre Excellence. Je ne suis pas bien.

Là-dessus, sans attendre l'autorisation, il se retourna et se dirigea vers la sortie. Mais après avoir fait quelques pas, il s'arrêta, parut réfléchir, sourit et revint à sa place.

— Voilà, dit-il en tirant de sa poche une liasse de billets de banque, voilà l'argent : c'est le même qui était dans cette enveloppe. (Il la désignait parmi les pièces à conviction.) C'est celui pour lequel on a tué mon père. Où faut-il le déposer ? Monsieur l'huissier, veuillez le remettre à Son Excellence.

L'huissier prit la liasse et la donna au président.

— Comment cet argent peut-il être entre vos mains, si c'est bien le même ? demanda le président étonné.

— Je l'ai reçu de Smerdiakov, de l'assassin, hier. J'étais chez lui avant qu'il se pendît. C'est lui qui a tué mon père. Ce n'est pas Dmitri. C'est lui qui a tué, c'est moi qui l'y ai poussé. Qui ne désire pas la mort de son père ?

— Avez-vous... votre raison ?

— Parfaitement... j'ai toute ma présence d'esprit, de cet esprit vil, comme le vôtre, comme celui de tous ces museaux ! Ils ont tué leurs pères et feignent la terreur !... dit-il avec dégoût et en grinçant des dents. Les menteurs ! Tous désirent la mort de leurs pères ! Un reptile dévore un autre reptile... S'il n'y avait pas de parricide, il n'y aurait pas de spectacle... Le spectacle! *Panem et circenses!* Eh! je suis joli aussi, moi! Avez-vous de l'eau? donnez-moi de l'eau au nom du Christ! dit-il en étreignant tout à coup sa tête.

L'huissier s'approcha de lui aussitôt.

Alioscha se leva et cria :

— Il est malade! ne le croyez pas! il a la fièvre chaude!

Katherina Ivanovana se leva à son tour, blême de terreur et considérant Ivan Fédorovitch. Mitia le regardait avec un sourire qui le défigurait.

— Tranquillisez-vous! je ne suis pas un fou, reprit Ivan, je ne suis qu'un assassin. On ne peut exiger d'un assassin l'éloquence... dit-il en riant.

Le procureur, visiblement agité, se pencha vers le président. Les juges chuchotaient entre eux. Fétioukovitch dressa l'oreille. La salle était anxieuse.

— Témoin, votre langage est incompréhensible et vous tenez des discours qui ne sont pas de mise ici. Tâchez de vous contenir, et parlez si vous avez quelque chose à nous dire. Par quoi pouvez-vous confirmer votre aveu, si ce n'est pas un effet du délire?

— Mais je n'ai pas de témoin! Ce chien de Smerdiakov ne reviendra pas de l'autre monde pour faire sa déposition... dans une enveloppe. Vous voudriez toujours des enveloppes! Vous en avez assez d'une. Je n'ai pas de témoins, sauf un seul... peut-être, dit-il, d'un air réfléchi.

— Qui donc?

— Il a une grande queue, Votre Excellence : cela n'est point prévu par la procédure. Le diable n'existe point.

Ne faites pas attention, c'est un tout petit diable, ajouta-t-il sur un ton de confidence, en cessant de rire. Il doit être quelque part ici, sous la table des pièces à conviction. Où serait-il, sinon là? Écoutez-moi! Je lui ai dit : « Je ne veux pas me taire! » et il me répond de cataclysmes géologiques! Sottises! Mettez le fauve en liberté... Il a chanté son hymne; il le pouvait, lui, il a le cœur léger! Moi, pour deux secondes de joie je donnerais un quatrillion de quatrillions! Vous ne me connaissez pas... Oh! que tout est bête parmi vous! Eh bien! saisissez-moi donc à sa place! Je ne suis pas venu ici pour rien... Pourquoi tout ce qui existe est-il si bête!...

Il se tut et regarda la salle, très-absorbé. Tout le monde était ému. Alioscha courait vers Ivan, mais l'huissier l'avait déjà saisi par le bras.

— Qu'est-ce encore? s'écria Ivan Fédorovitch et regardant fixement le visage de l'huissier.

Et tout à coup il le prit par les épaules et le renversa par terre. Les soldats de service au tribunal accoururent et s'emparèrent d'Ivan. Il se mit à hurler de toutes ses forces, on l'emporta sans parvenir à le faire taire.

Une grande agitation régnait dans la salle, et le public n'était pas encore calmé, quand à cette scène une autre succéda. Katherina Ivanovna avait une crise de nerfs.

Elle pleurait et sanglotait avec violence, sans vouloir s'en aller; elle suppliait qu'on lui permît de rester. Tout à coup, elle cria au président :

— J'ai encore quelque chose à dire, tout de suite! tout de suite! Voici un papier, une lettre... Lisez vite! C'est la lettre du fauve, celui-là! celui-là! criait-elle, en désignant

Mitia. C'est lui qui a tué son père! Il m'a écrit comment il le tuerait! L'autre est malade... il a la fièvre chaude, depuis trois jours...

L'huissier prit le papier et le tendit au président. Katherina Ivanovna retomba sur sa chaise et, cachant son visage entre ses mains, elle sanglota sans bruit, étouffant ses moindres gémissements, de crainte qu'on la fît sortir.

Cette lettre était celle que Mitia lui avait écrite et que Ivan avait considérée comme une « preuve matérielle ». Elle parut telle aux juges. Sans cette lettre, Mitia n'eût peut-être pas été condamnée.

Le président demanda à Katherina Ivanovna si elle était remise.

— Je suis prête! répondit-elle vivement, je suis prête! Je suis tout à fait en état de vous répondre.

Sa plus grande crainte était qu'on ne l'écoutât pas. On la pria d'expliquer en détail dans quelles circonstances cette lettre avait été écrite.

— Je l'ai reçue la veille de l'assassinat. Il me haïssait au moment où il me l'écrivait, il m'abandonnait pour cette créature... Il me haïssait aussi parce qu'il me devait ces trois mille roubles. Voici la vérité là-dessus... Je vous conjure de m'écouter... Trois semaines avant de tuer son père, il était venu chez moi, un matin. Je savais qu'il avait besoin d'argent et dans quel but : c'était précisément pour séduire cette femme et l'emmener avec lui. Je savais déjà qu'il me trahissait, et pourtant je lui donnai cet argent sous prétexte de l'envoyer à Moscou par son entremise, et en le lui donnant je l'ai regardé en face et je lui ai dit qu'il pourrait l'envoyer quand bon lui semblerait, fût-ce dans un mois. Pouvait-il ne pas comprendre que c'était lui dire : « Il te faut de l'argent pour me trahir ? En voici, c'est moi qui te le donne : prends, si tu en as le cœur ! » Je voulais lui faire honte, mais il l'a pris, cet argent, il l'a emporté et l'a dépensé en une nuit ! Il avait pourtant compris que je savais tout, je vous assure ! Il avait compris que c'était une épreuve !

— C'est vrai, Katia, s'écria Mitia. Je t'avais comprise, et j'ai pourtant pris ton argent. Méprisez tous un misérable, je l'ai mérité !

— Accusé, encore un mot, et je vous fais sortir de la salle ! dit sévèrement le président.

— Cet argent a été pour lui, dans la suite, une cause de tortures, reprit Katia avec précipitation. Il voulait me le rendre, mais il lui en fallait pour sa maîtresse. C'est pourquoi il a tué son père, mais il ne m'a rien rendu ; il a dépensé avec elle l'argent volé, dans le village où on l'a arrêté. Un jour avant l'assassinat, il m'a écrit cette lettre, étant ivre. J'avais deviné aussitôt qu'il l'avait écrite en état d'ivresse ; il pensait que je ne la montrerais à personne, même s'il accomplissait le crime : autrement, il ne me l'aurait pas écrite. Mais lisez, lisez attentivement, je vous prie ! Vous verrez qu'il décrit tout à l'avance : comment il tuera son père et où est caché l'argent. Remarquez surtout cette phrase : « Je tuerai dès qu'Ivan sera parti. »

Le président demanda à Mitia s'il reconnaissait cette lettre.

— Oui, oui ! et je ne l'aurais pas écrite si je n'avais pas été ivre... Nous nous haïssons pour beaucoup de causes,

Katia et moi. Mais je te jure, Katia, qu'à travers ma haine je t'aimais : tu ne m'aimais pas !

Il retomba sur son banc en se tordant les mains.

Le procureur et le défenseur se mirent à la fois à demander à Katia pourquoi elle avait d'abord caché ce document et déposé dans un autre esprit.

— J'ai menti, tout à l'heure, contre mon honneur et ma conscience, mais je voulais le sauver, précisément parce qu'il me haïssait et me méprisait. Oh ! oui, il me méprisait. Il m'a toujours méprisée ! Il m'a méprisée dès l'instant où je l'ai salué jusqu'à terre pour le remercier de son argent. Je l'ai senti aussitôt, mais je fus longtemps sans pouvoir le croire. Que de fois j'ai lu dans ses yeux : « Tu n'en es pas moins venue toi-même chercher l'argent » ! Oh ! il n'avait pas compris pourquoi j'étais venue, il ne peut rien comprendre de noble, de pur ! Il juge tous les hommes selon lui-même ! Il ne voulait m'épouser que pour mon héritage, pour cela seulement, je m'en suis toujours doutée ! C'est un fauve ! Il savait que, toute ma vie, je tremblerais de honte devant lui, qu'il aurait toujours le dessus avec moi, voilà pourquoi il voulait m'épouser ! J'ai essayé de le vaincre par un amour infini. Je voulais même supporter sa trahison : il n'a rien compris, rien, rien ! Peut-il rien comprendre ? C'est un misérable !... Je n'ai reçu cette lettre que le lendemain soir... Le matin encore, j'étais résolue à lui pardonner tout, même sa trahison...

Le président et le procureur s'efforçaient de la calmer. Ils semblaient avoir honte eux-mêmes de profiter de son exaltation pour recevoir de tels aveux. Mais elle continua et décrivit nettement comment l'esprit d'Ivan Fédorovitch avait commencé à se troubler durant ces deux derniers mois, perdu par cette idée fixe de sauver le fauve, l'assassin, son frère!

— Qu'il a souffert! s'exclamait-elle. Il voulait atténuer la faute, il avait résolu d'avouer que lui-même n'aimait pas son père et avait peut-être désiré sa mort. Oh! c'est une conscience merveilleuse, il en meurt!... Il venait chez moi tous les jours, comme chez son unique amie, — car j'ai l'honneur d'être son unique amie! s'écria-t-elle avec un éclair dans les yeux. Il est allé chez Smerdiakov deux fois. Une fois, il m'a dit : « Si ce n'est pas mon frère qui a tué, si c'est Smerdiakov, je suis peut-être aussi coupable que lui, car Smerdiakov savait que je n'aimais pas mon père et pensait peut-être que je désirais sa mort. » C'est alors que je lui ai montré cette lettre, et il a été convaincu de la culpabilité de son frère. Il en était consterné. Il ne pouvait supporter la pensée que son propre frère fût un meurtrier. Il y a huit jours qu'il est malade de cette pensée; il était comme dans un délire; on l'a entendu parler tout seul dans les rues. Le médecin que j'ai fait venir de Moscou l'a examiné avant hier et m'a dit qu'un accès de fièvre chaude était imminent. Et tout cela à cause de ce misérable!... La mort de Smerdiakov l'a achevé... Tout cela, à cause de ce misérable!

Elle eut une nouvelle crise de nerfs. On l'emporta. A ce moment, Grouschegnka se jeta vers Dmitri en criant, et cela si précipitamment qu'on n'eut pas le temps de la retenir :

— Mitia! s'écria-t-elle, elle t'a perdu! Vous la connaissez, maintenant! ajouta-t-elle avec rage en s'adressant au tribunal.

Sur un signe du président, on la saisit et on l'emmena; elle se débattait et tendait les bras à Mitia. Mitia jeta un cri et voulut s'élancer vers elle. On eut de la peine à le maîtriser.

Le médecin de Moscou, que le président avait envoyé chercher pour soigner Ivan, entra dans la salle et déclara que le malade avait un accès de folie furieuse.

La lettre de Katherina Ivanovna fut ajoutée aux pièces à conviction.

Le président déclara la séance suspendue.

V

Ce fut le procureur qui rouvrit la séance par son réquisitoire. Hippolyte Kirillovitch commença son discours avec une étrange émotion. Il disait plus tard qu'il considérait ce réquisitoire comme son chef-d'œuvre, et ce fut, en effet, si l'on peut dire, son chant du cygne, car il mourut poitrinaire huit mois après. Il était sincèrement convaincu de la culpabilité de l'accusé.

« Messieurs les jurés, cette affaire a ému la Russie tout entière. Au fait, qu'y a-t-il de si étonnant ? Nous devrions être habitués à ces sortes d'affaires. Mais c'est précisément là le symptôme redoutable : ces affaires horribles n'ont plus d'horreur pour nous, tant nous sommes blasés. Or, pourquoi restons-nous indifférents devant de tels phénomènes qui nous présagent un si sombre avenir ? Est-ce cynisme de notre part ? épuisement prématuré de la raison et de l'imagination de notre société si jeune encore et déjà sénile ? Les fondements de la morale sont-ils ébranlés à ce point en Russie ? seraient-ils même définitivement ruinés ? Je ne sais, mais il y a là, pour tout citoyen digne de ce nom, une cause profonde de souffrance. Notre presse, dont l'essor est si timide encore, a rendu déjà de grands services, car sans elle nous ne pourrions connaître ces débordements de nos volontés effrénées et la profondeur de notre chute morale. Que lisons-nous, en effet, dans nos journaux ? Oh ! des atrocités auprès desquelles notre cause pâlit et pourrait passer pour banale. La plupart de nos causes criminelles témoignent d'une funeste disposition générale des esprits, d'une sorte de naufrage national, d'une de ces plaies sociales qu'il est si difficile de guérir. Ici, un jeune et brillant officier, né dans la plus haute société, assassine sans remords quelque infime tchenovnik à qui, dans une certaine mesure, il devait quelque reconnaissance. Il assassine aussi la servante de son bienfaiteur pour s'emparer d'un billet jadis signé, et, en même temps, il vole le tchenovnik. Là un héros, jeune officier aussi, tout chamarré de décorations qui attestent ses exploits sur le champ de bataille, tue en simple brigand, sur la grande route, la mère de son général en chef et, pour séduire ses complices, leur affirme que cette femme l'aime comme un fils et par conséquent ne prendra pas de précautions contre eux. Eh bien, je n'ose dire que ces deux exemples ne soient que des cas isolés. Un autre s'abstiendra d'agir; il ne tuera pas, mais il souhaitera la mort : — dans son âme, il est assassin. Peut-être dira-t-on que je calomnie notre société. Soit, soit! Dieu sait que je ne souhaite rien tant que de me tromper en ceci. Considérez-moi donc comme un malade, comme un fou, mais souvenez-vous de mes paroles : que seulement un vingtième de mes affirmations soit vrai, il y a déjà de quoi trembler! Regardez combien fréquent est le suicide parmi nos jeunes gens! Et ils se tuent sans songeries d'Hamlet, sans se demander *ce qu'il y a ensuite*. Voyez nos débauchés, nos sensuels! Fédor Pavlovitch, auprès d'eux, pourrait passer pour un enfant innocent : et pourtant nous l'avons tous connu, il vivait parmi nous!... Oui, la psychologie du crime, en Russie, aura de quoi occuper un jour les plus éminents esprits de notre pays et même de toute l'Europe. Pour nous, soit, nous feignons de nous effrayer, de nous indigner devant ces crimes : au fond nous les aimons comme des spectacles qui aiguillonnent notre paresse, notre cynique oisiveté : c'est tout au plus si, comme des enfants, nous cachons nos yeux sous notre oreiller pour oublier le fantôme qui passe... Le jour de la réflexion vient pourtant! Il faut nous connaître et la société où nous sommes. Un de nos grands écrivains, à la fin d'une de ses principales œuvres, représente toute la Russie comme une troïka emportée vers un but inconnu : « Ah, Troïka! s'écrie-t-il, oiseau troïka, où vas-tu? » Et dans un élan d'enthousiasme et d'orgueil il ajoute que, devant cette troïka emportée, tous les peuples s'écartent respectueusement. Soit, ils s'écartent, respectueusement ou non, mais, à mon humble avis, le grand écrivain s'est laissé exalter par les mirages de son imagination si belle, mais si puérile, ou peut-être craignait-il la censure de son temps : car on n'attelle à cette troïka que les propres héros de Gogol, Sobakovitch, Nozdrov et Tchitchikov, elle n'ira pas loin avec de tels chevaux, quel que soit son yamstchik. Et ceux-là pourtant sont les chevaux de la vieille race... »

Ici le discours de Hippolyte Kirillovitch fut interrompu par de vifs applaudissements. Il reprit.

« Qu'est-ce donc que cette famille des Karamazov qui s'est fait tout à coup une si triste célébrité ? Il me semble que cette famille synthétise notre société contemporaine, du moins dans certains de ses éléments. Voyez ce vieillard débauché, ce « père de famille » qui finit si tragiquement sa carrière; c'est un gentilhomme qui a débuté en pique-assiette : il a fait un mariage d'argent; un bouffon et de plus un usurier. En vieillissant il s'enrichit, et en s'enrichissant il devient arrogant, cynique, railleur, méchant et reste toujours sensuel. Nul sens moral, et voilà l'exemple qu'il donne à ses enfants. Il se rit de ses devoirs de père et laisse ses enfants grandir avec les domestiques. Toute sa morale est résumée en ce mot : « Après moi le déluge. »

Hippolyte Kirillovitch relata les démêlés de Fédor Pavlovitch et de son fils.

« Et avec l'argent de son fils il voulait acheter la maîtresse de son fils! Non, je ne veux pas laisser d'arguments à l'orateur de grand talent qui est venu pour défendre Dmitri Fédorovitch! Je dirai moi-même toute la vérité. Je comprends toute la colère qui s'était amassée dans le cœur de ce jeune homme... Mais assez sur ce malheureux vieillard : il a expié! Rappelons-nous cependant, que c'était un père, un père « moderne ». Et sera-ce calomnier notre société, que de dire qu'il était un de nos nombreux pères modernes, avec seulement plus de cynisme peut-être?... Voyez maintenant les fils de cet homme. L'un est devant vous sur le banc des accusés; des autres, l'aîné, d'une intelligence rare, d'une instruction profonde, ne croit plus à rien et nie tout, précisément comme faisait son père. — Le plus jeune, encore un adolescent, est pieux et modeste; mais il a les yeux pleins de ce désespoir où tombent ceux des nôtres qui attribuent tous nos maux au progrès de l'influence occidentale et ne veulent plus rien voir, plus rien aimer que les choses de leur propre pays : comme des enfants effrayés par les fantômes de leurs rêves se rejettent sur le sein tari de leur mère et voudraient y dormir, toute la nuit durant, s'ils pouvaient à ce prix échapper aux visions qui les épouvantent. »

Le procureur parla ensuite de l'influence des idées d'Ivan sur Smerdiakov, et surtout de ce *Tout est permis* que le laquais avait lui-même répété durant son interrogatoire. Il estimait que jusqu'à ces derniers événements, Smerdiakov avait été idiot, mais que, sous l'influence d'Ivan, l'idiot était devenu fou.

« Le troisième fils de cette famille moderne est sur le banc des accusés. Vous connaissez sa vie et ses exploits. Ivan Fédorovitch est un occidental, Alexey Fédorovitch est un *moujikolâtre*; l'accusé représente la Russie naturelle... Non pas toute la Russie, Dieu nous en garde ! Et pourtant la voici, notre petite Russie, elle se reconnaît en lui, notre petite mère! Il y a en nous un si étonnant mélange de mal et de bien! Nous aimons la civilisation et Schiller, et en même temps nous faisons du bruit dans le traktir! Nous nous enthousiasmons parfois pour le plus noble des idéals, mais nous ne voulons rien souffrir pour lui. « Donnez-nous le bonheur et ne nous demandez rien! Nous ne sommes pas avares : donnez-nous beaucoup d'argent et vous verrez avec quel mépris pour le vil métal nous le prodiguerons en une nuit de débauche! Mais si l'on ne nous donne pas d'argent, nous montrerons comment nous savons nous en procurer quand nous le voulons bien... »

Le procureur résuma l'enfance et la jeunesse de Mitia. Puis il s'arrêta sur les deux dépositions contradictoires de Katherina Ivanovna, se demandant laquelle il fallait croire.

« Dans les cas ordinaires, c'est en faisant la moyenne de deux affirmations contraires qu'on trouve la vérité. Il n'en va pas de même dans notre cas. Pourquoi? Parce que nous sommes en présence d'un Karamazov, d'une nature large, capable de réunir des instincts contradictoires, capable de voir à la fois deux abîmes : l'un en haut, l'abîme de l'idéal; l'autre en bas, l'abîme de la plus ignoble dégradation. Deux abîmes dans un regard, messieurs! Et sans l'un de ces abîmes, l'existence ne nous est pas possible. Nous sommes larges, larges, comme notre mère la Russie! »

Hippolyte Kirillovitch établit l'impossibilité pour Mitia de garder sur lui les quinze cents roubles, dont il n'aurait pas manqué de se servir, s'il les avait possédés, pour contre-balancer les séductions de son père et emmener Grouschegnka quelque part au loin : car le même homme, assez faible pour accepter trois mille roubles offerts dans des conditions humiliantes, aurait-il eu la force de conserver si longtemps, sans y toucher, une somme qui lui était nécessaire?

« Voici comment le vrai Karamazov a dû procéder : à la première tentation, par exemple, pour procurer quelque plaisir à sa bien-aimée, il aura pris une centaine de roubles, — car pourquoi garder absolument la moitié des trois mille roubles? quatorze cents, c'est tout de même : « Je suis un misérable, mais non pas un voleur! car je rendrai quatorze cents roubles, ce dont un voleur est incapable. » Et ce raisonnement l'aura conduit jusqu'au dernier billet de cent roubles : « Un misérable, non pas un voleur! j'ai dépensé vingt-neuf billets, je rendrai le trentième. Un voleur ne le ferait pas! » Mais devant le dernier billet, il se sera dit : « Ce n'est plus la peine! Dépensons celui-là comme les autres!... »

VI

« L'expertise médicale a voulu nous prouver que l'accusé n'a pas l'usage de toutes ses facultés. J'affirme le contraire. Il n'y a pas d'autre folie en lui que celle de la jalousie. »

Hippolyte Kirillovitch entra dans l'analyse des tortures morales qu'avait souffertes Dmitri par jalousie. Il parla de la rivalité du père et du fils dans un tel amour, un véritable amour de Karamazov! Il expliqua comment Grouschegnka, ainsi qu'elle l'avait avoué elle-même à Mokroïe, avait conduit à leur perte le vieillard et son fils. Il montra Dmitri se livrant à la débauche dans les traktirs et relata tous les faits déjà connus du lecteur, lesquels avaient de plus en plus affermi Dmitri dans le dessein de tuer son père.

« Je vous avoue, messieurs les jurés, que je doutais jusqu'à ce jour qu'il y eût de la préméditation dans la pensée de l'accusé. J'étais convaincu qu'il n'avait prévu le crime que comme une possibilité vague et sans date : le document fatal que nous a présenté tout à l'heure madame Verkhovtseva, a dissipé mes doutes. C'est un plan précis de l'assassinat. Cette lettre en a, en effet, toute cette signification. Elle a été écrite quarante-huit heures avant l'événement et nous prouve que, quarante-huit heures avant son crime, l'accusé était résolu à l'accomplir pour dévaliser son père, pour prendre l'argent « dans le paquet ficelé d'une faveur rose « dès qu'Ivan serait parti ». Entendez-vous? « Dès qu'Ivan « serait parti ». Tout est calculé, toutes les circonstances sont prévues : et tout s'est passé comme l'assassin l'avait décidé. La préméditation et le calcul sont évidents. Le vol était le mobile de l'assassinat, comme cela ressort de la lettre que l'accusé ne nie pas; et quand cette lettre aurait été écrite en état d'ivresse, qu'est-ce que cela prouverait? Il n'en a pas moins dit la vérité, seulement il ne l'aurait peut-être pas dite de sang-froid. »

À l'objection que la défense pourrait tirer du fait que l'accusé avait crié partout son projet, le procureur répondit d'avance que Dmitri avait cessé de se vanter de son projet à partir du moment où sa détermination avait été irrévocable.

Hippolyte Kirillovitch insista ensuite sur l'instrument du crime, ce pilon dont Dmitri ne s'était pas emparé pour rien. Puis il écarta tous les soupçons que l'accusé, ses frères et Grouschegnka avaient voulu faire peser sur Smerdiakov, contre qui on ne pouvait alléguer aucune preuve. Alioscha et Grouschegnka ne l'accusant que sur la parole de Dmitri, et d'Ivan en état de folie furieuse. La mort de Smerdiakov ne s'expliquait que trop facilement par sa folie *constatée*. Et longuement, en amassant toutes les preuves en un faisceau infrangible, le procureur démontra que le crime n'avait pu être commis par Smerdiakov, dont les naïvetés mêmes, l'aveu qu'il avait fait de son adresse à feindre l'épilepsie et de la connaissance qu'il avait des signaux convenus entre Grouschegnka et Fédor Pavlovitch, établissaient l'innocence. Il ne pouvait même pas être accusé de complicité.

« Mais, continua Hippolyte Kirillovitch, supposons qu'il soit coupable : n'eût-il pas alors, en se tuant, racheté sa faute ? N'eût-il pas consigné cet aveu dans le billet par lequel il déclare se donner volontairement la mort ? Ivan Fédorovitch dit n'avoir reçu qu'hier les aveux de Smerdiakov, et en témoignage il apporte trois mille roubles. Vous comprenez assez, messieurs les jurés, que cette preuve ne supporte pas la critique : Ivan Fédorovitch a pris la somme dans sa bourse. Et pourquoi, comment ne serait-il pas venu les déposer entre nos mains hier même, hier, après avoir vu et entendu Smerdiakov ? Mais vous savez vous-mêmes dans quel état est Ivan Fédorovitch ! »

VII

Après avoir décrit les divers états psychologiques qui avaient fatalement poussé au crime l'accusé, Hippolyte Kirillovitch montra comment la pensée du suicide était née dans l'esprit de Dmitri, après qu'il eut vu son crime rendu inutile par le retour du premier amant de Grous-chegnka.

« Il court dégager ses pistolets chez le tchinovnik Perkotine, tire de sa poche l'argent dont il vient d'ensanglanter ses mains. Oh! cet argent lui est plus nécessaire que jamais! Karamazov va mourir, Karamazov se tue, on s'en souviendra! Ce n'est pas pour rien que nous sommes poëte! Ce n'est pas pour rien que nous avons brûlé notre vie comme une chandelle par les deux bouts. « Vers elle! vers elle! Et là-bas une fête! une fête telle qu'on n'en a pas encore vue de semblable! Oh! on s'en souviendra longtemps! Au milieu des cris sauvages, des folles chansons des tziganes, dans les danses, nous lèverons notre verre et nous boirons au nouveau bonheur de la bien-aimée! Et là, là, devant elle, à ses pieds, nous nous fracasserons le crâne, nous expierons tout en un instant! Elle se souviendra de Mitia Karamazov, elle saura qu'il l'a aimée, elle aura pitié de Mitia! » Quel tableau romantique! Voilà bien l'emportement sauvage, la sensualité tragique des Karamazov! Mais il y a quelque chose de plus, messieurs les jurés, qui crie dans l'âme, qui frappe l'esprit sans cesse et empoisonne le cœur jusqu'à la mort : ce *quelque chose,* c'est la conscience, messieurs les jurés, c'est son verdict, c'est le remords ! Les pistolets le feront taire ! c'est l'unique issue. Quant à *là-bas,* je ne sais si Karamazov peut penser comme Hamlet aux choses de *là-bas.* Non, messieurs les jurés ; l'Occident possède Hamlet, nous n'avons encore que des Karamazov !...

« C'est dans ces dispositions qu'il arrive à Mokroïe. Mais il s'aperçoit que Grouschegnka l'aime : alors commence pour lui une crise terrible, la plus terrible, messieurs, de toutes celles qu'il a traversées. Ah ! la nature outragée et le cœur criminel ont des peines plus redoutables que celles de la justice humaine. On peut même dire que la justice humaine apporte un allégement aux expiations de la nature : la justice humaine est nécessaire au coupable, car elle seule peut le sauver du désespoir. Oh ! pouvez-vous vous imaginer ce que dut souffrir Karamazov en apprenant qu'il était aimé, qu'on écartait pour lui l'ancien amant, qu'on l'appelait, lui, lui, Mitia !... Une vie nouvelle, le bonheur, et cela quand ? Quand tout est fini pour lui, quand plus rien n'est possible ! Il se rattache à la vie : vous savez qu'il a le don de voir à la fois deux abîmes ! Il songe à tromper la justice, il cache quelque part la moitié de son argent, il le cache bien, car nous ne l'avons pu retrouver. Il est arrêté devant sa maîtresse, auprès d'elle, d'elle couchée sur un lit. Il est pris au dépourvu. Le voici devant ses juges, devant ceux qui doivent disposer de son sort. Messieurs les jurés, il y a, dans l'exercice de nos fonctions, des moments où nous avons, nous-mêmes, peur de l'humanité ; c'est surtout quand nous observons chez le criminel cette terreur animale qui l'accable, sans toutefois l'empêcher de lutter pour se sauver : c'est quand se lèvent en lui les instincts de la conservation et qu'il fait peser sur son juge son regard fixe, interrogateur et douloureux ; il épie les mouvements, il étudie le visage, se tient en garde contre une attaque indirecte et crée en un instant dans son esprit en désarroi des milliers de plans, mais craint de se trahir... Moment humiliant pour l'âme humaine ! C'est une chose horrible que cette bestiale avidité du salut ; elle émeut de pitié le juge d'instruction lui-même. Karamazov nous a donné ce spectacle. Il fut d'abord ahuri, et laissa échapper dans les terreurs du premier moment des paroles qui le compromettaient gravement : « Le sang... j'ai mérité... » Mais aussitôt il se retint. Que dire ? que répondre ? Il n'avait rien préparé ; il ne pouvait encore que nier sans preuve : « Je ne suis pas coupable ! » C'est le premier mur derrière lequel on se cache, avec l'espérance de construire derrière ce mur d'autres travaux de défense. Il tâche de pallier ses premières exclamations si compromettantes, il devance nos questions, explique qu'il se croit coupable de la mort du domestique Grigori. « Je suis coupable de ce sang ! Mais qui a tué mon père, qui l'a tué *si ce n'est pas moi ?* » Entendez-vous ? Il nous le demande, à nous qui venons précisément pour lui poser cette question ! Comprenez-vous cette ruse bestiale, cette naïveté, cette impatience de Karamazov ? Il prend les devants, il avoue qu'il voulait tuer, il a hâte de l'avouer : « Mais je suis innocent, pourtant, je n'ai pas tué. » Il nous fait une concession :

il a *voulu* tuer. « Voyez comme je suis sincère ! Il faut donc me croire quand je vous dis que je n'ai pas accompli mon dessein ! » Oh ! dans ces moments, les criminels sont quelquefois très-puérils !... Comme par hasard, l'instruction lui fait la question la plus naïve : « Ne serait-ce pas Smerdiakov qui aurait tué ? » Et il arrive ce que nous avions prévu : il se fâche d'être devancé, d'avoir été pris à l'improviste, avant qu'il eût pu se préparer à choisir le moment propice pour mettre en avant Smerdiakov. Son tempérament l'emporte aussitôt dans une autre extrémité, il nous soutient que Smerdiakov est incapable d'assassiner. Mais ce n'était qu'une ruse. Il ne veut pas du tout se priver de ce moyen de défense, il nous opposera tout à l'heure encore Smerdiakov ; mais plus tard, car pour l'instant l'affaire est gâtée ; demain, dans plusieurs jours peut-être : « Vous voyez, je niais que ce fût Smerdiakov, vous vous en souvenez ; mais maintenant j'en suis convaincu ! C'est Smerdiakov qui a tué ! » Il s'irrite, il s'impatiente et sa colère lui suggère l'explication la plus invraisemblable : il a vu son père à la fenêtre et s'en est éloigné doucement ! Il ne savait pas encore toute l'importance de la déposition de Grigori. Nous faisons une perquisition dans ses vêtements, cela le met hors de lui, mais lui rend courage ; car nous ne trouvons sur lui que cent cinquante roubles au lieu de trois mille. C'est alors que l'idée de l'amulette lui vient à l'esprit. Il invente tout un roman et s'efforce de nous y faire croire. Nous lui opposons le témoignage de Grigori, qui a vu ouverte la porte par laquelle est sorti l'assassin. Il n'eût pu s'imaginer que le fait fût connu de Grigori. L'effet est colossal : Karamazov se lève et crie : « C'est Smerdiakov qui a tué! C'est Smerdiakov! » Or, Smerdiakov n'aurait pu assassiner qu'après que Karamazov avait terrassé Grigori, et Grigori avait vu la porte ouverte avant de rencontrer Karamazov! On lui fait cette observation. Il reste atterré. Alors, comme dans un élan de sincérité, il se décide, soi-disant, à nous avouer tout et parle de son amulette. Nous l'interrogeons sur les détails, — toujours les points faibles dans ces sortes d'inventions. Nous lui demandons où il a pris les matériaux de cette amulette. Il se fâche sans pouvoir nous répondre : c'est là, selon lui, chose sans importance. Et pourtant, s'il pouvait établir qu'il a réellement, avec quelque linge qu'on pût retrouver, fabriqué cette amulette, ce serait un fait, un fait positif en sa faveur. Mais, à ses yeux, tout cela n'est que futilité, il faudrait le croire sur sa parole d'honneur! Oh! nous le voudrions; nous désirerions vivement le croire! Sommes-nous des chacals altérés de sang humain? Établissez un seul fait favorable à l'accusé, nous nous réjouirons! Mais il nous faut un fait palpable, réel; l'opinion de son frère ne nous suffit pas : il ne nous suffit pas de savoir que Karamazov s'est frappé la poitrine, un soir, dans l'obscurité, pour nous convaincre de l'existence de cette amulette! La vérité crie, pour l'instant, nous ne pouvons nous refuser à l'attester : nous accusons! Quoi que puisse nous dire le défenseur célèbre de l'accusé, malgré toute l'éloquence que vous allez admirer et qui, certes, agira sur votre sensibilité, n'oubliez pas que vous êtes dans le sanctuaire de la justice. Rappelez-vous que vous êtes les serviteurs de la vérité, les défenseurs de notre sainte Russie et de la famille! Car vous représentez ici la Russie tout entière, et ce n'est pas dans cette salle seulement que retentira votre verdict : toute la Russie vous écoute, vous, ses apôtres et ses juges, l'arrêt que vous allez rendre va l'attrister ou lui donner courage! Ne trompez pas son attente! Notre troïka vole au galop — peut-être vers l'abîme. Il y a longtemps que beaucoup des nôtres lèvent les bras et voudraient arrêter cette course folle. Eh! si les autres peuples s'écartent sur son passage, ce n'est peut-être pas par déférence, comme l'ont voulu les poëtes, c'est peut-être par terreur, c'est peut-être par dégoût. Eh! il est heureux qu'ils s'écartent; craignez qu'ils ne dressent sur la route un mur solide devant ce fantôme, et qu'ils n'arrêtent cet emportement effréné de notre licence pour en préserver leur société et la civilisation. Elles nous sont déjà venues d'Europe, les voix inquiétantes : ne tentez donc pas nos ennemis! N'accumulez pas les haines qui vont croissant; ne les augmentez pas par l'acquittement d'un parricide!... »

La péroraison de Hippolyte Kirillovitch produisit un grand effet. Il l'avait dite avec beaucoup de pathétique.

VIII

Tout se tut dans la salle quand le défenseur se leva. Toute l'assistance avait les yeux vers lui.

« Messieurs les jurés, commença-t-il, je suis ici un

homme nouveau. Je ne pouvais avoir sur cette affaire une opinion préconçue avant mon arrivée. Le caractère violent de l'accusé n'avait pu me blesser auparavant, comme il est arrivé déjà pour beaucoup de personnes, dans cette ville. Certes, j'avoue que la révolte de la morale publique semble, en l'espèce, justement provoquée. Cependant, mon client était reçu partout, et même dans la famille de mon honorable contradicteur, avant les récents événements. Néanmoins, M. le procureur pouvait avoir sur Dmitri Fédorovitch une opinion qui l'a rendu sévère à son endroit. D'ailleurs le malheureux a bien mérité cette sévérité. Mon contradicteur, dans son admirable discours, a scrupuleusement analysé le caractère et l'action de l'accusé; il nous a expliqué l'essence de l'affaire avec une psychologie si profonde qu'on ne peut, pourtant, prétendre qu'il soit de parti pris contre mon client. Mais il y a pis qu'un parti pris : il y a l'enthousiasme artistique des romans qu'on peut inventer quand on a de si riches dons « d'imagination psychologique ». La psychologie est en elle-même une science merveilleuse; mais c'est, pour ainsi dire, une arme à deux tranchants. Par exemple, et je choisis au hasard ce trait dans le réquisitoire, — l'accusé, la nuit, dans le jardin, en se sauvant, escalade un mur, terrasse le domestique Grigori; aussitôt après il saute par terre, dans le jardin et, pendant cinq longues minutes, il se débat autour de sa victime pour se rendre compte de son état : l'accusateur ne voudra pour rien au monde croire à la sincérité de l'accusé qui affirme avoir été mû, en cet instant, par un sentiment de pitié. Servons-nous donc à notre tour de cette psychologie, mais par l'autre tranchant, et vous allez voir comme la thèse de M. le procureur est invraisemblable. Selon lui, Karamazov ne serait descendu dans le jardin que pour s'assurer que son unique témoin est bien réellement mort. Mais comment un homme si avisé, si calme en un tel moment, serait-il le même qui a eu l'imprudence de laisser dans la chambre de son père l'enveloppe déchirée des trois mille roubles, une si importante pièce à conviction! Ou il calcule tout, ou il ne calcule rien. S'il était si cruel, d'ailleurs, n'aurait-il pas dû achever sa victime au lieu de la laisser vivante, et même, au hasard, lui donner plusieurs coups! Loin de là, il s'agenouille auprès du vieux domestique, étanche avec son mouchoir le sang qui lui inonde la tête et rejette le pilon avec lequel il vient de frapper. Évidemment, il était désespéré de l'action qu'il avait commise, et c'est certes avec une malédiction qu'il a jeté loin de lui l'instrument fatal! Or, quand on a déjà tué son père, on ne doit être guère accessible à la compassion pour un vieux domestique indifférent! Il n'y avait de place dans ce cœur pour la pitié et pour les bons sentiments, que parce qu'il était pur. Voilà toute une autre psychologie, messieurs. Vous voyez qu'on peut, par ce moyen, atteindre où l'on veut : tout dépend du point de vue. »

Le défenseur discuta les faits. Il nia l'existence des trois mille roubles, laquelle ne résultait avec certitude d'aucune des dépositions : par conséquent le vol était imaginaire. Seul, Smerdiakov avait vu ces trois mille roubles, mais, à supposer qu'il n'ait pas menti, on ne savait à quelle époque il les avait vus. Smerdiakov affirmait que l'argent se trouvait sous le matelas; or le lit était intact, comme l'avait démontré la perquisition au domicile du défunt. Le seul fait évident à la charge de l'accusé était la découverte de l'enveloppe déchirée : mais nous ne savons pas si l'argent y était. Fédor Pavlovitch, dans l'anxiété de l'attente, n'avait-il pas pu déchirer lui-même l'enveloppe pour s'assurer que le compte y était toujours ? Dans ce cas, n'aurait-il pas pu jeter cette enveloppe n'importe où ? Il n'y a là rien d'impossible, le pour et le contre sont également plausibles.

« Il ne faut pas imaginer des romans à plaisir, il s'agit de la vie et de la mort, des destinées d'un homme ! On parle de l'argent dépensé par l'accusé si prodiguement : pourquoi s'obstiner à croire que ce soit l'argent de son père ? Il n'y a rien de plus probable, étant donné le caractère de l'accusé, que l'affirmation qu'il vous a faite, à savoir qu'il avait depuis longtemps sur lui l'argent qu'il a dépensé. Le roman de l'accusation suppose un autre personnage, un homme de volonté faible qui accepte dans des circonstances humiliantes l'argent d'une femme et le dépense peu à peu. Les choses ont pu se passer autrement. Il y a des témoins qui affirment l'avoir vu dépenser deux fois trois mille roubles : quels sont ces témoins ? Vous venez de voir vous-mêmes quelle confiance vous pouvez leur accorder. Un gâteau dans la main d'un autre paraît toujours plus grand qu'il n'est. Aucun de ces témoins n'a compté les billets; ils les ont tous jugés approximativement. Le témoin Maximov a bien vu dans les mains de l'accusé vingt mille roubles ! Quant à la déposition de madame Verkhovtseva, nous en avons eu deux versions. M. le procureur a respecté ce roman, j'imiterai sa délicatesse. Mais je me permettrai toutefois d'observer que si une personne aussi pure, aussi honorable que madame Verkhovtseva se permet, devant un tribunal, de changer tout à coup sa déposition dans le but évident de perdre l'accusé, il est évident aussi que ce revirement lui est dicté par un parti pris. On ne peut donc nous défendre de conclure que le désir de la vengeance a pu lui faire outre-passer les bornes de la vérité. Elle a donc pu exagérer les conditions humiliantes dans lesquelles elle avait offert l'argent accepté par l'accusé. Cet argent a peut-être, au contraire, été offert dans des circonstances qui permettaient à un homme léger comme notre client de l'accepter, surtout avec la pensée — que sa légèreté encore rendrait plausible — qu'il pourrait le rendre avec les trois mille roubles que lui devait son père. L'accusation ne veut pas admettre les parts que l'accusé a faites de cette somme et cette histoire d'amulette. « Le caractère de Karamazov, a dit M. le procureur, est incompatible avec de tels sentiments. » Et pourtant, vous nous parliez vous-même des deux abîmes qu'un Karamazov peut envisager à la fois! Eh bien, vous aviez raison! Un Karamazov peut se laisser à la fois entraîner aux prodigalités de la débauche et se laisser influencer par une autre force : cette autre force, c'est l'amour, c'est ce nouvel amour qui s'est enflammé en lui comme la poudre. Et pour cet amour, il faut de l'argent, il en faut plus encore que pour faire la fête avec la même bien-aimée. Qu'elle lui dise : « Je suis à toi! je ne veux pas de Fédor Pavlovitch! » Il la saisira, il l'emmènera au loin. Comment pouvez-vous croire Karamazov incapable de comprendre cela? Qu'y a-t-il donc d'invraisemblable dans cette division de la somme prêtée dont il aurait gardé une part pour pouvoir enlever la femme qu'il aimait? Mais le temps passe, Fédor Pavlovitch ne donne pas à l'accusé l'argent qu'il lui doit, et l'accusé songe : « Si mon père ne me donne pas cet argent, je suis un voleur aux yeux de Katherina Ivanovna ! » Et c'est un motif de plus pour garder l'argent : « Je suis un misérable, mais je ne suis pas un voleur. » Pourquoi refuser à l'assassin ces sentiments d'honneur? L'honneur est évident en lui, mal compris, peut-être, mais évident, poussé jusqu'à la passion, il l'a prouvé. Quant à la lettre que madame Verkhovtseva vous a montrée et où l'accusation veut voir tout un programme d'assassinat, elle a été écrite en état d'ivresse, et ne signifie rien; qui nous prouvera que l'intention réelle de Karamazov fût de s'emparer du paquet de billets de roubles, qu'il voulait aller chez son père? Ne savons-nous pas qu'il était exaspéré et guidé par la jalousie?

IX

« N'oubliez pas, messieurs les jurés, qu'il s'agit de la vie d'un homme, soyez prudents. Jusqu'ici l'accusation mettait encore en doute la préméditation : sa conviction ne date que de cette lettre... Le procureur vous a fait remarquer que tout est arrivé comme l'accusé l'avait décrit d'avance dans cette lettre. Mais veuillez observer qu'il n'est venu chez son père que pour voir si madame Svietlova était chez lui. S'il l'avait rencontrée chez elle, rien d'anormal ne se serait passé. Ce n'est pas dans son propre domicile, c'est chez elle qu'il a pris le pilon qui a tant servi à l'échafaudage psychologique que vous savez. Pourtant, si ce pilon n'avait pas été à la portée de sa main, il serait parti sans arme. Quelle preuve de préméditation veut-on donc voir ici ? Quant à ces projets d'assassinat qu'il vociférait dans les traktirs, ils me semblent précisément établir l'absence de préméditation : car, et non même par calcul, mais par pur instinct, ceux qui projettent un crime se gardent d'en parler. Que de fois avons-nous entendu deux ivrognes, au sortir du cabaret, se menacer de mort l'un l'autre ! Pourtant ils ne se tuent pas. Cette fatale lettre, est-ce autre chose que ce cri d'ivrogne ? Elle est ridicule, cette lettre, et voilà tout ! Mais le père de l'accusé a été assassiné, l'accusé lui-même a été vu pendant cette même nuit dans le jardin de son père : par conséquent, tout s'est passé comme il l'avait lui-même annoncé. « Puisqu'il était dans le jardin, donc il a tué. » Toute l'accusation est dans ces deux mots : *puisque* et *donc*. Et si ce *donc* n'avait pas raison d'être ? Oh ! je conviens que l'ensemble des circonstances est accablant. Mais examinez les faits en détail, sans vous laisser aveugler par cet ensemble. Pourquoi, par exemple, l'accusation ne veut-elle pas croire à la véracité de mon client quand il déclare s'être enfui en voyant apparaître son père ? »

Le défenseur établit longuement qu'il était en effet très-vraisemblable que l'accusé fût parti après avoir constaté que Grouschegnka n'était pas là.

« Mais alors qui a tué ? Je conviens que ce n'est ni

Grigori ni sa femme. Restent donc Karamazov et Smerdiakov.

« M. le procureur s'écrie pathétiquement que l'accusé ne désigne Smerdiakov qu'en désespoir de cause. Pourquoi ne supposerais-je pas le contraire? Pourquoi, des deux assassins possibles, le procureur préfère-t-il accuser mon client plutôt que Smerdiakov ? Il est vrai que Smerdiakov n'est désigné que par mon client, ses deux frères et madame Svietlova. Mais il y a un autre témoignage, c'est cette vague rumeur, cette atmosphère de mystère qui accompagne toute notre affaire : car elle n'est pas si claire! Le doute est possible, messieurs. Et qu'est-ce que cette inexplicable crise d'épilepsie qui survient juste au jour de la catastrophe ? Qu'est-ce surtout que ce suicide de Smerdiakov à la veille du jugement ? Qu'est-ce encore que cette déposition soudaine du frère de l'accusé, cette déposition accablante pour Smerdiakov ? Je sais que le déposant est malade, mais convenez que c'est un énigmatique personnage, ce Smerdiakov! »

L'avocat s'arrêta à étudier le caractère de Smerdiakov et prouva qu'il n'était ni aussi lâche ni aussi sot que le procureur voulait le croire. C'était au contraire un homme méchant, vaniteux, haineux et vindicatif. Il souffrait de son inavouable origine, et certes cette grosse somme en billets neufs avait pu tenter cette âme basse.

« Pourquoi ne se serait-il pas levé au moment où Dmitri se sauvait? Chacun sait qu'après la crise l'épileptique est pris de sommeil : Smerdiakov a pu être réveillé par le cri de « Parricide! » de Grigori. On dit que la femme de Grigori a entendu Smerdiakov gémir toute la nuit. Mais vous savez comme on s'imagine volontiers n'avoir pas dormi de toute la nuit quand on s'est éveillé plusieurs fois.

« Pourquoi, s'écrie le procureur, Smerdiakov n'avoue-t-il pas son crime dans le billet qu'il a écrit avant son suicide? Lui qui se faisait scrupule de laisser accuser de sa mort un innocent, comment, s'il avait été coupable, aurait-il laissé accuser un autre innocent de la mort de Fédor Pavlovitch? » Mais permettez. Le scrupule, c'est déjà du repentir. Or, le suicidé a pu agir par désespoir et non par repentir. Le désespoir est souvent méchant. Le suicidé, au moment même où il se faisait justice et surtout à ce moment, pouvait haïr plus que jamais ceux dont il avait été jaloux durant toute sa vie. Prenez-y garde, messieurs les jurés, vous êtes au moment de commettre une erreur judiciaire. Oui, cet ensemble de circonstances est écrasant : ces taches de sang sur les mains de l'accusé, cette nuit obscure où retentit le cri de « Parricide ! » ce domestique qui tombe assommé lui-même en jetant ce cri, et toutes ces dépositions, oh ! tout cela peut égarer une conviction, mais non pas la vôtre, messieurs les jurés ! Rappelez-vous que vous êtes dépositaires d'un pouvoir illimité : plus grand est ce pouvoir, plus dangereux en est l'exercice. A vrai dire, le plus désastreux pour nous, c'est ce fait qu'on a trouvé le cadavre d'un père assassiné. Vous hésiteriez sur des dépositions, en somme, peu concluantes, à condamner un homme : mais le parricide vous en impose, vous craignez de laisser un tel crime impuni et, malgré votre sincérité, vous vous exagérez l'importance des faits. »

Le défenseur fit alors le portrait de Fédor Pavlovitch.

« Il est terrible de penser qu'un fils peut tuer son père : supposons pourtant que ce soit l'espèce. Karamazov a tué son père, — mais voyons, quel était ce père ? »

Et il examina les relations du père et du fils.

« L'amour filial non justifié est absurde. L'amour ne vit pas de rien, et il n'y a que Dieu qui de rien fasse quelque chose.

« Cette tribune m'est accordée par la volonté divine. Toute la Russie m'entend, et c'est aux pères du monde entier que je m'adresse : « Pères, ne contristez pas vos enfants. » Suivons d'abord ce conseil du Christ, c'est alors seulement que nous pourrons exiger l'amour filial. Jusque-là, nous serons moins des pères que les ennemis de nos enfants !

« Messieurs les jurés ! Cette terrible nuit, dont on a tant parlé aujourd'hui, vous est présente, durant laquelle le fils escalada le mur du jardin de son père et se vit face à face avec l'ennemi qui lui avait donné le jour. Il est certain que, s'il ne s'était pas agi de son père, s'il s'était agi d'un rival étranger, Karamazov se serait enfui après lui avoir peut-être donné quelque coup. Tout ce qui lui importait, à cette heure, était de savoir où était sa maîtresse. Mais un père ! un père ! Oh ! l'aspect seul de son éternel persécuteur, de son ennemi, — car c'était un monstrueux rival qu'il voyait devant lui ! — le jetait dans une exaspération de haine irrésistible, il n'était plus maître de lui, il cédait à un accès de démence, il allait inconsciemment se venger au nom des lois naturelles et toutefois contre elles-mêmes, une âme d'assassin naissait en lui... Eh bien, messieurs les jurés, malgré tout, *l'assassin n'a pas tué,* je l'affirme ! Il a fait un geste d'indignation et de dégoût, rien de plus. Peut-être, s'il n'avait pas eu ce fatal pilon dans les mains, il aurait pu frapper son père, mais il ne l'aurait pas tué ! Pourtant, un tel assassinat n'eût pas été un parricide. On ne pourrait le considérer comme tel que par préjugé. Supposons même qu'il ait été commis : voulez-vous punir l'accusé terriblement ? Écrasez-le de votre pitié ! Vous verrez alors, vous entendrez son âme tressaillir ! Oh ! vous pouvez m'en croire, il y a de la noblesse, messieurs, dans cette âme sauvage. Votre sentence l'humiliera, il maudira son action, son âme en sera élargie, il adorera la miséricorde divine, il vénérera la justice humaine. Le repentir l'accablera, il comprendra l'immense devoir que sa vie passée impose à son avenir. Il ne dira pas, comme il pourrait faire si vous le condamniez : « Je suis quitte ! » Il dira au contraire : « Je suis coupable devant les hommes ! » Oh ! cet acte de pitié vous sera si facile, dans cette absence de preuves irréfutables ! Et en eussiez-vous, de ces preuves qui font l'évidence, il vous serait pénible encore de répondre à la redoutable question qui va vous être faite : « Oui, coupable. » Mieux vaut acquitter dix coupables que punir un seul innocent. Entendez-vous la grande voix du siècle passé de notre histoire nationale ? Est-ce à moi, humble devant vous, de vous rappeler que la justice russe n'a pas pour unique rôle de châtier ? Elle sait aussi relever et sauver un homme perdu. Que chez les autres peuples la lettre de la loi règne ! Mais nous, servons l'essence, l'esprit de la loi, régénérons les déchus et vive la Russie, alors !

« Ne nous effrayez pas, vous autres, ne nous effrayez pas

avec votre troïka emportée devant laquelle s'écartent les nations! Il n'y a plus ici de troïka emportée : c'est un char majestueux, qui marche solennellement et tranquillement vers son but! Car ce ne sont pas seulement les destinées de mon client qui sont entre vos mains : vous détenez aussi les destinées du génie russe. Sauvez les unes et les autres, affermissez le génie national, prouvez qu'une si grande mission est entre de dignes mains! »

Le discours du défenseur avait été interrompu par de fréquents applaudissements.

Après la réponse du procureur, les jurés se retirèrent dans la salle des délibérations.

On était sûr de l'acquittement.

Les jurés restèrent absents durant juste une heure.

La sonnette retentit. Un silence morne régnait dans la salle. A toutes les questions du président, et à cette première comme aux autres : « Le prévenu est-il coupable d'avoir tué avec préméditation son père et de l'avoir volé ? » le starschina des jurés répondit d'une voix nette :

— Oui, coupable.

Mitia fut condamné à vingt ans de travaux forcés.

ÉPILOGUE

I

Le cinquième jour après le prononcé du jugement, vers huit heures du matin, Alioscha vint chez Katherina Ivanovna pour s'entendre avec elle au sujet d'une question qui les intéressait tous deux. Il avait d'ailleurs une prière à lui faire de la part de Dmitri.

Elle se tenait assise dans ce même salon où elle avait naguère reçu Grouschegnka. Ivan Fédorovitch était dans une pièce voisine ; il délirait. Aussitôt après la scène du tribunal, Katherina Ivanovna avait fait transporter Ivan chez elle, sans égard pour les jugements du monde. Une de ses tantes était partie pour Moscou, l'autre était restée : mais elles auraient pu partir toutes deux, la décision de Katherina Ivanovna n'en eût pas été changée ; elle était décidée à soigner elle-même Ivan Fédorovitch, avec l'aide des docteurs Varvinsky et Herzenschtube. Quant au célèbre médecin de Moscou, il y était retourné, refusant de se prononcer sur l'issue de la maladie. Varvinsky et Herzenschtube s'efforçaient de rassurer Katherina Ivanovna et Alioscha, sans toutefois leur donner des espérances certaines.

Alioscha visitait le malade deux fois par jour. Mais, ce matin-là, il venait pour une affaire toute particulière, très-difficile à exposer, et il se hâtait, étant appelé ailleurs par une autre importante affaire dans cette même matinée.

Katherina Ivanovna et Alioscha causaient depuis un quart d'heure. Elle était pâle, très-fatiguée, très-agitée et semblait pressentir le but de la visite d'Alioscha.

— Ne vous inquiétez pas de ses intentions. D'une façon ou d'une autre il faut qu'il s'évade. Ce pauvre garçon, ce héros d'honneur et de conscience... Je ne parle pas de Dmitri, je parle de celui qui est malade, ici, — m'a depuis longtemps déjà expliqué divers plans d'évasion. Il a même fait des démarches... je vous en ai déjà parlé. Voyez-vous, ce sera sans doute à la troisième étape, quand les condamnés seront envoyés en Sibérie. Ivan Fédorovitch a fait le voyage exprès pour connaître le chef de la troisième étape. Mais on ne sait pas encore qui conduira le détachement. D'ailleurs cela n'est jamais connu à l'avance. Je vous montrerai demain, dans tous les détails, les plans que m'a remis Ivan Fédorovitch, la veille du jugement... C'était l'autre jour, vous rappelez-vous ? ce soir où vous nous avez surpris à nous quereller. Il descendait dans l'escalier, et moi, en vous apercevant, je l'ai prié de revenir. Savez-vous à propos de quoi nous nous querellions ?

— Non.

— Alors il vous a caché cela ? Il s'agissait précisément de ces plans d'évasion. Déjà trois jours auparavant il m'avait expliqué les principaux points de ses plans : il voulait que Dmitri, s'il était condamné, s'enfuît à l'étranger avec cette créature ; et c'est alors que je me suis fâchée, je ne sais pourquoi moi-même... ce n'était certes pas à cause d'elle ! s'écria Katharina Ivanovna les lèvres tremblantes de colère. Mais Ivan Fédorovitch me crut jalouse d'elle et par conséquent encore éprise de Dmitri. Voilà la cause de notre première querelle. Je ne voulus pas donner d'explication ; m'excuser m'était impossible et je souffrais qu'un tel homme pût se tromper au point de me croire encore esclave de mon amour passé pour ce... et cela après que je lui avais dit moi-même que je n'aimais plus Dmitri, et que je l'aimais, lui, Ivan, et lui seul! Ce n'était pourtant que de la colère et du mépris que j'avais pour *ce couple*... Trois jours après cette première querelle, il m'apporta, justement le soir où vous êtes venu, une enveloppe cachetée que je devais ouvrir dans le cas où il lui arriverait quelque chose, à lui, Ivan, quelque chose qui le mît dans l'impossibilité d'agir en personne. Oh! il avait le pressentiment de sa maladie... Il m'avertit que cette enveloppe contenait les plans d'évasion et que, s'il mourait ou tombait malade, je devrais, à sa place, sauver Mitia. Il me laissa en même temps dix mille roubles. Je fus vivement impressionnée par ce fait que, tout jaloux qu'il fût de Dmitri à cause de moi, et convaincu que je le lui préférais encore, Ivan n'abandonnât pas son frère et que ce fût à moi — à moi! — qu'il confiât le soin de le sauver. Quelle sublime abnégation! Vous ne pouvez comprendre toute la grandeur de cette action, Alexey Fédorovitch! J'étais au moment de tomber à genoux devant lui, mais j'ai craint aussitôt qu'il ne prît cette démonstration pour un témoignage de ma joie à la pensée que Dmitri serait sauvé. La possibilité d'une telle injustice m'irrita si fort, qu'au lieu de lui baiser les pieds je lui fis une nouvelle scène. Oh! je suis très-malheureuse! Quel terrible caractère! Vous verrez, il sera obligé de m'abandonner pour une autre qui lui fera une vie plus facile... comme Dmitri, mais alors... Alors je me tuerai. Au moment où vous êtes arrivé, ce soir-là, et où j'ai ordonné à Ivan de revenir, quand vous êtes entré tous deux, ses regards dédaigneux me jetèrent dans une telle colère que je m'écriai tout à coup — vous vous en souvenez? — que c'était *lui, lui seul* qui m'avait dit que Dmitri était l'assassin. Je le calomniais, car jamais il ne m'a dit une telle chose, et c'est moi seule qui accusais Dmitri. C'est toujours ma violence qui fait tout le mal! Car je suis encore la seule cause de cette maudite scène devant le tribunal; il voulait me prouver qu'il avait l'âme noble, que je pouvais aimer son frère, qu'il ne le perdrait pas par vengeance, par jalousie... et c'est pourquoi il a dit devant le tribunal ce que vous savez!... C'est moi qui ai fait tout le mal!...

Jamais encore Katia n'avait fait de tels aveux à Alioscha. Il comprit qu'elle était dans cette intolérable situation où le cœur le plus orgueilleux succombe sous le poids de ses maux, et il connaissait aux souffrances de la jeune fille une autre cause encore, bien qu'elle la cachât depuis la condamnation de Mitia : elle souffrait à la pensée de sa trahison devant le tribunal, et il pressentait que la conscience droite qui dirigeait cette âme violente lui prescrivait d'avouer aussi cette autre cause de ses souffrances et de l'avouer précisément devant lui, le frère de la victime : — terrible aveu qui n'irait pas sans larmes, sans crise peut-être. Il redoutait cet instant et voulait l'épargner à Katherina Ivanovna. Mais sa mission n'en devenait que plus difficile. Pourtant il ramena de nouveau la conversation sur Mitia.

— Ne craignez pas pour lui, reprit Katia. Ses hésitations ne sont que momentanées, je le connais trop. Soyez sûr qu'il finira par consentir à fuir, surtout si ce n'est pas immédiat, si on lui laisse le temps de se décider. Ivan Fédorovitch sera guéri vers ce temps-là et conduira lui-même l'affaire, de sorte que je n'aurai pas à m'en mêler. D'ailleurs Dmitri peut-il refuser ? Peut-il abandonner cette créature ? Car on ne les laisserait pas ensemble au bagne. C'est vous surtout qu'il craint, c'est votre blâme « au point de vue moral ». Il faut avoir la générosité de lui permettre de s'évader, puisque votre sanction est si nécessaire, ajouta-t-elle avec ironie.

Elle se tut un instant, sourit et continua.

— Il parle d'hymnes à chanter, de croix à porter, d'un certain devoir ; je m'en souviens, Ivan Fédorovitch m'a répété tout cela... Si vous saviez en quels termes! si vous saviez combien il aimait ce malheureux au moment où il m'en parlait, — et combien peut-être il le haïssait en même temps! Et moi je l'écoutais parler, je le regardais pleurer et je souriais. O créature! créature abominable que je suis! C'est moi qui l'ai rendu fou ! Mais l'autre, le condamné, est-il capable de souffrir! Lui, souffrir? Jamais! Des êtres comme lui sont à l'abri des souffrances morales...

Une sorte de haine, de dégoût, vibrait dans sa voix. « Et pourtant c'est elle qui l'a dénoncé! Eh bien, peut-être ne le hait-elle que par conscience de sa culpabilité envers lui », pensa Alioscha.

16.

Les dernières paroles de Katia impliquaient une sorte de provocation, mais Aliocha ne la releva pas.

— C'est pour cela que je vous ai fait venir aujourd'hui, pour que vous me promettiez de le convaincre. Mais peut-être jugez-vous qu'il serait malhonnête, *médiocre*, de s'évader, peut-être encore... pas chrétien? dit Katia en accentuant sa provocation.

— Non... rien... je lui dirai tout... murmura Aliocha. Il vous prie de venir aujourd'hui, dit-il tout à coup en la regardant en face.

Elle tressaillit et fit un mouvement en arrière.

— Moi! est-ce possible? fit-elle en pâlissant.

— C'est possible et c'est nécessaire, dit Aliocha d'un ton ferme. Il a plus que jamais besoin de vous. Je ne vous aurais pas parlé de cela, je ne vous aurais pas causé cette souffrance sans nécessité. Il est malade, il est comme fou, il vous demande. Ce n'est pas une réconciliation qu'il veut : montrez-vous seulement sur le seuil de sa cellule. Il comprend combien il est coupable envers vous. Il ne vous demandera pas votre pardon : « On ne peut pas me pardonner », dit-il lui-même. Il veut seulement vous voir sur le seuil de sa cellule.

— Vous... comme cela, tout à coup... murmura Katia. Je pressentais depuis longtemps que vous viendriez me demander cela... Je savais bien qu'il m'appellerait... C'est impossible.

— Soit, impossible, mais vous le ferez ; souvenez-vous que c'est la première fois qu'il a le remords de tout le mal qu'il vous a fait, la première fois, car, jusqu'à ce jour, il ne pouvait même comprendre toute la profondeur de ce mal.

Il répète que si vous refusez de venir, alors « il sera toujours malheureux ». Entendez-vous ? un condamné à vingt ans de travaux forcés demande une minute de bonheur! N'aurez-vous pas pitié? Songez qu'il est innocent, dit Alioscha avec un air de défi. Ses mains sont pures du sang paternel; au nom des souffrances infinies de l'avenir, venez maintenant, venez! il va entrer dans les ténèbres... Sur le seuil, seulement sur le seuil!... vous devez, vous *devez* consentir.

— Je le dois... mais je ne le peux pas, fit Katia en sanglotant. Il me regarderait... Je ne puis.

— Vos yeux et les siens *doivent* se rencontrer. Comment, si vous refusez, aurez-vous le courage de vivre ensuite?

— Plutôt souffrir toute ma vie durant!

— Vous devez venir! vous *devez* venir!

— Mais pourquoi aujourd'hui? pourquoi tout de suite?... Je ne puis pas abandonner le malade.

— Pour un instant, vous le pouvez... Rien qu'un instant! Si vous ne venez pas, Dmitri aura le délire cette nuit. Je ne vous mens pas! grâce!

— C'est moi qui vous demande grâce! dit avec amertume Katia, et elle fondit en larmes.

— Vous venez, alors! dit Alioscha en la regardant pleurer, je vais lui dire que vous venez tout de suite.

— Non! pour rien au monde! Ne lui dites rien! s'écria Katia épouvantée. Je viendrai, mais ne le lui dites pas, car... peut-être n'entrerai-je pas... Je ne sais pas encore...

Sa voix mourut dans un sanglot. Elle respirait péniblement. Alioscha se leva.

— Et si je rencontrais quelqu'un ? dit-elle tout bas en pâlissant de nouveau.

— C'est pourquoi il faut venir tout de suite : il n'y a personne maintenant, vous pouvez m'en croire. Nous vous attendons, dit-il avec fermeté.

Il sortit.

II

Il se hâta vers l'hôpital où était maintenant Mitia. Dès le lendemain du jugement, il avait eu un accès de fièvre nerveuse et avait été envoyé à cet hôpital, où d'abord on lui assigna un lit dans la salle commune des condamnés. Mais le docteur Varvinsky, sur la prière d'Alioscha, de madame Khokhlakov, de sa fille et de bien d'autres, avait fait mettre Mitia dans une chambre à part. Il est vrai qu'à la porte se tenait un factionnaire et que la fenêtre était grillagée : Varvinsky pouvait donc être rassuré sur les conséquences de sa complaisance. On avait aussi permis aux parents et aux amis du malade de le visiter. Mais Alioscha et Grouschegnka profitaient seuls de cette permission. Alioscha s'était entendu avec Varvinsky pour empêcher le séminariste Rakitine de parvenir jusqu'à Mitia.

Alioscha trouva son frère assis sur sa couchette, dans sa robe d'hôpital. Dmitri avait un peu de fièvre, sa tête était entourée d'une serviette mouillée de vinaigre et d'eau. Il jeta un regard vague sur Alioscha ; il y avait aussi de l'appréhension dans ce regard.

En général, depuis sa condamnation, il était devenu très-absorbé. Il restait toute une demi-heure sans parler, semblant réfléchir sur quelque pénible sujet, et oubliait ceux qui l'entouraient. S'il sortait de sa rêverie, c'était pour dire toute autre chose que ce qu'il voulait dire. Il avait parfois pour son frère de singuliers regards de pitié et se sentait évidemment moins à l'aise avec lui qu'avec Grouschegnka. Non qu'à celle-ci même il parlât beaucoup, mais dès qu'elle entrait il souriait, son visage se rassérénait.

Alioscha s'assit en silence auprès de Dmitri. Dmitri l'attendait avec impatience, pourtant il n'osait pas l'interroger. Il estimait impossible que Katia consentît à venir, mais il songeait que, si elle ne venait pas, la vie serait désormais intolérable pour lui. Alioscha devinait ce sentiment.

— Et ce Trifon Borissitch ? dit soucieusement Mitia. On dit qu'il a démoli toute son auberge. Il lève les feuilles des parquets, il a jeté à bas toute sa « galderie [1] ». Il est toujours à la recherche du trésor, des quinze cents roubles que le procureur prétend que j'ai cachés dans cette auberge. Il s'est mis à cette belle besogne à peine rentré chez lui. C'est bien fait ! le scélérat ! C'est le garçon d'ici qui m'a raconté tout cela.

— Écoute, dit Alioscha, elle viendra, mais je ne sais quand ; aujourd'hui, demain, je ne sais. Mais elle viendra, c'est sûr.

[1] Pour galerie; comme des gens du peuple diraient, pour corridor, *collidor*.

Mitia tressaillit. Il voulut parler, il ne le put. Cette nouvelle lui causait une émotion profonde. Il aurait évidemment désiré des détails sur l'entrevue de Katherina Ivanovna et d'Alioscha, mais il n'osait les demander. Un mot cruel ou dédaigneux de Katia eût été pour lui, en ce moment, un coup de couteau.

— Elle a dit entre autres choses qu'il fallait tranquilliser ta conscience au sujet de l'évasion. C'est elle qui conduira l'affaire si Ivan n'est pas guéri à ce moment.

— Tu m'en as déjà parlé, dit Mitia.

— Et toi, tu as déjà eu le temps de répéter cela à Grouscha, remarqua Alioscha.

— Oui, avoua Mitia... Elle ne viendra pas ce matin, continua-t-il en regardant timidement son frère. Elle ne viendra que ce soir. Quand je lui ai dit, hier, que Katia agissait, elle n'a rien répondu d'abord, mais ses lèvres se sont contractées, puis elle a murmuré : « Soit ! » Elle sent que c'est nécessaire. Je ne l'ai pas interrogée, j'ai craint... Je crois qu'elle a compris que c'est Ivan que Katherina Ivanovna aime, et non plus moi.

— Est-ce bien vrai ?

— Peut-être non... Enfin, elle ne viendra pas ce matin, je l'ai chargée d'une commission... Écoute, notre frère Ivan est un homme supérieur, c'est à lui de vivre, il guérira.

— Imagine-toi que Katia ne met presque pas en doute cette guérison.

— Alors c'est qu'elle est convaincue qu'il mourra ; c'est la frayeur qui la fait parler ainsi.

— Ivan a une forte constitution. Moi aussi, je crois à sa guérison, dit Alioscha d'un air inquiet.

— Oui, il guérira, mais je te dis qu'elle a la conviction qu'il mourra. Elle doit beaucoup souffrir...

Un silence.

— Alioscha, j'aime beaucoup Grouscha, dit tout à coup Mitia d'une voie entrecoupée de sanglots.

— On ne la laissera pas t'accompagner *là-bas*, s'empressa de répondre Alioscha.

— C'est ce que je voulais dire... et puis... Si l'on me bat en route ou *là-bas*, je ne le supporterai pas : je tuerai et l'on me fusillera. Vingt ans ! On me tutoie déjà ici, oui, les garçons me disent *tu*. Toute cette nuit j'ai réfléchi : eh bien ! non, je ne suis pas en état de supporter... Je n'ai pas la force... Moi qui voulais chanter des hymnes ! Je ne puis pas même tolérer le tutoiement des garçons d'hôpital ! Pour Grouscha, pourtant, je supporterais tout, tout, sauf le knout... Mais on ne la laissera pas m'accompagner *là-bas*.

Alioscha sourit doucement.

— Écoute, frère, une fois pour toutes, voici mon opinion là-dessus, et tu sais que je ne mens pas. Tu n'es pas en état de porter cette croix, tu n'es pas prêt, et tu ne l'as pas méritée. Si tu avais tué ton père, je regretterais que tu voulusses te soustraire à l'expiation, mais tu es innocent et ta condamnation est injuste. Puisque tu voulais te régénérer par la souffrance, garde toujours présent à ta pensée cet idéal de la régénération, cela suffira. Le fait de te dérober à cet horrible avenir t'imposera seulement l'obligation de te soumettre plus strictement que personne à la loi du devoir. Peut-être cette nécessité de tendre toujours plus haut sera-t-elle plus efficace à te régénérer que toutes les souffrances du bagne, car tu les supporterais mal, et peut-être, ayant tant souffert, t'estimerais-tu « quitte ». Ton avocat a dit vrai à ce propos : il n'est pas donné à tous de porter de lourds fardeaux, il y a des hommes qui succombent... Voilà mon opinion, *si elle t'est si nécessaire*. Si d'autres avaient à répondre pour toi, si des officiers, des soldats devaient être compromis par ton évasion, « je ne te permettrais pas de t'évader », dit Alioscha en souriant. Mais on dit, on assure — et c'est le chef de l'étape qui parlait ainsi à Ivan — qu'avec adresse on peut faire cela sans danger pour personne. Certes, il est malhonnête de corrompre les consciences, même dans ce cas, mais ici je ne suis plus juge, car, si Ivan et Katia m'avaient confié la direction de l'affaire, je sais que je n'aurais pas hésité à employer la corruption, je dois te le dire en mon âme et conscience... Je crois avoir prévu toutes tes objections.

— En revanche, c'est moi qui ne me le pardonnerai pas! s'écria Mitia. Je m'évaderai, c'était déjà décidé : est-ce que Mitia Karamazov peut ne pas fuir? Mais je ne me le pardonnerai pas et je consacrerai toute ma vie à expier cette faute. N'est-ce pas ainsi que parlent les Jésuites? Voilà ce que nous sommes, toi et moi, mon frère, des Jésuites!

— En effet, dit Alioscha gaiement.

— Je t'aime! tu dis toujours la vérité pure, sans rien dissimuler! Donc, j'ai pris Alioscha en flagrant délit de jésuitisme! Je voudrais t'embrasser des pieds à la tête pour cela!... Mais je vais achever de te faire mes confidences.

Voici ce que j'ai résolu, si je réussis à m'évader, avec de l'argent et un passe-port, et si j'arrive en Amérique, j'aurai du moins cette pensée consolante que ce n'est pas pour mon plaisir que je consens à *revivre*. En vérité, c'est un autre bagne, et qui vaut celui de la Sibérie, que j'irai chercher en Amérique, car Sibérie, Amérique, cela se vaut, Alexey. Que le diable emporte cette Amérique! je la hais déjà... Soit, j'aurai Grouscha : mais regarde-la! est-ce une Américaine? C'est une Russe, Russe jusqu'aux moelles! Elle aura le mal du pays, et sans cesse je penserai que je suis la cause de son malheur, qu'elle porte sans l'avoir méritée une croix aussi lourde que la mienne. Pourrai-je supporter les smerdes du nouveau monde? Et pourtant je suis pire, peut-être, que le pire d'entre eux!... Oui, je la hais, cette Amérique. Ah! les Yankees! Ils peuvent être tous de grands ingénieurs ou n'importe quoi de plus grand encore, mais que le diable les emporte! Ce ne sont pas là mes gens!... J'aime la Russie, Alexey, j'aime le Dieu russe, tout vaurien que je sois! Oui, je crèverai là-bas! s'écria-t-il tout à coup avec un éclair dans les yeux.

Sa voix tremblait.

— Nous irons donc là-bas avec Grouscha. Nous nous mettrons à travailler dans la solitude, parmi les ours, quelque part, bien loin. On dit qu'il y a encore des Peaux-Rouges : nous irons au pays des derniers Mohicans et nous apprendrons leur langue. Ce sera notre vie pendant trois ans. Nous apprendrons aussi à parler l'anglais, comme les Anglais eux-mêmes, et quand nous en serons là, plus d'Amérique : nous revenons en Russie, citoyens américains. N'aie pas peur, nous ne rentrerons pas dans cette ville, nous irons loin au Nord ou au Sud. Je serai changé, elle aussi : d'ailleurs, je me ferai faire une mouche dans la joue, ou bien je m'arracherai un œil, ou je porterai une barbe blanche, longue d'un arschine (car le mal du pays me fera vite vieillir!) et l'on ne me reconnaîtra pas. Et puis, si l'on me reconnaît, qu'on me déporte! Cette fois, je ne m'évaderai pas, ce sera le signe de la fatalité. Sinon je labourerai dans un lieu reculé, et toujours je me ferai passer pour Américain. Voilà mon plan, je n'y changerai rien. L'approuves-tu?

— Oui, dit Alioscha pour ne pas le contredire.

Après un court silence, Mitia reprit :

— Que dis-tu des piéges qu'on m'a tendus?

— N'importe! on t'aurait toujours condamné, dit Alioscha en soupirant.

— Oui, on en a assez de moi, ici. Que Dieu les bénisse!.. Pourtant c'est dur...

Un silence.

— Alioscha! Tue-moi tout de suite. Viendra-t-elle ou non? Qu'a-t-elle dit!

— Elle viendra, mais je ne sais si ce sera aujourd'hui. Cela lui est pénible, dit Alioscha doucement.

— Je le crois! je le crois bien! Oh! je deviendrai fou! Et Grouscha qui ne cesse de me regarder! Elle comprend... Dieu! dirige-moi! Qu'est-ce que je demande? Katia! Mais est-ce que je comprends ce que je demande? Oh! la violence des Karamazov! Oh, les âmes viles! Non, je ne suis pas capable de souffrir, je ne suis qu'un vaurien!...

— La voilà, s'écria Alioscha.

La porte s'était ouverte. Katia apparut. Elle s'arrêta sur le seuil, ses yeux hagards cherchaient Mitia. Il se leva vivement, pâle d'effroi, mais aussitôt, un sourire timide, suppliant, effleura ses lèvres, et tout à coup, comme entraîné par une force irrésistible, il tendit les bras vers Katia. Elle se jeta vers lui et le fit asseoir sur le lit. Elle-même s'assit auprès de lui. Elle lui serrait les mains avec force et tremblait. A plusieurs reprises, tous deux, ils voulurent parler, mais ils s'arrêtaient et se regardaient fixement.

Deux minutes se passèrent ainsi.

— As-tu pardonné? put enfin murmurer Mitia, et, s'adressant à Aliocha, il lui cria avec une joie étrange : « Entends-tu ce que je lui demande? entends-tu? »

— Ton cœur est généreux, c'est pourquoi je t'ai aimé, dit Katia. Tu n'as pas besoin de mon pardon. C'est à toi de pardonner. Mais que tu me pardonnes ou non, tu as blessé mon âme et j'ai blessé la tienne pour jamais. D'ailleurs il le fallait...

La respiration lui manqua.

— Pourquoi suis-je venue? Pour baiser tes pieds, pour serrer tes mains jusqu'à la douleur, tu te rappelles, comme à Moscou, pour te dire une fois encore que tu es mon Dieu, que tu es ma joie, te dire que je t'aime follement, s'écria-t-elle avec un sanglot.

Elle appliqua ses lèvres avec avidité sur la main de Mitia et éclata en pleurs.

Aliocha demeurait immobile, interdit, confus. Il n'avait pas prévu cette scène.

— L'amour est mort, Mitia, reprit-elle, mais le passé

m'est douloureusement cher. Ne l'oublie pas. Et, maintenant, pour ce seul instant, rêvons que ce qui aurait pu être soit, fit-elle avec un sourire pénible. Pourtant tu en aimes une autre, j'en aime un autre. N'importe, je t'aimerai toute ma vie ! Et toi aussi, tu ne cesseras pas de m'aimer, le savais-tu ? Oui, oh ! oui, aime-moi toute ta vie ! soupira-t-elle d'une voix tremblante et menaçante à la fois.

— Oui, je t'aimerai, et... sais-tu, Katia, sais-tu qu'il y a cinq jours, *ce soir-là*, je t'aimais ? Quand tu es tombée évanouie et qu'on t'a emportée, je t'aimais ! Toute ma vie ce sera toujours de même...

Ainsi se parlaient-ils en mots incohérents et exaltés; ils se trompaient peut-être, mais ils étaient sincères, ils n'avaient pas d'arrière-pensée.

— Katia ! s'écria tout à coup Mitia, crois-tu que j'aie tué ? Je sais que maintenant tu ne le crois pas, mais alors... au moment où tu m'accusais, le croyais-tu vraiment ? L'as-tu jamais vraiment cru ?

— Je ne l'ai jamais cru. Je te détestais, je me persuadais que tu avais... Mais, aussitôt après ma déposition, j'ai cessé de le croire. Je suis venue ici pour te faire réparation... je l'oubliais...

— Cela t'est pénible, femme ! dit Mitia.

— Laisse-moi, murmura-t-elle. Je reviendrai, mais... maintenant... c'est trop...

Elle se leva. Tout à coup, elle jeta un cri et recula.

Grouschegnka venait d'entrer. Personne ne l'attendait. Katia s'élança vers la porte, mais s'arrêta devant Grouschegnka, devint blanche, d'une blancheur de craie et sanglota ces mots d'une voix à peine perceptible :

— Pardonnez-moi.

L'autre la regarda en face, et, après un court silence, lui dit d'une voix perfide :

— Nous sommes méchantes, ma petite mère, vous et moi, toutes deux : pouvons-nous donc nous pardonner ? Mais sauve-le, et je prierai pour toi pendant toute ma vie.

— Et tu lui refuses ton pardon ! cria Mitia.

— Sois tranquille, je le sauverai ! se hâta de dire Katia, et elle sortit vivement.

— Et tu as pu lui refuser ton pardon quand elle te le demandait ! répéta Dmitri avec amertume.

— Ne lui fais point de reproches, Mitia ! Tu n'en as pas le droit, observa Alioscha.

— C'est son orgueil qui parlait, non pas son cœur, dit avec dégoût Grouschegnka. Quand elle t'aura sauvé, je lui pardonnerai, et...

Elle se tut soudainement, comme si elle refoulait ses sentiments au fond d'elle-même. D'ailleurs, nous devons ajouter qu'elle était entrée par hasard, sans s'attendre à rencontrer Katherina Ivanovna.

— Alioscha, cours-lui après, reprit avec violence Mitia, dis-lui... je ne sais quoi... ne la laisse pas partir ainsi !

— Je reviendrai ce soir, répondit Alioscha en serrant la main de son frère.

Il rejoignit Katia. Elle marchait vite. En entendant le pas d'Alioscha elle se retourna et lui dit :

— Non, devant cette femme-là, il m'est impossible de m'humilier. Je l'ai priée de me pardonner, parce que je voulais tout expier, et elle a refusé... Je l'aime pour cela ! je l'aime pour cela !

Les yeux de Katia brillaient de colère.

— Mon frère n'avait pas prévu cela, murmura Alioscha. Il était si sûr qu'elle ne viendrait pas...

— Sans doute, laissons... Adieu, je vous en prie...

III

Deux semaines s'étaient écoulées; le départ des condamnés était fixé pour le matin de ce jour. Ivan Fédorovitch, encore malade, ne pouvait rien pour son frère. Katherina Ivanovna, inquiète, toujours partagée entre ses deux amours pour ces deux êtres si différents et si semblables, Ivan, Dmitri, cet esprit et ce cœur, mais ces deux sensuels, ces deux Karamazov, — ne savait que faire. Quitter Ivan, malade, et qui avait besoin de soins dévoués, elle ne pouvait s'y résoudre. Mais la pensée d'abandonner Mitia, de le laisser entrer, comme avait dit Alioscha, dans les ténèbres, subir son injuste condamnation, agoniser de la mort lente des bagnes sibériens, cette pensée lui était insupportable.

— Alexey Fédorovitch, disait-elle à Alioscha qu'elle avait mandé deux heures avant le départ du convoi, que faire ? Je n'ai d'espoir qu'en vous; il me semble que vous trouverez les moyens de nous sauver tous; parlez, dites, que faire ? Lequel des deux faut-il abandonner ? car il faut choisir ! ajouta-t-elle en se tordant les mains.

— Oui, il faut choisir, répéta Alioscha d'une voix étrange, oui, Katherina Ivanovna, le moment est venu, il faut choisir.

— Je vous comprends, je sais tout ce que vous pensez, je sais qu'en vous-même vous condamnez mes tergiversations. Quel est celui que j'aime, n'est-ce pas ? Si c'est Ivan ce ne peut-être Mitia, n'est-ce pas ?

Alioscha sourit.

— Pourquoi riez-vous ? demanda doucement la jeune fille.

— *Si c'est Ivan, ce ne peut-être Dmitri...*

— Eh bien ?

— Qui sait ? Peut-être est-ce Karamazov que vous aimez...

— Oh ! Alioscha, cessez, vous me faites souffrir ! Voyez-vous, tranchez vous-même mes doutes. Dites, qui *faut-il* que j'aime ?

Elle était belle comme au moment tragique de sa déposition devant le tribunal. A coup sûr elle parlait sincèrement : comme alors, elle jouait maintenant encore tout son avenir, sur un mot. Alioscha devint très-grave. Il prit dans les siennes les mains de la jeune fille et lui répondit d'une voix profonde.

— J'y ai beaucoup pensé, toute cette nuit. Si mon frère Ivan ne devait point guérir, je refuserais de vous donner un conseil. Mais j'ai revu hier au soir le docteur Varvinsky, et il assure qu'Ivan guérira si le traitement actuel continue : « Des soins de femme, et de femme aimante et intelligente, la science n'a pas encore inventé pour les maladies mentales une médication meilleure que celle-là : si Katherina

Ivanovna continue à être la garde-malade d'Ivan Fédorovitch, il guérira; j'ai déjà constaté une amélioration dans son état. Mais je ne puis dire combien de temps le traitement durera. Il faut compter des semaines, peut-être des mois. » Ce sont les propres paroles du docteur. Vous êtes donc nécessaire ici, Katherina Ivanovna. C'est une grande tâche que vous accomplissez, une tâche digne de vous, et peut-être, continua-t-il d'une voix changée, fallait-il qu'Ivan vous dût la vie pour que pût s'établir entre vos deux âmes l'harmonie absolue qui fait le bonheur. Quant à Mitia, sa destinée l'entraîne loin de vous. Il aime une autre femme, en est aimé. Vous disiez un jour que vous ne cesseriez jamais de veiller sur lui : veillez, Katherina Ivanovna, veillez sur le malheureux, veillez de loin comme vous auriez fait de près. Puisque vous croyez lui devoir une grande reconnaissance, acquittez-vous en l'aidant à supporter la vie très-dure qui sera la sienne, quelle que soit l'issue des circonstances présentes. Pour l'évasion, je puis vous suppléer; je pense même que, sans quelques différends récemment survenus entre Ivan et moi, c'est moi qu'il aurait chargé du soin de diriger, à son défaut, cette affaire. Confiez-moi les sommes, expliquez-moi les plans, il me semble que je réussirai. Ayez confiance en moi.

Il serra fortement les mains de Katia.

— C'est cela, c'est cela ! Alioscha, mon cher ami (car maintenant je ne vous appellerai plus autrement), Ivan avait raison, il m'a dit souvent qu'il y avait « en ce petit bonhomme », — pardon, c'est de vous qu'il parlait, — plus de force de volonté qu'il n'en avait jamais vu chez personne. Oui, il semble que toutes les énergies de votre race se soient concentrées en vous pour concourir vers de nobles buts, tandis qu'en d'autres, ajouta-t-elle avec un soupir, elles se sont dévoyées. Certes, j'ai confiance en vous. Tenez, voyez-vous ces deux enveloppes ? Prenez celle-ci : il y a trente mille roubles. Celle-là contient les plans. Tout est préparé. Vous n'aurez qu'à suivre les indications. Savez-vous qui conduira le détachement?

— Oui, c'est un certain Konstantin Semenovitch Bondarev.

— Quel homme est-il?

— Ce que je sais de lui n'est pas très-rassurant. C'est une nature violente et bornée, et par cela même peut-être incorruptible.

— Mon Dieu! que faire alors?

— Les soldats importent plus ici que le chef.

— C'est vrai! N'oubliez pas que le chef de la troisième étape nous est acquis.

— Je le sais... Avant de partir, je voudrais revoir Ivan.

— Venez, mais ne lui parlez pas. Et s'il ne vous voit pas, n'attirez pas son attention. Les docteurs m'ont expressément recommandé de varier le moins possible les visages autour de lui.

Alioscha entra derrière Katherina Ivanovna dans la chambre où Ivan était couché. Il sourit doucement à la jeune fille. Un éclair de lucidité brilla dans ses yeux, mais s'éteignit aussitôt, et une vague expression de terreur se répandit sur ses traits. Katia le considéra quelque temps en silence, puis se retourna vers Alioscha. Deux larmes roulaient sur son visage.

— Sortons, lui dit-elle à voix basse.

Alioscha jeta un long regard sur son frère.

— Il guérira, dit-il d'une voix douce et ferme à Katia, quand il fut revenu dans le salon, il guérira !

— Absolument ! il guérira absolument, c'est ce que j'ai toujours pensé. D'ailleurs vous aviez raison, je ne le quitterai pas, je ne dois pas le quitter ! s'écria-t-elle avec exaltation. Il n'a que nous deux au monde, Alioscha. Mais vous, outre que vous avez mission de sauver votre autre frère, l'avenir vous séparera nécessairement de l'un et de l'autre ; moi, au contraire, Ivan Fédorovitch peut être mon propre avenir.

— Adieu, Katia.

— Adieu, frère, et adieu aussi à celui qui s'en va. Portez-lui la dernière prière de celle qui lui a fait tant de mal. Je ne veux pas le revoir maintenant, mais dites-lui que nous nous reverrons... plus tard... tous heureux... dites-lui que je ne cesserai jamais de l'aimer et priez-le de me bénir ; de me pardonner... de me pardonner ! répéta-t-elle avec violence. Dites-lui encore que je veux qu'il se sauve ! La liberté, l'amour avec... avec celle qu'il aime, le bonheur....

Elle n'acheva pas, un sanglot lui coupa la voix. Elle prit la main d'Alioscha, la porta rapidement à ses lèvres et s'enfuit. Alioscha resta un instant interdit, puis il secoua doucement la tête et sortit.

IV

Il courut à la prison.

Le départ des prisonniers y mettait tout en mouvement. Outre Mitia, on emmenait en Sibérie deux criminels condamnés comme lui à vingt ans de travaux forcés. Alioscha obtint sans peine l'autorisation de revoir une fois encore son frère. Grouschegnka était auprès de lui.

— Salut! cria Mitia, aussitôt qu'il le vit; salut, mon petit frère Alioschegnka, homme de Dieu!

Il était extrêmement exalté. Une joie, étrange à cette heure, allumait son visage. Il prit Alioscha dans ses bras et l'étreignit convulsivement.

— Et je m'en vais, reprit-il, Alioschegnka! Sais-tu? Je crois que maintenant je supporterai tout sans peine, oui, même là-bas, même en Sibérie... D'ailleurs, ajouta-t-il après avoir regardé Grouschegnka, je m'évaderai, si on le veut.

Il prononça ces derniers mots : *si on le veut*, avec un accent qui fit tressaillir Alioscha. Il y avait, dans cet abandon aux volontés des autres sur lui-même, quelque chose de l'indifférence d'un mourant. Il semblait détaché de la vie, la considérer d'un regard étranger.

— Voilà ce qu'il trouve à me dire, s'écria Grouschegnka avec emportement. Depuis que je suis là, il me répète qu'il s'évadera si on le veut! Pour lui, ça lui est égal! C'est terrible, Alexey Fédorovith : certainement, il n'aime plus personne.

Elle pleurait.

— Ne te fâche pas, Grouschka ; ne te fâche pas, ma chère, dit Mitia en caressant tendrement les mains de Grouschegnka. Je t'aime, je t'aime toujours et j'aime aussi Alioscha, et Ivan, je l'aime aussi.

— Et j'aime aussi Katherina Ivanovna, continua Grouschegnka, en riant à travers ses larmes. Il aime tout le monde, ajouta-t-elle en haussant les épaules.

— Oui, Grouschka, j'aime tout le monde, dit Mitia d'une voix grave, je ne peux plus haïr !... j'aime même Bondarev, dit-il avec un sérieux comique.

Grouschegnka éclata de rire.

— Et il faut que vous aussi, Grouschegnka, vous aimiez tout le monde...

— Même Bondarev ?

— Même Katherina Ivanovna, dit Dmitri du même ton sérieux.

Grouschegnka se détourna sans répondre.

— Frère, commença Alioscha, je viens de la voir...

— Elle ne viendra pas ?

— Non, elle ne peut pas venir ; elle t'envoie ses adieux, elle te fait dire que vous vous reverrez un jour... plus tard... tous heureux. Elle te demande de lui pardonner et de la bénir.

Mitia leva les mains, une sorte d'illumination le transfigurait.

— Qu'elle me pardonne elle-même et qu'elle soit bénie ! dit-il d'une voix tremblante, qu'elle soit bénie éternellement ! Je sais que nous nous reverrons, et nous serons alors tous heureux, car nous aurons tous changé. Quoi qu'il arrive, j'aurai expié... Une vie nouvelle... un homme nouveau... Alors je serai digne de son amitié ! car, sais-tu cela, Alioscha ? elle est capable d'amitié comme un homme ! Et nous serons unis pour quelque grande œuvre ! Elle l'aimera, Alioscha, dit-il en désignant Grouschegnka, car il faut qu'elles s'aiment pour que nous soyons unis !... Tous heureux, tous meilleurs ! Vois-tu, frère, reprit-il pensif après un silence, notre bonheur n'est plus en nous, nous l'avons tous trop usé en espérance, nous nous dévouerons, frère, au bonheur des autres, à notre petite mère Russie ! Ivan saura, quand il se réveillera, que *tout n'est pas permis*... Moi, je le sais déjà, et toi, Alioschegnka, je ne t'ai pas appelé pour rien, tout à l'heure, l'homme de Dieu. Tu nous dirigeras, tu seras notre tête, notre chef, notre saint !

Il se fit un grand silence ; les deux frères se regardaient avec enthousiasme, Grouschegnka elle-même était émue.

— Frère, pour tout cela, il faut que tu t'évades, reprit Alioscha. *Elle* aussi veut que tu te sauves, comme elle te l'a déjà fait dire ; elle m'a prié de te le répéter.

— Eh bien, je me sauverai. Je m'évaderai, Grouschegnka, reprit-il en se tournant vers elle. Je serai libre, puisque vous le voulez tous. Va donc pour l'Amérique ! Est-ce que je reviendrai, Alioscha ?

— Oui, Mitia, tu reviendras, ton exil ne sera pas long, j'irai te chercher, frère.

— Toi ! Alors, c'est bien. Si j'ai ta promesse, je suis tranquille. C'est cela. Je partirai, tu viendras me chercher, et de nouveau et pour toujours la petite mère Russie ! Oh ! Alioscha, j'aime joyeusement tout le monde !.. Écoute, elle veut que je me sauve ? Dis-lui que, moi, *je veux,* insistat-il avec un sourire, qu'elle épouse Ivan... Mais guérira-t-il ?

— Elle le croit absolument...

— Toujours !... L'as-tu revu ?

— Je viens de le revoir. Je ne me suis pas montré, les médecins recommandent qu'on ne le trouble pas.

— Il faut que je m'évade, Alioscha, il le faut absolument, à cause d'Ivan. Si je vais en Sibérie, Ivan ne guérira jamais. Mais comment allons-nous faire ?

— C'est moi qui suis chargé de tout.

— C'est toi ! Et comme il dit cela simplement ! On dirait qu'il s'agit de la chose la plus facile ! Mais j'ai confiance, précisément parce que c'est toi, précisément parce que tout le monde aura confiance en toi comme moi-même. Ah ! mon petit jésuite, comme tu vas les tromper tous ! Sais-tu que tu es un homme terrible ?

Alioscha sourit faiblement.

— Promets-moi au moins de faire tout ce que je te demanderai, dit-il avec une singulière solennité.

— Absolument ! répondit Mitia sans prendre le temps de réfléchir, tout ce que tu voudras, fais seulement un geste...

Un rapide sourire plissa encore les lèvres d'Alioscha, puis il reprit avec calme :

— Nous te suivrons, Grouschegnka et moi, à petite distance. Tâche de dormir et de prendre des forces pendant les deux premières journées : la troisième nuit, sois sur tes gardes, je t'apporterai des vêtements que tu mettras aussitôt. Grouschegnka sera là ; tu t'enfuiras avec elle, et pour tout le reste elle te conduira. Tout sera prêt, la troïka, les billets de chemin de fer ; j'ai déjà les passe-ports.

— C'est merveilleux ! s'écria Mitia au comble de l'enthousiasme, et tout cela sans compromettre personne ! Ah ! frère, je suis ravi que ce soit toi, Alioscha, qui te charges de me sauver... comme un ange ! Te rappelles-tu qu'un jour, j'ai voulu me confesser à toi, parce que tu es un ange ? Tu m'as toujours paru un ange...

Les deux frères s'embrassèrent.

— J'entends qu'on vient, reprit Dmitri ; c'est l'heure, amis ! Karamazov va partir. Mais ce n'est pas un réel adieu... Grouschka, fit-il brusquement, fallait-il donc tout cela pour t'avoir, pour te mériter ?...

La porte s'ouvrit, le geôlier annonça qu'il venait chercher le prisonnier.

— Konstantin Semenovitch est déjà à cheval ; il jure qu'il vous fera marcher tous trois à coups de knout ! C'est un homme violent, Dmitri Fédorovitch.

— Il est ivre, dit Dmitri en haussant les épaules. Adieu ! Alioscha, Grouschka, adieu ! adieu !

On entendait dans la cour de la prison des voix d'hommes, une surtout qui les dominait toutes, une voix rauque et violente, mêlée à des piaffements de cheval. Dmitri descendit, il était très-pâle, les yeux brillants de fièvre, les dents serrées. Il prit place à côté des deux autres condamnés. Bondarev le gratifia d'un juron, les soldats entourèrent les prisonniers et le petit détachement sortit de la cour. Quatre troïkas l'attendaient.

Au moment où Mitia montait en voiture, Alioscha lui cria :

— Patience, frère !

V

Tout se passa, ou à peu près, comme Ivan l'avait prévu. Le fonctionnaire et le soldat russes ne sont pas incorruptibles. Et puis, le charme particulier qui émanait d'Alioscha, la confiance irrésistible qu'il inspirait facilitèrent beaucoup sa tâche. Si le récit de cette évasion semble d'une surnaturelle simplicité, c'est que le lecteur se représente mal le personnage de notre jeune moine, avec sa douceur merveilleusement captivante et sa toute-puissante volonté ; et puis, il ne faut pas oublier que les êtres si manifestement inférieurs auxquels l'événement l'opposait devaient invinciblement subir son ascendant.

— Quelque rôle trop apparent que joue ici la vodka, c'est pourtant la Volonté en vérité qui triomphe.

Alioscha et Grouschegnka rejoignirent le convoi à la troisième étape. C'était le soir ; le convoi devait repartir le lendemain à quatre heures du matin. Alioscha et Grouschegnka, déguisés en moujik et en baba, se mêlèrent aux paysans qui s'étaient attroupés à l'endroit où avaient fait halte les quatre troïkas. Dmitri reconnut ses amis et échangea avec eux un rapide regard.

Alioscha, très-simplement, avec le ton bonasse d'un moujik honoré par la visite d'un seigneur, aborda Bondarev et l'invita à venir « se réchauffer avec un ou deux verres de petite vodka ».

— Parbleu ! tout de suite, répondit le sous-officier

enchanté. Prokhor Prokhorovitch, cria-t-il à un sergent, boucle-moi nos trois loups, tu m'en réponds !

Il accompagna son ordre d'un geste significatif, et se retournant vers Alioscha :

— Marche, je te suis, fit-il d'un ton bourru.

Alioscha le conduisit dans l'izba d'un moujik avec lequel il s'était entendu d'avance et qu'il avait prémuni de quelques bouteilles d'excellente vodka.

— Frère, dit-il au moujik en entrant chez lui, vite, verse-nous de ta bonne petite vodka, nous sommes pressés.

Le moujik se hâta de disposer sur la table trois verres qu'il remplit à la moitié.

— Imbécile ! grogna le sous-officier, et lui arrachant des mains la bouteille, il acheva d'emplir son verre, qu'il but d'un trait, pendant qu'Alioscha, d'un geste rapide, vidait le sien sous la table. Puis Alioscha lui-même prit la bouteille et remplit de nouveau les trois verres. Bondarev daigna sourire.

— Alors, capitaine, commença Alioscha, vous emmenez loin ces pauvres gens ?

— Comment, ces pauvres gens ? hurla Bondarev et frappant du poing la table. Trois assassins !

— Trois assassins ! répéta Alioscha avec admiration.

— Le dernier pris, surtout : les deux autres n'ont sur la conscience qu'un ou deux petits meurtres chacun ; mais le troisième, un nommé Makarazov, a tué ses deux frères et ses deux femmes.

— Et ses deux femmes ! répéta encore Alioscha.

— Dans d'atroces tourments ! D'ailleurs, il n'y a qu'à le voir, on devine tout de suite l'homme capable de tout ;

aussi je veille sur lui et je l'ai confié à Volodia et à Ossia, deux vieux troupiers qui en ont vu de toutes les couleurs et ne se laisseront pas facilement tromper.

Il but un coup de vodka et fit claquer sa langue.

— Et pourtant, reprit-il, je ne voudrais pas les voir en tête-à-tête avec cette bouteille-là. Deux ou trois verres et quelques roubles, hum!... Ah ça, où prenez-vous, dans ce pays perdu, d'aussi bonne vodka? dit-il en jetant sur les deux moujiks un regard soupçonneux; je flaire la contrebande.

— Seigneur! s'écria le moujik épouvanté.

— Ah! ah! fit Alioscha en riant, il ne serait pas facile de vous tromper, capitaine!... Nous avons à la ville un parent qui est distillateur et qui nous fournit à bon marché de la meilleure vodka, voilà tout notre secret. Encore un verre, capitaine... Et alors, vous allez loin?

— En Sibérie, parbleu!

— Seriez-vous pas bien aise d'emporter quelques bouteilles comme celle-ci pour achever le voyage? Nous pourrions vous en céder à moitié prix, hein! Sans compter que cette campagne vous vaudra sans doute un galon de plus.

— Hé! hé! hé! tu n'es pas bête pour un moujik, un galon de plus, oui, oui, un galon de plus, ça se pourrait bien! Mais, diable m'emporte, je donnerais tous les galons du monde pour un petit tonneau de ta vodka.

— Il ne tient qu'à vous, capitaine, nous sommes à vos ordres... D'ailleurs, vous êtes bien placé pour avoir tout : galons, vodka et le reste; j'imagine que si quelque ami d'un de vos prisonniers vous offrait deux ou trois petits tonneaux de vodka pour le laisser échapper, vous prendriez les petits tonneaux et vous feriez mettre au fer l'ami, n'est-ce pas ?

— Hi! hi! hi! hi!

Le sous-officier se tordait littéralement de rire.

— Moujik de mon cœur, criait-il entre deux hoquets, tu parles d'or, je veux absolument t'embrasser.

Il se leva en chancelant et fit le tour de la table pour rejoindre Alioscha, assis en face de lui.

Alioscha esquiva l'embrassade de l'ivrogne en lui tendant un verre plein.

— Parbleu! tu as raison, dit Bondarev en brandissant le verre dont il répandit un bon tiers sur son uniforme. Hourra, pour la petite mère Russie, les galons et la vodka! Qui est-ce qui va m'offrir des petits tonneaux pour laisser échapper mes prisonniers? C'est toi? cria-t-il au moujik. Donne-les vite que je te fasse mettre aux fers... C'est lui qui l'a dit, s'écria-t-il en désignant Alioscha, avec de grands éclats de rire.

Il vida encore son verre et tomba assis. Il était complétement ivre. Affalé contre la table, les yeux mornes, les lèvres crispées par un sourire idiot, tout en lui révélait l'hébétude alcoolique. Alioscha remplit de nouveau les trois verres, constata avec satisfaction que son compagnon, le vrai moujik, commençait aussi à être touché par l'ivresse, posa une bouteille pleine sur la table, en cacha deux autres dans les profondes poches de son cafetan et, sortant de l'izba, se dirigea vers la station des troïkas. A une centaine de pas de la station était resté le groupe de babas, au milieu d'elles Grouschegnka. En passant, Alioscha lui fit signe de se rapprocher de la station.

Sur le seuil de la maison où les soldats et les prisonniers se reposaient, il aperçut un homme d'une cinquantaine d'années, grisonnant, dont les traits annonçaient, non pas la finesse, mais une certaine ruse et beaucoup d'expérience. Alioscha devina aussitôt en lui le chef de la troisième étape, Guerassim Mikhaïlovitch Jekhlov, avec qui, on le sait, Ivan s'était déjà entendu pour l'évasion de Mitia.

Alioscha le salua, Jekhlov rendit le salut.

— Guerassim Mikhaïlovitch? demanda Alioscha à mi-voix.

L'officier tressaillit et regarda fixement le moujik.

— Je suis le frère d'Ivan Fédorovitch.

Jekhlov considéra encore un instant Alioscha, parut hésiter, puis lui fit signe de le suivre et entra dans la maison.

Alioscha pénétra dans une grande salle mal éclairée, où les trois prisonniers et une demi-douzaine de soldats somnolaient autour d'un poêle. Jekhlov traversa la salle sans s'arrêter. Tous les soldats levèrent la tête pour suivre des yeux le moujik, mais les deux frères eurent le temps de se reconnaître, et un sourire de bonheur illumina le visage de Mitia.

Jekhlov fit monter Alioscha à l'étage au-dessus. Les deux hommes s'assirent.

— Ne perdons pas de temps, commença Jekhlov. Vous voulez faire évader votre frère Dmitri Fédorovitch, n'est-ce pas?

Alioscha inclina la tête.

— En ce qui me concerne, vous savez quelles sont mes conditions?

— Quatre mille roubles, dit Alioscha.

— Cinq !

— Soit, cinq, approuva Alioscha en souriant. Les voici, contre votre parole d'honneur.

— Vous l'avez, répondit Jekhlov, en comptant les cinquante billets de cent. Mais tout ne dépend pas de moi. Je crois le chef du détachement intraitable.

Alioscha hocha la tête.

— Konstantin Semenovitch ronfle dans une izba éloignée.

— Ivre ?

— Ivre.

— Bravo ! mais ce n'est pas tout encore. Votre frère est particulièrement confié à deux vieux soldats, difficiles à tromper.

— Vladimir et Ossip.

— Vous savez déjà leurs noms? Oui, Vladimir Grigorievitch Biloï et Ossip Porfirovitch Karpenko. Je vais sortir et vous laisser seul ici... Vous comprenez bien qu'il me faut pouvoir prouver que je n'étais pas là au moment de l'évasion... Agissez. Voici la clef des fers et une empreinte de la serrure. Je vous donne cette empreinte afin que, si par hasard vous vous laissez surprendre, on la trouve sur vous... Ainsi ma responsabilité sera dégagée... Quant à la clef, personne ne sait que je la possède... Ce n'est pas celle du poste, laquelle est ici dans un placard fermé. Obtenez des deux soldats... vous y parviendrez avec des roubles... qu'ils laissent monter ici leur prisonnier. Ils ne voudront probablement pas le quitter, mais seul avec eux, vous pourrez vous entendre... J'avertirai le factionnaire qu'il ait à laisser sortir un moujik...

Guerassim Mikhaïlovitch sortit. Alioscha l'entendit fermer la porte d'en bas et, quelques minutes après, descendit à son tour.

Les soldats s'étaient endormis. On n'entendait d'autre bruit que les ronflements des dormeurs et les pas égaux du factionnaire devant la porte. Il faisait sombre; une lampe brûlait dans un coin, dégageant plus de fumée que de lumière. Mitia agita doucement ses fers pour attirer l'attention d'Alioscha, qui s'approcha de lui sans bruit.

— Que voulez-vous? dit tout à coup un voix rauque. Alioscha aperçut, à la gauche de son frère, un soldat assis qu'il n'avait pas d'abord aperçu, l'un des deux vieux troupiers qu'on lui avait désignés.

— Vladimir Grigorievitch? demanda Alioscha.

— Il dort, que lui voulez-vous?

— Ossip Porfirovitch?

— C'est moi.

— J'ai deux mots à vous dire, reprit Alioscha, en faisant tout doucement sonner dans sa poche des pièces d'or.

Le vieux soldat dressa l'oreille.

Il se leva et suivit Alioscha dans un coin de la salle.

— Permettez-moi... dit Alioscha en glissant quatre billets rouges dans la main de Karpenko, pour quelques instants...

— Quoi?... que faites-vous? dit le troupier en se baissant pour regarder dans sa main ouverte.

— Permettez-moi, reprit Alioscha en ajoutant aux billets quelques pièces d'or, de monter avec votre prisonnier... pour deux minutes seulement... dans la chambre au-dessus...

— Hum!... c'est impossible... grogna Karpenko, la main toujours ouverte, sans prendre ni rendre l'argent.

— Vous n'avez rien à craindre... seulement deux minutes... Vous pourriez monter avec nous...

— Monter? hum!... Il faut que je réveille Vladimir...

— Inutile. Montez avec nous, nous serons redescendus dans un instant.

Ossip hésitait encore, mais Mitia, qui s'était levé, s'approcha en marchant très-lentement pour étouffer le bruit des fers.

— Allons, n'est-ce pas? reprit Alioscha.

— Vivement, alors!...

Ils montèrent.

— Dmitri Fédorovitch, dit Alioscha, un de vos amis, hier de passage ici, m'a chargé de vous remettre cette bouteille de bonne vodka dont vous ne refuserez peut-être pas de goûter après les fatigues du voyage.

— Certes, dit Mitia en clignant de l'œil. Oh! la belle couleur, fit-il en élevant la bouteille à la hauteur de la lumière. Merci, moujik, vous en prendrez un verre avec moi pour la peine. Ossip ne pourrait-on pas trouver des verres ici!

— Je parie bien... chez un vieux soldat russe...

Il ouvrit un placard, et les premiers objets qu'on y aperçut étaient une bouteille de vodka, vide, et des verres. Il en prit deux, les posa sur la table, puis, après un moment d'hésitation, en ajouta un troisième.

— Avec votre permission, dit-il en le tendant à Dmitri Dmitri remplit le verre.

— Fameuse! fit le soldat après avoir bu.

Il s'assit.

— Causez, ne vous gênez pas, reprit-il les yeux braqués sur la bouteille.

Alioscha et Dmitri se retirèrent dans un angle de la pièce, tournant le dos au vieux soldat.

Il les suivait de l'œil, et quand il fut sûr de n'être pas vu, tout doucement il atteignit la bouteille, l'appliqua à ses lèvres et but sans bruit, longtemps. Quand il la reposa sur la table, la bouteille était notablement allégée.

— Tout à l'heure il va ronfler, dit Dmitri.

— Et alors, tu prendras mon cafetan, continua Alioscha.

— Et les fers?

Alioscha lui montra la clef. Dmitri sourit de joie.

— Peut-être pourrions-nous... les ouvrir tout de suite, murmura-t-il.

Alioscha se retourna : Karpenko avait de nouveau saisi la bouteille, ses yeux se fermaient, il la heurta violemment en la reposant sur la table.

— Oui, dit Alioscha, nous pouvons.

Il ouvrit les fers.

Mitia laissa échapper un soupir de soulagement. Il toucha ses chevilles un peu meurtries et regarda son frère avec une expression singulière, une expression de gratitude presque douloureuse à force d'être profonde. Alioscha sourit.

— Libre, frère, dit-il.

Mitia le prit et le serra dans ses bras.

— Maintenant, continua Alioscha, quitte tes habits et prend mon cafetan. Grouschka t'attend. A deux cents pas d'ici vous trouverez une troïka... Très-bien, te voilà déguisé en moujik... Vite, frère, ne perdons point de temps. Va, et que le Christ soit avec toi !... Grouschka t'attend, répéta-t-il en voyant Mitia hésiter encore.

— Mais pourquoi ne sortons-nous pas ensemble ?

— Je suis entré seul, nous éveillerions l'attention. Va, frère, ne fais pas attendre davantage Grouschka. Partez tout de suite et ne soyez pas inquiets à mon sujet ; je partirai moi-même aussitôt que Guerassim Mikhaïlovitch sera rentré : c'est convenu entre nous, dit Alioscha en se détournant pour cacher sa rougeur.

— Bien, dit Mitia, c'est un honnête homme dans son genre ; si tu as sa parole, il ne te trompera pas.

— Adieu donc, frère...

Mitia s'arrêta un instant encore à considérer le visage de son frère. Il disait plus tard que, jamais jusqu'alors et jamais depuis, il n'avait vu tant de beauté sur une figure d'homme ; Alioscha avait un sourire vraiment divin ! Dévouement, résignation, mépris de la souffrance, enthousiasme froidement et consciemment exalté, ce sourire disait tout cela. Mais enfin Mitia se ressouvint de Grouschegnka et de cette liberté précieuse qu'un instant de retard pouvait compromettre ; il sortit de la pièce, descendit en étouffant le bruit de ses pas, et Alioscha comprit, plutôt qu'il n'entendit, que son frère venait de fermer la porte extérieure.

Alioscha tomba à genoux et pria longtemps, silencieusement. On n'entendait dans la pièce que les ronflements sonores de l'ivrogne endormi. Enfin, Alioscha se releva. Il rayonnait d'une joie surnaturelle. Il se défit sans hâte de ses habits, prit ceux que Mitia venait de quitter, assujettit tant bien que mal les fers à ses pieds et à ses mains, puis, sans bruit, descendit dans la salle où dormaient les prisonniers et les soldats.

L'aspect était sinistre, de ces corps étendus, immobiles, sauf les rares et inconscients mouvements du sommeil. Et Alioscha songeait que tous ces hommes étaient également condamnés, aussi bien les gardiens des forçats que les forçats eux-mêmes, tous condamnés à une dure loi de misère, de servitude, de violence, et que peut-être en nul de ces cerveaux obscurcis ne jaillirait l'éclair de la bonté miséricordieuse qui seule illumine le monde. « Il est bon qu'un innocent descende parmi eux », songea-t-il.

Alioscha s'étendit à la place qu'avait occupée Mitia.

VI

Il s'endormit presque aussitôt. Son esprit était si tranquille, sa conscience si pure !

Et il eut un rêve.

Celui qu'il appelait son père, son maître et son grand ami, le starets Zossima parut devant lui. Il s'approcha d'Alioscha, lui imposa les mains sur le front, le baisa sur les lèvres, et ce baiser rafraîchit étrangement le cœur du jeune homme.

— Bien, fils, dit le vieillard. Ta vie commence aujourd'hui, et elle commence bien. Je t'ai toujours beaucoup aimé, Alexey ; je savais, en t'envoyant dans le monde, que tu y resterais moine. Tu auras bien des adversaires, mais eux-mêmes t'aimeront. Tu souffriras beaucoup, mais tu trouveras le bonheur dans la souffrance ; tu béniras ta vie et, ce qui vaut mieux encore, tu feras bénir ta vie par les autres. Ne t'étonne donc jamais et ne murmure pas : tu souffriras par l'élection de Dieu, car il faut la souffrance pour que s'accomplissent, selon Dieu, les destinées de l'homme.

« *En vérité, en vérité, je vous le dis : si le grain de froment ne meurt après qu'on l'a jeté dans la terre, il demeure seul ; mais s'il meurt, il porte beaucoup de fruit.* »

« Ton danger, Alioscha, était que le malheur te manquât ; la vie se levait pour toi fraîche et douce, et parmi nous, au monastère, elle eût continué de même, indifférente à la réelle vie, laquelle est toute faite d'épreuve. C'est pourquoi je t'ai dit qu'il te fallait connaître le siècle, et je t'ai envoyé dans le monde pour t'apprendre à goûter le vrai bonheur des moines. Tu m'a compris ; tu as compris, âme innocente, âme heureuse, qu'il te fallait ta part dans les douleurs humaines et que pour l'obtenir tu devais prendre sur toi les péchés des autres. Je savais que toi seul pouvais sauver toute ta famille, toi le doux parmi les violents. Et c'est toi qui les as sauvés : c'est toi qui as épargné le crime à Mitia, c'est toi qui as adouci les remords d'Ivan.

— Père, pourquoi vous étiez-vous incliné jusqu'à terre devant Mitia ?

— Ne m'interroge pas. J'avais prévu en lui quelque chose de terrible, j'avais lu toute sa destinée dans son regard. Oh ! ce regard m'a épouvanté. Une ou deux fois dans ma vie, j'ai rencontré chez certains hommes cette expression : elle présageait le crime, et le présage, hélas! s'est vérifié. Le crime était en Mitia. Ta figure fraternelle a beaucoup adouci son cœur. Mais il souffrira, et ce sont en lui les grandes souffrances de l'avenir que j'ai saluées. D'ailleurs ne t'enorgueillis pas, tout vient de Dieu et c'est lui qui t'a donné la force d'apaisement qui est en toi. Agis! agis! Aime pratiquement tes semblables, toute la gloire et tout le mérite de l'homme sont dans la pratique de la charité. Tu agis aujourd'hui pour la première fois. Étends désormais le champ de ton action. Tu te dévoues aujourd'hui à ton frère : dévoue-toi demain à ta famille, et ensuite à ta patrie et enfin à l'humanité. Alors, tu comprendras que le seul réel paradis, c'est la vie. O enfants, vous êtes dès aujourd'hui en paradis, mais vous ne voulez pas le comprendre, parce que vous n'aimez pas, et par là même vous êtes en enfer, car l'enfer n'est pas autre chose que la souffrance de ceux qui ne peuvent pas aimer. Si les hommes voulaient comprendre cette vérité, aussitôt la terre ne serait qu'un paradis, et c'est la mission des moines de faire comprendre au monde cette grande vérité. Ils sont, par leur institution même, plus rapprochés que quiconque du peuple, — du peuple russe, qui porte en germe le salut de la Russie et de l'humanité : car souviens-toi que plus l'homme russe est de condition humble, plus il y a de vérité en lui, parce qu'il est lui-même plus près de la nature, de l'humble et simple nature. Regarde le cheval, ce grand animal, et le bœuf, ce robuste travailleur qui te nourrit : vois ces visages songeurs! quelle soumission, quelle exquise timidité! quel dévouement pour celui

qui si souvent les frappe sans pitié! quelle bonté! quelle
patience! quelle beauté! Il est touchant de songer que de
tels êtres sont sans péché, car tout est parfait, Alexey, tout
est sans péché, sauf l'homme. Le Christ est avec les bêtes
avant d'être avec nous. Et comment pourrait-il en être
autrement? La Parole a été dite pour tous, et toute la
création tend vers elle : qu'elles s'en doutent ou non,
les petites feuilles, par le mystère de leur vie sans péché,
les petites feuilles des arbres pleurent vers le Christ et lui
chantent des louanges qui lui sont plus agréables que
toute notre éloquence. Humilité, charité, toute la vérité
est là, et je te dis que notre mission à nous, moines, est
de persuader le monde de cette vérité. Car, malgré la hié-
rarchie apparente, il n'y a point de « premier » parmi
nous. Nous nous servons les uns les autres, et chacun de
nous sait qu'il est coupable devant tous. Le monde nous
raille et se plaint grossièrement de la proverbiale inutilité
du clergé noir[1]. Mais combien, dans ce clergé noir,
d'hommes modestes et sincères qui ne cherchent que l'isolement, la paix et la prière! Et c'est de ces altérés de prière
et de solitude que viendra le salut de la terre russe. Ils
conservent la Vérité, telle qu'elle leur fut léguée par les
premiers Pères, les martyrs et les Apôtres. Quand il faudra,
ils viendront la répéter au monde chancelant. Vois donc :
les laïques n'ont que la science qui ne parle qu'à la logique
des sens; quant au monde spirituel, ils le rejettent avec
majesté et dégoût, et, fondés sur leur science, ils ont pro-
clamé la liberté. Mais qu'est devenue la liberté entre leurs

---

[1] Expression russe, les moines.

mains? L'esclavage et le suicide. Le monde dit au pauvre :
« Tu as des besoins? Satisfais-les. Tes droits sont égaux à
ceux des riches. » Mais satisfaire ses besoins, c'est les multi-
plier, car d'un désir contenté naît un nouveau désir. Et voilà
la liberté, telle que l'entend le siècle. Elle engendre pour le
riche l'isolement et le suicide moral, pour le pauvre l'envie et le crime. « Tes droits sont égaux à ceux des riches! »
Et tes moyens? Et les riches se gavent et meurent de plé-
thore, sans avoir trouvé dans les raffinements du luxe un
vrai contentement : et les pauvres, aux yeux de qui ces
raffinements, par cela même qu'ils les ignorent, passent
pour des réalités de parfaite béatitude, les pauvres, qui du
luxe n'ont que le rêve, se procurent ce rêve par le vin et
meurent d'alcoolisme. Un jour, au lieu de vin, on boira le
sang... Alexey, ces riches et ces pauvres, oserais-tu les
appeler des gens libres? J'ai connu un démagogue; il me
racontait lui-même que, privé de tabac en prison, il souffrait tant de cette privation qu'il avait failli renier pour
une pipe les doctrines mêmes auxquelles il avait sacrifié
sa liberté. C'était pourtant un de ces hommes qui disent :
« Je me dévoue à l'humanité. » Oui, oui, un dévouement
rapide, l'héroïsme d'une heure, passe encore : mais ils
sont incapables d'une longue souffrance, parce qu'il sont
esclaves de leurs sens. Par eux, la liberté est devenue un
esclavage pire que l'esclavage antique : car l'esclave ro-
main était au moins libre quand il pouvait échapper au
regard du maître, — mais tu n'échapperas jamais à ton
propre regard. — Au lieu de servir l'unité humaine, les
démagogues ont créé le morcellement des classes — riches
et pauvres — et l'égoïsme individuel. Autre est la mission

des moines. On raille leurs jeûnes et leurs prières. C'est dans ces mortifications pourtant que consiste la vraie liberté. Je refrène mes désirs, j'humilie mon indépendance, je mortifie ma chair, et c'est par là que j'arrive à la liberté de l'esprit et à la joie spirituelle. Qui donc sera, plus que ce libre et ce joyeux, capable de porter la grande pensée et de la servir? Compare au riche ce libéré de la tyrannie des choses et des habitudes. On reproche au moine son isolement : « Tu fais ton salut entre les quatre murs de ton monastère, et les devoirs mutuels de l'humanité, tu les oublies! » Ah! l'isolement n'est pas chez nous, il est chez les riches égoïstes et corrompus, il est chez les pauvres vicieux et malheureux. C'est de nous autres que sortira le libérateur du peuple, et ce sont ces mêmes moines, fortifiés de jeûne, de prière et de silence, qui se lèveront pour la grande cause. Je te le répète, c'est dans le peuple qu'est le salut de la Russie, et le moine russe fut toujours en communion avec le peuple. Il a nos croyances, et nul sans ces mêmes croyances n'obtiendra jamais d'influence sur lui. Le peuple vaincra l'athéisme, et quand le peuple aura triomphé, nous n'aurons plus qu'une seule Église orthodoxe. Gardez donc le peuple, moines, veillez sur son cœur, élevez lentement son esprit, voilà votre mission actuelle. Elle est toute de douceur, car la force est avec les doux, avec les charitables. En Europe, le peuple s'insurge violemment contre les riches; les démagogues le mènent au carnage et lui enseignent que sa colère est juste. Maudite soit cette colère, car elle est cruelle! Oh! Alexey, serait-ce donc un rêve que l'homme à la fin pût prendre sa joie dans les exploits pacifiques d'une science non plus négatrice et dans l'amour, et qu'il se détournât enfin de la cruauté sensuelle, de la débauche de la vanité? Pour moi, je crois que les temps sont proches, je crois que nous allons accomplir cette œuvre avec le Christ; combien de choses se sont produites dans l'humanité, lesquelles, dix ans auparavant, paraissaient impossibles! L'heure a sonné, et elles se sont accomplies. A mon tour, je demande aux railleurs : « Et vous, quand donc établirez-vous ce règne de la justice dont vous parlez tant? Il y a longtemps, mes maîtres, que vous êtes à la tâche, et vous n'avez guère produit qu'une aggravation notable dans l'état social! Vraiment, après ces résultats, si vous croyez posséder la vérité, il faut que vous soyez encore plus rêveurs que nous-mêmes! » — Alexey, j'attends beaucoup de toi. Souviens-toi que nul n'a le droit de juger. Le juge même, assis sur sa chaise, est peut-être plus coupable que le criminel du crime sur lequel lui, juge, va se prononcer. Qui sait? Si le juge était juste, peut-être le criminel ne serait pas coupable. Toutes les fois que tu le pourras, comme tu le fais aujourd'hui, prends donc sur toi les péchés et les crimes de celui que ton cœur sera tenté de condamner, souffre à sa place et laisse-le partir sans reproche. D'ailleurs, demeure sans crainte; tu traverseras victorieusement cette épreuve, et peut-être les hommes vont-ils t'acclamer pour cette action qui réprouve leur arrêt, car ce sont des enfants; et cet éclat d'héroïsme que toi-même tu n'as pas vu dans ta simple action quand tu passais à tes jambes et à tes mains les fers de ton frère, ce mirage les séduira... Ils ne verront que lui... On peut beaucoup sur les hommes en les éblouissant. »

. Le moine s'inclina sur Alioscha et lui traça lentement le signe de la croix sur le front, sur les lèvres et sur la poitrine.

Alioscha ouvrit les yeux, un sourire d'une douceur infinie éclaircit son visage... — La salle était pleine de bruit, le jour se levait; Alioscha distingua des figures grossières et brutales en cercle autour de lui et qui le regardaient, figures basanées de moujiks soldats, esclaves aveugles du knout et de la consigne, que le sentiment de leur culpabilité évidente et du châtiment certain faisait en ce moment vraiment tragiques de crainte à la fois et de cruauté. — Alioscha souriait.

VII

Il va sans dire qu'il fut ramené à petites journées dans notre ville et que son procès fut instruit sans retard. L'affaire était claire, l'infraction évidente, si évidente que le coupable n'avait échappé qu'à grand' peine à la juste colère de Konstantin Semenovitch. Sans l'intervention de Guerassim Mikhaïlovitch, le soudard eût fait lui-même justice « de ce misérable qui avait en sa personne outragé les institutions et les lois de la sainte Russie ». Jekhlov n'apaisa le sous-officier furieux qu'en l'assurant qu'Alexey Fédorovitch serait absolument condamné aux travaux forcés à perpétuité, mais que lui, Bondarev, risquait fort, en se substituant aux autorités qu'il voulait venger, et commettait par là même le crime justement d'Alioscha, etc. Bondarev se rendit à ces bonnes raisons. D'ailleurs Guerassim Mikhaïlovitch avait personnellement un très-profond mépris pour Alioscha, cet imbécile qui ouvrait une porte à un autre pour s'enfermer lui-même quand il aurait si bien pu rester libre ! « Quel sot! » pensait Jekhlov.

Alioscha fut donc, comme nous l'avons dit, ramené à la ville. Le procès ne fut pas long, mais il eut une issue si extraordinaire que, j'en suis sûr, nul de ceux qui ont assisté à la scène finale de cet étrange drame n'ont dû l'oublier.

Katherina Ivanovna, qui avait compris le motif réel de l'étrange dévouement d'Alioscha, de ce dévouement *exagéré*, mystique, craignait que le jeune homme, dans ce même esprit de mysticisme et d'exagération, se laissât condamner sans chercher à se sauver. Elle le supplia donc de lui permettre d'appeler un avocat célèbre, non pas celui qui avait défendu Mitia, un autre, « meilleur encore, un mystique comme vous, qui vous comprendra... »

— Non, Katherina Ivanovna, n'appelez personne et rassurez-vous.

— Mais je vous en supplie ! A quoi bon vous perdre si vainement ? Laissez-vous défendre !.. On comprendra si bien !... c'est si beau !.. Dieu, que je vous admire ! quel homme vous êtes, Alexey ! Oh ! un homme très-précieux, très-utile à tous ceux qui vous approchent ! Quel bien vous ferez quand votre influence aura un champ plus vaste ! Mais c'est pour cela même qu'il ne faut pas vous perdre misérablement, sans profit pour personne....

— Sœur, je ne sais si vous me comprenez bien. Il y a

une justice humaine et il y a une justice divine. Quand la première se trompe, elle est quelquefois réformée par la seconde, qui ne dédaigne pas d'employer pour cette grande œuvre de faibles instruments comme moi. Mais une fois cette correction divine accomplie, ce qui ne peut jamais se faire sans une violation de l'ordre public, il faut que cette violation même soit punie ou pardonnée. Je ne veux point avoir fait aux juges russes une gratuite injure. J'ai pris la place de mon frère qu'ils avaient condamné injustement ; mais ce faisant, j'ai moi-même commis une injustice, car les arrêts de nos juges sont vénérables jusque dans leurs erreurs. D'ailleurs, je n'ai pu, comme je l'espérais, sauver Mitia sans compromettre ses gardiens. Enfin, s'il n'était coupable en fait, Mitia l'était en pensée ; si donc je suis condamné, j'expierai sa pensée et mon action.

— Mais c'est une folie ! vous avez l'âme trop grande, Alexey, vous êtes trop nécessaire à notre pauvre pays, vous n'avez pas le droit de vous sacrifier si légèrement !

Alioscha haussa les épaules avec impatience.

— Pardon, Katherina Ivanovna, mais comment ne comprenez-vous pas que je ne puis être utile que si je suis irréprochable ? fit-il avec une voix extraordinairement vibrante. Pour conduire les hommes au bien, il faut avoir le droit de les guider, il ne faut pas qu'on puisse dire d'Alexey Karamazov : « Ce moine est un voleur ! » Car j'aurai volé la liberté de mon frère tant qu'on ne me l'aura pas accordée par le pardon ou rendue par le châtiment. D'ailleurs, je me défendrai, mais n'appelez personne, Katherina Ivanovna, je me défendrai moi-même, je sais ce que je dirai...

Cette scène se passait à la prison, dans la cellule où Alioscha avait été enfermé. A ce moment, la porte s'ouvrit et madame Khokhlakov entra. La bonne dame se précipita sur Alioscha en poussant des cris et des gémissements. Alioscha se dégagea doucement.

— Ah! mon Dieu, Alexey Fédorovitch, s'écria madame Khokhlahov; Alexey Fédorovitch! est-ce bien vous, vous que je vois ici dans ce lieu de crime et de châtiment? Mais je sais tout ce que vous avez fait : c'est noble, c'est sublime, c'est digne de vous!... Si j'étais de vos juges, je vous décernerais une récompense... Seulement, vous qui sauvez tout le monde, soyez tout à fait généreux, sauvez ma fille, faites une prière, dites seulement un mot à Dieu... Au moins, est-il aux mines d'or?

— Qui donc, maman? le bon Dieu? fit la voix perçante de Liza, dont on n'avait pu introduire le fauteuil dans la cellule et qui restait dans le corridor sombre.

— Liza est ici? s'écria joyeusement Alioscha.

— Oui, il a fallu l'amener! Je lui disais qu'elle ne pourrait entrer, mais elle a insisté... Vous savez comme elle est, Alexey Fédorovitch!... Mais non, Liza!... Je parlais de Dmitri Fédorovitch... continua-t-elle en se tournant vers le corridor. Eh bien, oui, elle est malade et son mal a empiré depuis ces derniers événements... depuis ces dangers que vous courez... Ah! cela, c'est plus terrible que tout!... Si vraiment vous ne plaisantiez pas l'autre jour, si vous étiez sincère quand vous lui parliez mariage, je crois que le salut est là. Épargnez-la, épousez-la, Alexey Fédorovitch, je vous la donne avec ma bénédiction!...

Madame Khokhlakov fit un grand geste pathétique; mais elle fut tout à coup déconcertée par une nouvelle fusée de rire de Liza, le rire le plus frais, le plus franc et aussi le plus impertinent du monde.

— D'ailleurs, je ne suis pas venue pour vous parler de cela. Liza rit toujours, c'est bien ; les choses iront comme il plaira à Dieu !... C'est de vous, Alexey Fédorovitch, que je voulais vous parler.

— Non, non, fit Alioscha avec un doux sourire, parlons de Liza, et je vous prie, laissez-moi m'approcher d'elle jusqu'au seuil, que je puisse la voir.

— A la bonne heure ! s'écria Liza, d'une voix gaie toujours et pourtant mouillée de larmes.

Alioscha s'avança jusqu'au seuil du corridor et aperçut dans l'ombre la jeune fille.

— Bonjour, Liza, bonjour ma chère !

— « Ma chère ! » Il ose me dire « Ma chère !... »

— Et pourquoi pas, Liza ? Avez-vous oublié que je vous aime ?

— Si vous m'aimiez, auriez-vous fait cela ? Non, je n'existe pas pour vous, vous ne m'aimez pas, vous ne m'avez jamais aimée.

— Liza !... c'est mal, je vous avais pourtant dit que, dans les affaires graves, je ne consulterais que ma conscience.

— Oui, c'est vrai, c'est vrai... je suis une sotte, mais je vous aime, Alexey ! Qu'allez-vous, qu'allons-nous devenir ? mon Dieu !

Elle pleurait.

— Tranquillise-toi, Liza : *je traverserai victorieusement cette épreuve...*

Au bout d'une heure, Alioscha congédia ses visiteurs, car le moment de sa comparution devant le tribunal approchait. Il y avait peu de témoins à entendre, le fait était évident, palpable; ce fut plutôt par un sentiment de pitié que par scrupule de conscience que les juges prolongèrent durant trois jours les débats.

Ce procès fut tout différent de celui de Mitia. Alioscha était adoré autant que Dmitri détesté. Tous souhaitaient, demandaient son acquittement. Le réquisitoire du procureur se ressentit de ces dispositions à la bienveillance. Lui-même insista sur la grande jeunesse de l'accusé, sur les sentiments de mysticisme qui avaient pu l'amener à violer les lois civiles pour mieux servir, peut-être, quelque supérieure loi morale que lui seul connaissait. Après avoir toutefois requis l'application des lois pénales, le procureur conclut ainsi :

« C'est un Karamazov encore, Messieurs, qui comparaît devant vous. Il n'échappe point à la violence héréditaire; mais remarquez-le, cette violence est une force dirigée vers le bien. Elle peut avoir toute la vertu de cette foi qui transporte les montagnes.

« Alexey Fédorovitch a agi, je n'en doute pas, dans un but noble, d'après une conviction profonde, et, de son acte, il n'entend point éviter la responsabilité. Il ressort de la déposition de Guérassim Mikhaïlovitch qu'au moment où Dmitri Fédorovitch s'est évadé, rien absolument n'empêchait son frère de le suivre. Si ce n'est donc par folie, ce ne peut être que par sentiment de justice, par honnêteté, que l'accusé est resté là pour répondre à ses juges, — vous avez vu vous-mêmes avec quel respect, avec quelle sincérité. Or, de sa conduite ici même et de l'expertise médicale, il résulte que l'accusé a toute sa raison. Ce n'est donc pas en présence d'un criminel ordinaire que nous sommes. Je dirais presque que nous ne sommes pas en présence d'un criminel. L'infraction est constante, mais les sentiments que nous sommes accoutumés à constater dans l'esprit des criminels, le mépris des juges, la révolte contre les lois, le désir de donner le change à l'instruction, ce sont ces sentiments de criminalité dont nous constatons l'absence chez Alexey Fédorovitch. Il n'est point de mon rôle de demander que les yeux de la justice se ferment; mais pourtant, je ne puis m'empêcher de vous inviter, messieurs, à la bienveillance; il semble même que je doive le faire, puisque l'accusé demeure devant nous sans défense, car j'ai su qu'il a refusé l'aide d'un des plus célèbres maîtres du barreau russe. Il ne veut point que des artifices d'éloquence puissent vous aveugler. A coup sûr, vous trouveriez injuste, messieurs, que ces artifices dont il refuse de se couvrir, nous les employions contre lui. »

Le procureur s'assit, son discours fut salué par une triple salve d'applaudissements que le président ne put réprimer. On s'attendait qu'Aliocha, à la question ordinaire : « Accusé, qu'avez-vous à dire pour votre défense ? » répondrait par ce doux hochement de tête qui lui était habituel. Mais, à la surprise générale, il se leva.

Il se fit un silence absolu. La jeunesse de l'accusé, sa beauté, son attitude à la fois modeste et fière, tout lui conciliait l'affection et l'admiration générales. Et en songeant qu'il y allait pour lui des travaux forcés à perpétuité, toutes les femmes pleuraient.

« Ce n'est point une défense que j'entends faire devant vous, murmura Alioscha. Sauf quelques exagérations de la part du sous-officier Konstantin Semenovitch, les faits vous ont été exposés dans toute leur vérité. Je ne nie rien. Je vous ai repris la liberté de mon frère, victime d'une erreur judiciaire dont, d'ailleurs, je n'accuse personne ici. Le concours des circonstances qui ont causé la mort de mon père devait égarer la justice. Le passé de mon frère Dmitri, ses relations violentes avec mon père, l'égarement de mon frère Ivan, tout accusait celui que vous avez condamné, et qui pourtant, messieurs, est innocent. Car il est innocent! Je n'entreprendrai point de vous le démontrer, il est trop tard et vous ne me croiriez pas plus que vous ne m'avez cru alors; mais ma conviction est absolue, et, ainsi que l'a dit avec bienveillance M. le procureur, c'est elle qui m'a fait agir comme j'agirais encore si ce n'était déjà fait. Je ne nie rien, mais je ne regrette rien. Je m'abandonne à votre jugement. Si vous me condamnez, vous aurez certes agi en votre âme et conscience, ce sera strictement juste et je ne suis resté entre vos mains — car il est très-vrai que j'aurais pu m'évader avec mon frère — que pour vous laisser le moyen de me punir comme vous en avez le droit. Innocent pour innocent, que vous importe lequel? J'ai revêtu, en prenant sa place, la personnalité de mon frère, je suis pour vous, messieurs, Dmitri Fédorovitch Karamazov. S'il est coupable, pourquoi n'ai-je pas poursuivi ma route vers la Sibérie? Je pense toutefois que vous ferez bien de me rendre la liberté, de m'acquitter, parce que, et seulement pour cela, Dmitri Fédorovitch Karamazov est innocent — du moins en fait. Il vous a déclaré lui-même qu'il avait eu le désir de tuer. Certes, l'intention équivaut à l'action. Pourtant, les secrets désirs vous échappent. Vous n'avez pas le droit de les poursuivre dans les mystérieuses retraites du cœur. Et d'ailleurs, dans les grandes âmes, de tels désirs sont suivis, presque autant que les actions, de remords qui les châtient. Mon frère échappe au bagne, mais il reste emprisonné dans sa conscience. Toutefois, puisque le désir a été révélé, ce châtiment invisible du remords serait peut-être insuffisant. Il faut une peine publique au criminel désir public. Vos codes n'ont point édicté de peines contre de tels crimes intimes, eh bien, messieurs, faites justice! Vous ne pouvez point me punir d'un meurtre dont vous ne songez pas à m'accuser, mais par le fait même, et même indépendamment de votre volonté, en me punissant, si vous me punissez, ce sera la mauvaise pensée de mon frère que vous aurez poursuivie. Car, sachez-le, je me suis constitué votre prisonnier, seulement parce que je me suis souvenu d'avoir entendu mon frère accompagner de menaces de mort le nom de mon père. Non pas que je croie qu'il aurait jamais pu exécuter ses menaces; mais ces menaces sont un crime et un scandale — expiés du reste peut-être déjà par l'humiliation d'une injuste condamnation. Ainsi, diversement, tous les coupables ont été châtiés : mon frère Ivan, de ses erreurs purement spirituelles, par l'égarement — momentané, plaise à Dieu! — de son esprit; l'assassin, de mort; et mon frère Dmitri, par une sorte de dégradation morale. J'estime donc que votre justice devrait être satisfaite. Je n'ai rien de plus à dire, messieurs, sinon que j'accepte d'avance en toute humilité et que je respecte votre jugement, quel qu'il puisse être. »

Il se tut, l'émotion était telle qu'elle ne se manifesta que par un silence de mort entrecoupé seulement de sanglots. La séance fut suspendue de fait pendant dix minutes.

VIII

Tout à coup, dans ce silence un bruit insolite attira l'attention générale du côté de la porte. Pâle, échevelée, chancelante, une jeune fille entrait, de qui tout le monde s'écartait avec une sorte de crainte superstitieuse.

— Liza! s'écria Katherina Ivanovna, et elle courut à la jeune fille. Mais Liza, silencieuse, la repoussa d'un geste, et marchant droit devant elle, le regard fixe, s'arrêta immobile devant le tribunal. Le public, les jurés, les juges, tout le monde se leva; le président fit un signe à l'huissier, qui s'empressa de soutenir la jeune fille. Il était temps, elle défaillait. Soudain, elle se retourna vers Alioscha qui la considérait avec des yeux pleins de larmes de joie; d'un geste puéril et charmant, elle lui envoya un baiser, puis s'adressant aux juges, elle s'écria d'une voix singulièrement perçante.

— C'est un juste ! Il m'a sauvée !

Elle s'évanouit.

Cette guérison miraculeuse, — quoiqu'elle s'explique peut-être physiologiquement par la réaction nerveuse d'une très-vive émotion, — émerveilla l'assistance. Chacun connaissait la maladie de Liza, nul n'hésitait à attribuer à Alioscha ce rétablissement inattendu.

L'effet fut prodigieux. Tout le monde s'agitait, parlait ; le président ne songeait même pas à réclamer l'ordre et le silence. Les juges partageaient l'émoi général. Alioscha seul restait calme. Il souriait à tous ces visages où se peignait tant d'amour pour lui ; des larmes lui venaient aux yeux, de ces larmes sereines, mieux que de joie, mieux que de bonheur.

Enfin, chose sans exemple peut-être dans nos fastes judiciaires, le président demanda aux jurés *s'ils voulaient se retirer dans la salle des délibérations.* Mais tous ensemble, et sans se consulter, répondirent que ce n'était pas nécessaire ; séance tenante, Alioscha fut acquitté.

Katherina Ivanovna l'emmena chez elle, ainsi que Liza. On avait eu de la peine à dérober aux ovations ce héros du jour, mais il dominait tous ceux qui l'approchaient par son calme extraordinaire. Chez Katherina Ivanovna, on retrouva madame Khokhlakov, qui, ne sachant où était sa fille, la cherchait et pensa mourir de joie en la voyant marcher. Ce jour même, les fiançailles des deux jeunes gens furent faites. Madame Khokhlakov fut, à cette occasion, moins exubérante qu'elle n'avait coutume. Quant à Katherina Ivanovna, elle considérait Alioscha avec une admiration religieuse. Et lui, souriant toujours, avait parfois d'étranges regards dans le vague, au loin, comme s'il contemplait à l'avance ses destinées.

Ivan était toujours fou.

FIN.

TABLE DES MATIÈRES

DU TOME SECOND

TROISIÈME PARTIE
(Suite.)

	Pages.
LIVRE VII. — Mitia	1
— VIII. — L'instruction	74

QUATRIÈME PARTIE

LIVRE IX. — Ivan	139
— X. — Une méprise judiciaire	229
ÉPILOGUE	277

PARIS. TYPOGRAPHIE DE E. PLON, NOURRIT ET Cie, RUE GARANCIÈRE, 8.

www.ingramcontent.com/pod-product-compliance
Lightning Source LLC
Chambersburg PA
CBHW060058190426
43202CB00030B/2642